The Talent Delusion

초판 인쇄 2018년 3월 25일 • **1쇄 발행** 2018년 4월 3일 • **지은이** 토마스 차모로-프레무지크 • **옮긴이** 정용준
펴낸이 이송준 • **펴낸곳** 인간희극 • **등 록** 2005년 1월 11일 제319-2005-2호 • **주 소** 서울특별시 금천구 서부샛길 528, 608호
전 화 02-599-0229 • **팩 스** 0505-599-0230 • **이메일** humancomedy@paran.com • ISBN 978-89-93784-57-2 03320
잘못 만들어진 책은 구입하신 곳에서 바꾸어 드립니다. • 값은 뒤표지에 표기되어 있습니다.

인재 망상

토마스 차모로-프레무지크 지음

정용준 옮김

인간
희극

목차

추천의 글

매일경제 이덕주 기자

저는 2016년부터 2017년까지 약 2년 동안 매일경제 신문의 비즈 섹션인「Biz Times」팀에서 일했습니다. 글로벌 기업의 CEO나 경영학자, 경영학 관련 저자들을 만나 인터뷰하는 것이 저의 주업무였습니다. 그 중 한 명이 이 책의 저자 토마스 차모로-프레무지크 박사였습니다. 『하버드비즈니스리뷰』에 올라온 이 책에 대한 글을 보고서 이메일 인터뷰를 요청했는데 그는 신속하고도 충실하게 답변을 보내주었습니다. 그는 과거에도 몇 차례「Biz Times」팀과 인터뷰한 적이 있습니다.

저희는 매주 금요일에 발행하는「Biz Times」별지뿐만 아니라 페이스북「Biz Times」계정에도 기사들을 올려 매번 기사들을 모니터링하고 있습니다. 독자들의 반응을 소셜미디어 상에서도 확인하기 위해서입니다.

'인재에 대한 세 가지 오해'라는 제목으로 올라간 인터뷰 기사는 페이스북에서 큰 호응을 얻었습니다. 저희 페이지에서 수많은 '좋아요'를 기록했고 각자의 SNS로 공유한 횟수도 많았습니다. 기사가 공개된 2017년 6월 이후에도 여전히 많은 사람들에게 읽히고 있습니다.

어째서 이 인터뷰는 수많은 비즈니스 독자들의 공감을 얻을 수 있었을까요? 저의 생각은 이렇습니다.

이 책은 '재능', '인재'에 대한 우리의 편견과 선입견을 깨부수는데 주력하고 있습니다. 주로 2장에 들어있는 내용입니다. 이 편견과 선입견은 저를 비롯해 직장생활을 해본 사람들이라면 경험적으로 느끼는 것들이지만 대놓고 말하지는 못하는 것들입니다. 이 책에 나오는 아래와 같은 법칙들이 대표적입니다.

첫째는 매우 중요한 소수(the rule of vital few)의 법칙입니다. 20%의 직원이 80%의 성과를 낸다는 것은 많은 조직에서 우리가 목도하고 있는 것입니다. 소위 회사의 '에이스'라고 불리는 직원들이 회사의 성과 대부분을 내고 또 이들이 조직의 임원으로 승진을 합니다. 하지만 80%의 직원들이 있기 때문에 이를 대놓고 말하기는 어렵습니다.

두 번째는 노력 없이 얻은 성과 법칙(the effortless performance rule)입니다. 재능이란 노력 없이도 얻은 성과로 쉽게 계산될 수 있다는 것입니다. 재능이라는 것이 타고난다는 것과 같은 뜻입니다. 직장생활을 해보면 별 노력 없이도 잘하는 사람들이 있습니다. 누구든 노력하면 성공할 수 있다는 것도 결국 재능 없는 사람들을 위로해주는 말인 것입니다.

하지만 이 책은 냉혹하기만 한 것은 아닙니다. 세 번째로 '제자리를 찾은 성격 법칙(the personality in the right place rule)'이 있기 때문입니다. 어떤 분야에서 천재적인 재능을 가진 사람이라도 자신에게 맞지 않는 자리에서 일한다면 좋은 성과를 낼 수 없습니다. 반대로 조직에서 부진한 사람이 자신의 성격에 맞는 일을 찾아서 좋은 성과를 내는 경우도 있습니다. 내가 '노력 없이 성과를 낼 수 있는 것'이 뭔지를 알면 거기서 나는 '매우 중요한 소수'가 될 수 있다는 것입니다. 자신이 재능이 없는 분야에서 스트레스를 받으면서 일하기보다는 재미를 느끼고 잘하는 분야에서 일하면 성공을 거둘 수 있다는 뜻입니다.

저자는 '리더십'도 타고난 재능이 필요한 분야라고 말합니다. 아무리 영업을 잘하고, 기획을 잘하는 인재라도 '리더'의 자리에 가면 그다지 좋은 성과를 내지 못하는 경우가 많습니다. 반대로 개인으로서의 퍼포먼스는 중간에 불과했지만 리더의 자리에 올랐을 때, 그 조직을 최고의 팀으로 만드는 사람이 있습니다. 그러므로 지금은 내가 조직에서 큰 성과를 내지 못할지라도 리더나 관리자로 일할 기회가 주어졌을 때 자신의 재능을 시험해 볼 필요가 있습니다. 의외로 당신의 재능은 '리더'나 '최고경영자'일 수도 있기 때문입니다.

이 책은 기본적으로 HR 담당자나 임원, CEO들에게 큰 도움이 되는 책이지만 자기개발을 꿈꾸는 직장인에게도 이처럼 시사하는 바가 큽니다. 아래와 같이 세 가지로 정리해보았습니다.

- 노력해서 얻는 재능이 아닌, 성격 법칙에 따른 재능을 찾으십시오.
- 재능이 발견된 분야에서 매우 중요한 소수가 될 수 있는 성과에 집중하십시오.
- 당신의 성과를 바탕으로 리더십에 도전하십시오. 리더십이란 사람의 재능을 찾아내 그 재능에 맞는 역할을 부여하고, 그가 최고의 성과를 낼 수 있도록 돕는 일입니다.

좋은 책을 번역해 국내에 소개시켜주신 이송준 인간희극 대표님께 감사드립니다.

■ 이 책의 주요 용어들에 대해서

1. 인재 · 재능

한국어로 된 경제경영서에서 'talent'란 단어를 주로 '인재'라고 표기하고 있는 것은, 약 20
여 년 전 맥킨지가 처음 사용한 'war for talent'라는 개념을 '인재쟁탈전'으로 번역한 뒤
부터 이어진 관례인 듯하다. 인재, 즉 '재능있는 사람'을 식별, 관리, 개발하는 것은 '재능'
이라는 근본적인 개념을 식별, 관리, 개발하는 것 또한 자연스럽게 포함하게 되므로 문제
될 것이 없지만, '재능' 그 자체가 진정 무엇을 의미하는지, 또한 그 심리학적인 토대는 무엇
인지를 파헤칠 때는 '인재'라는 용어만으로는 제대로 전달되지 않는 부분들이 많다. 따라서
이 책에서는 '인재'와 '재능'이라는 두 단어를 문맥에 맞게 모두 사용했음을 밝혀둔다. 또한
'talented people', 'talented employees', 'talented individuals' 등의 표현도 '인재'
라는 단어로 한정 짓기보다는 '재능 있는 사람, 직원들, 개인들' 등으로 다채롭게 표현했다.

2. 개발

'development'는 한국어로 '계발', '개발' 두 가지 모두로 옮길 수 있는데, 어떤 발전을 개
인적인 차원으로 볼 때는 '계발', 대외적인 차원에서 볼 때는 '개발'이라는 단어를 쓰는 것이
일반적이다. 이 책에서 'development', 혹은 'improvement'는 한 개인의 발전이 조직이
나 사회로 퍼져나가는 것을 지향하므로 '개발'이라는 단어를 사용하였다. 마찬가지로 'self-
help'도 '자기개발'도 번역하였는데, 국어사전을 보아도 '개발'이 '지식이나 재능 따위를 발
달하게 함'을 의미하기 때문이다.

3. 업무몰입

'egagement'는 '업무몰입', 혹은 '업무몰입도'로 번역했다. 이 책에서 말하는 '개인의 가치
와 조직의 가치가 일치되어 물리적인 성과뿐만 아니라 개인의 행복도까지 높아지는 상태'를
'참여'라는 단어로 표현하기에는 부족함이 있기 때문이다. 실제로 이 책에서는 세계적인 심
리학자 미하이 칙센트미하이의 책 제목으로 잘 알려진 'flow('몰입'으로 번역되고 있음)'를
인용하면서 'egagement'를 설명하고 있다.

4. 업무이탈

'disegagement'는 '업무이탈'로 번역했다. '불성실함'으로 번역되어도 좋지만 업무몰입, 즉 'egagement'의 정반대 개념으로 제시되었기 때문에 '업무몰입'과 대응되는 단어로써 '업무이탈'을 선택했다.

5. 메타분석

'meta-analysis'는 동일하거나 유사한 주제로 이뤄진 수많은 연구들을 계량적으로 종합하여 고찰하는 연구방법을 의미한다. 이 책은 '인재'와 '재능'에 대한 수많은 연구들을 소개하고 있고 그 다양한 결과물들 속에서 설득력 있는 하나의 이론을 추출해내고 있기 때문에 메타분석법을 자주 활용하고 있다.

6. 표준편차와 상관계수

'standard deviation', 즉 표준편차는 특정자료의 값이 평균으로부터 얼마나 떨어져있는지 나타내주는 기준값으로, 표준편차가 높아지거나 낮아짐에 따라 특정자료에 대한 평가도 달라질 수밖에 없다. 'correlation', 즉 상관계수는 두 가지 변수들 사이의 관계를 0~1 사이의 숫자로 표현한 것으로 상관계수가 0이면 두 변수가 서로 전혀 관계가 없음을 나타내고, 상관계수가 1이면 두 변수가 서로 완전하게 의존적임을 의미한다. 이 책의 저자는 자신의 주장에 대한 근거로 여러 가지 통계 데이터들을 제시하고 있으므로 이와 같은 용어를 알아두는 것이 좋다.

7. 인사

HR(Human Resources), 즉 '인적자원'은 광범위하게 활용되는 단어로, 인재관리, 인사팀, 인사실무자, 인사업무, 인사담당, 인사전문가 등이 이 단어로 수렴될 수 있다. 이 책에서는 다양한 표현들을 상황에 맞게 사용하였다.

to Isabelle

이사벨에게 바친다.

서문

모든 조직은 문제점을 안고 있다. 그리고 그 중심에는 언제나 사람이 있다. 사람을 어떻게 관리할지, 누구를 고용하고 누구를 내보내며 혹은 누구를 승진시켜야 할지, 어떻게 동기를 부여하고 어떻게 성장시키며 결국 조직 내에 누구를 붙잡아둬야 할지 등등, 사람을 관리하는 일은 늘 가장 어려운 숙제다. 사람을 이해하는 과학인 심리학은 이런 문제를 해결하는 중요한 도구다. 하지만 대부분의 회사들은 이런 중요한 도구를 체계적으로 사용하기보다는 그때그때 사정을 봐가며 대충 만지작거리다 만다. 그 결과 주요 업무에 딱 맞는 인재를 끌어오며 유지하는 데 드는 수십억 달러는 헛된 비용으로 낭비되면서 인재들은 자신의 경력에 환멸을 느끼고, 그 여파는 주변 모든 이들에게까지 퍼진다. 직원들은 더 나은 직장과 더 나은 리더를 원한다. 그러나 더 나은 직원을 원하는 건 리더도 마찬가지다. 결국 서로가 서로에 대해 만족하지 못한 채, 기업뿐만 아니라 전체 경제가 저성장에서 빠져나오지 못하게 된다. 인재쟁탈전^{war for talent}이란 개념을 가장 먼저 도입한 것은 컨설팅업체 맥킨지^{Mckinsey}다. 맥킨지는 1997년, '인재가 기업의 중요한 자산이기 때문에 조직의 성공은 최고 수준의 인재를 확보하고 동기를 부여하며 이들을 유지하는 데 달려있다'는 아이디어를 제시하며 인재쟁탈전이란 용어를 처음 사용한 것이다. 하지만 20년이 지난 지금에 이르기까지 인재를 발견하고 육성하는 기업들의 능력은 대부분 매우 제한적이다.

그런 면에서 나는 행운아다. 즉흥적으로 경력을 선택했지만 지금 생각해보면 꽤 현명한 선택이었다. 대학에서 심리학을 공부하기로 결심한 이유는 심리학이 그나마 약간의 흥미를 느낀 유일한 과목이었고 그다지 공부하기 어려운 과목도 아니었기 때문이다. 심리학 전공 마지막 숙제는 『뻐꾸기 둥지 위로 날아간 새^{One Flew Over the Cuckoo's Nest}』(소설이 아니라 잭 니콜슨이 주연으로 나온 영화)에 관한 에세이를 쓰는 것이었다. 좋아하는 영화인데다가 내 자신의 생각을 표현하는 일은 아주 재미있었기에 힘들 게 하나도 없었다. 교수님은 내게 "심리학에 대한 '천부적 재능'이 있다"고 칭찬했다. 그 교수님에게 남의 재능을 발견해내는 특별한 능력이 있었다고 생각하지는 않는다. 하지만 크게 노력하지 않아도 학사학위를 받을 수 있다는 사실에 이끌려 그녀의 말을 경청하던 때가 생각난다. 대학생 때는 지그문트 프로이트와 자크 라캉에 심취했다. 술집에서 프로이트와 라캉의 이론에 대해서 떠들기 시작하면 부에노스아이레스의 늦은 밤을 몇 시간 동안이나 뜨겁게 만들 수 있었다. 하지만 그런 대화가 결국 '형이상학적 마스터베이션'에 불과하다는 걸 깨닫고 바로 그만뒀다.

나는 현실로 돌아오기로 결심했다. 영국 런던으로 이주한 뒤에는 영국산 실증주의를 받아들였다. 그리고 데이터와 '베스트 프렌드'가 됐다. 공부하면서 깨달은 단 한 가지 문제점은 심리측정학과 성격평가가 학문적 심리학의 영역에서 벗어나 내가 궁극적으로 몸담고 싶었던 현실의 비즈니스 세상과 연결될 만한 기회가 많지 않았다는 점이었다. 그러나 박사과정을 끝냈을 때쯤 인재쟁탈전은 본격적으로 가동되어 성격을 평가하고자 하는 과학에 대한 수요가 빗발치고 있었다. 그때부터 나는 인간의 행동을 평가하고 예측하는 것은 물론, 풍부한 설명까지 제공할 수 있는 신뢰할 만한 체계를 만드는 데 엄청난 시간을 들였다. 내가 자부심을 느끼며 직접 운영하고 있는 '호건 어세스먼트 시스템즈Hogan Assessment Systems'는 인재쟁탈전에 무기를 공급하는 무기제조사라고 볼 수 있다. 우리는 사람의 재능을 이해하는 시스템을 개발하는 데 초점을 맞추고 있다.

운이 좋은 사람은 많지 않다. 재능도 있고 풍부한 기회가 주어지는 환경 속에 살고 있더라도 자신의 적성에 꼭 맞는 직장을 찾는 것은 운 없이는 힘든 일이다. 그 결과 의미를 찾을 수 없는 직장에서 몇 년을 보내며 자신의 능력을 온전히 펼치지 못하는 것은 물론 조직 속에서 소외감을 느끼거나 자신의 의지가 아닌 타인의 의지 때문에 여기저기를 전전하기도 한다. 직업은 짐이 되어버리고 고통을 초래할 뿐, 결국 남은 건 사생활 속에서 느껴지는 소소한 즐거움밖에 없게 된다. 반면 중요한 역할에 걸맞는 사람을 못 찾아서 한숨만 쉬는 기업들도 인력시장을 비효율적으로 만들기는 매한가지다.

우리 모두는 인재쟁탈전에서 각자 맡은 역할이 있다. 기업은 국가, CEO는 장군, 인사팀장은 중위, 컨설턴트와 코치는 병사, 혹은 용병이라고 볼 수 있다. 이들 가운데는 유독성 인자들도 존재한다. 아무

것도 모르거나 잘못된 지식을 가진 사람들은 상황을 악화시키고 정상적인 의견충돌을 지저분한 전쟁으로 바꿔놓는다. 전쟁에 기여하고 있는 대부분의 사람들은 처음에는 선의를 가지고 행동하지만 비과학적이며 포퓰리즘에 기반한 조언을 따르다 보면 자신도 모르는 사이에 위기를 조장하게 된다. 그 와중에 진정한 사상적 무정부주의자들도 등장한다. 그들은 주도적으로 지적 혼돈상태를 조장하여 재능을 비전문적으로 해석하게 만든다. 이 책을 출판한 것은 합리성을 잃은 포퓰리즘 지지자들에 맞서 싸우는 도전이라 할 수 있다. 그리고 우리가 가진 가장 큰 무기는 과학이다. 애덤 스미스^{Adam Smith}는 "(과학은) 지나친 열정과 미신을 치료할 수 있는 훌륭한 해독제"라고 했다. 과학이 모든 것에 대한 궁극적인 진실을 알려주지는 않지만 오해를 풀고 미신의 정체를 밝혀주는 것에 있어서 강력한 무기인 것은 확실하다. 토마스 쇼필드^{Thomas Schofield}가 "과학은 진실을 알려주기보다 더 잘못될 수 있는 선택을 피하게 해주는 것"이라고 지적했듯이 말이다.

이 책을 쓴 목적은 재능에 대한 심리과학의 진보와 현실세계에서 일어나는 실수 사이의 격차를 줄이기 위해서, 최신 연구에 기반한 주요 정보들을 알리는 것이다. 그러기 위해서 재능을 어떻게 정의하고 평가하는 것이 최선인지, 유해한 직원들의 행동을 어떻게 감지하며 금지시킬 것인지, 그리고 직원 모두가 능력에 걸맞는 최고의 업무수행 능력을 펼칠 수 있게 동기를 부여하는 방법은 무엇인지 등 오늘날 모든 기업이 직면한 선택, 개발, 몰입과 관련된 도전들에 대해 설명할 것이다. 또한 이 책은 기업이 겪고 있는 재능 관련 문제들을 해결하는 것을 목적으로 한다. 이론과 데이터에 기반한 아이디어를 제공하기 위해, 학계의 주요 연구들에서 도출된 증거들을 이 책에 녹여냈다. 이 책은 인사 실무자에게는 교재 같은 기분이겠지만 다루는 주제가 광범위하기 때문에 직장에서 발휘할 수 있는 잠재력에 관심이 있는 모든 독자들에게 매력적으로 다가갈 것이다. 터무니없이 독자들의 기분을 좋게 만들려는 책들이 조장하는 '재능에 대한 망상'을 깨는 것은 물론, 재능의 심리학에 관심이 있는 모든 이들이 신뢰할 수 있고 즐길 수 있는 대안이 될 수 있기를 희망하고 있다.

이 책을 쓴 또 다른 목적은 비판적이고 건설적이며 다른 의견과 충돌하지 않는 아이디어를 제공하는 것이다. 하지만 재능과 관련된 주류 사회의 비판적 의견이 부족하다는 점을 고려해보면, 내 의견 가운데 일부가 논란의 여지를 불러일으킬 수도 있다. 그러므로 일반 서적들이 제공하는 근거 없는 소리들과 구분 짓기 위해서 내 견해를 지지해주는 가능한 많은 과학적 증거를 제시하려고 한다. 만약 당신도 데이터 과학을 믿는다면, 동료들과 함께 검토한 논문자료들보다 더 나은 증거는 없다는 사실을 알고 있을 것이다. 논문을 쓰기 위해 학자들은 항상 철두철미하면서도 신중하게 연구를 진행하고자 하며 서로 다른 의견을 내세우는 학자들 간의 이해충돌과 공정성을 항상 염두에 두고 있기 때문이다. 학계 검토를 마친 논문의 또 다른 특징은 주요 과학이론을 고수한다는 점이다. 주요 과학이론은 기존 지식에 새로운 지식을 쌓는 방식으로 구성되며 그런 의미에서 새로운 지식은 기존 지식에서 한 걸음 더 나아가게 한다. 또한 상대의 연구결과에 반대하고자 할 때도 확고한 지식을 기반으로 비판을 제기해야 한다. 그런 맥락에서 영리기업들이 발행하는 백서들 가운데 과학적 기준에 미치지 못한 책들은 연구에 거의 인용되지 않는다. 의도적일 수도 있고 그렇지 않을 수도 있지만 이런 백서들은 학계 검토를 마친 논문에 실린 방대한 양의 증거를 모조리 무시하는 경향이 있다. 백서는 사이비 직원들에게나 참신하고 매력적으로 느껴지는 새로운 유행어와 신조어를 만들어낼 뿐, 증거에 기반하여 업무를 진행하는 실무자와 과학자의 비판적 시선은 피해가려 한다. 인사 실무자가 재능의 질을 평가할 때 유행이나 직관에만 의존한다면 발전이 느려질 뿐만 아니라 인재관리 업무 자체가 사소하고 하찮은 일이 되어버릴 것이다.

전쟁의 목적이 평화로운 세상을 만드는 것이라면 우리는 어떻게 이 인재쟁탈전을 평화롭게 종결지을 수 있을까? 기업 대부분이 주요 업무에 더 효율적인 직원을 배치하고 전체 직원의 집단 잠재력과 업무성과를 향상시키려면 어떤 조건이 필요할까? 직원 대부분이 모든 잠재력을 이끌어내며 의미를 찾고, 또 충분한 보상을 받을 수 있는 경력을 만들어가게 해주려면 어떻게 해야 할까? 문제를 해결해줄 수 있는 마법이나 단순한 답변은 없다. 다만 이 책을 읽으며 재능을 이해하고 예측하며 관리하는 능력을 키우는 것이 발전을 위한 첫 걸음이다.

뉴욕에서
토마스 차모로-프레무지크

"지금이나 예전이나 모든 일에 있어서 오랫동안 당연하게 여겨온 사실에 의문을 제기하는 것은 건전한 일이다."

버트런드 러셀

....

"지식의 가장 큰 적은 무지가 아니라 지식을 갖고 있다고 믿는 착각이다."

스티븐 킹

....

"과학은 전문가들조차 무지하다는 믿음이다."

리차드 파인만

CHAPTER
1

인재 쟁탈 관리전

제1장은 인재쟁탈전에 대한 최신정보를 제공한다. 인재쟁탈전이란 단어는 20여년 전 기업의 주요자산 가운데 하나인 사람의 중요성이 점점 더 커지고 있다는 점을 부각하기 위해 처음 등장했다. 이번 장은 인재가 가장 '핫'한 주제이며 업계 최고의 기업들과 학자들 또한 인재를 확보하고 개발하며 업무에 몰입하도록 유도하는 것이 사업을 성공시키기 위한 최우선 순위임에 동의하고 있다는 점에 대해 소개할 것이다. 그런데 역설적으로 대부분의 기업들은 이런 도전을 받아들일 준비가 되어있지 않으며, 거시적으로 봤을 때 인재쟁탈전에서 패배했다고 볼 수 있다. 패배했다고 보는 이유는 세 가지다. 첫 번째, 사람들 대부분은 자기 직업을 싫어한다. 두 번째, 사람들 대부분은 수동적 구직자이며 더 나은 경력을 꿈꾸고 있다. 세 번째, 점점 더 많은 사람들이 자영업을 시작하려는 유혹에 빠져들고 있다. 모두 지금의 직장에서 겪고 있는 불행한 경험들 때문이다. 특히 일할 직장이 넘쳐나는 경기 속에서도 직장인들은 창업을 하고자 하는 의지를 불태우고 있다. 이런 유감스런 환경을 극복하고 인재쟁탈전(인재관리전은 잠시 보류하더라도)

에서 승리하려면 인재와 관련된 과학에 대한 이해를 높여야 한다. 그 첫걸음은 지금까지 진행되어 온 인간의 잠재력에 관한 연구가 빈약하기 짝이 없다는 쓰라린 진실을 마주하는 것이다.

☆ ☆ ☆

컨설팅업체 맥킨지가 처음 인재쟁탈전을 소개하고 거의 20년이 지났다. 맥킨지는 최고의 인재, 특히 리더를 끌어들이고 확보하는 능력에 기업의 미래 성공 여부가 달려있다고 제시했다. 다시 말하면 인적자원, 즉 사람은 기업이 가진 주요 자산으로 평가되어야 하고, 인재를 잘 관리하는 기업이 경쟁업체보다 더 높은 수익을 기대할 수 있다는 말이다. 맥킨지의 제안은 이제 누구나 아는 상투적 문구가 되었는데, 그것은 맥킨지의 영향력 때문이 아니라 관료주의적인 인사업무가 컨텐츠에 기반한 전략적인 업무로 전환되는 티핑포인트^{Tipping point}를 우리가 지나왔기 때문이다. 즉, 이제 인사업무는 직원의 개인적인 문제나 직원들 간의 분쟁을 조정하는 데 국한된 것이 아니라 인재들이 가진 재능을 한층 더 키워줌으로써 그들을 생산력과 성장의 원동력으로 만드는 일이 되었다. 맥킨지의 인재쟁탈전이 적어도 이론적으로는 인사업무를 효율적인 조직운영의 중심에 서도록 만든 것이다.

오늘날 재능이라는 단어는 섹시함까지 겸비하고 있다. 모든 이들이 재능을 가지고 싶어하고, 보여주고 싶어하며, 더 많이 가졌으면 한다(그렇다고 모든 사람들이 자신이나 남의 재능을 평가할 능력을 가지게 되는 것은 아니다). 우리는 지금 재능의 시대를 살아가고 있으며 재능에 관한 주제는 감당 안 될 정도로 큰 인기를 누리고 있다. 비즈니스 토론회뿐만 아니라 우리 삶의 아주 많은 부분들이 재능을 찾아내고 키우는 것은 물론, 그 재능으로 돈을 버는 데 바쳐진다. 오늘날 우리는 예전보다 훨씬 더 많이 공부하고 있으며 그러기 위해 어느 때보다 더 많은 돈을 쓴다. 영국 대졸자들 중 72%에 달하는 사람들이 학자금대출을 갚을 능력이 없다고 하며 미국에서는 학자금대출 미결제 금액이 1조 달러를 넘어선 것으로 나타났다. 이제 학자금 빚은 신용카드 빚을 넘어섰고, 자동차 할부금보다는 아주 조금 낮은 수준이다. 일례로 최근 미국에서 비행기를 탔을 때 나는 우연히 한 승무원이 하는 이야기를 들었는데, 그는 딸의 대학교 학비와 생활비를 대느라 매월 6천 달러를 쓴다고 했다. 아마자기 월급의 두 배쯤 될 것이다. 인재쟁탈전의 진원지라고 할 수 있는 (여전히!) 미국에서 이런 이야기는 그다지 특별할 것이 없는 흔한 사례다.

그러는 사이 기업들은 직원 훈련 프로그램에 매년 3천억 달러를 쓴다. 하지만 핵심인재를 개발하는 데 쓰는 돈은 전체의 5%밖에 안 된다. 옆 페이지의 <그림 1>을 보면 리더십 개발 산업에 할애된 예산의 기하급수적 증가를 볼 수 있다. 10~20년 전 인재쟁탈전이 공식적으로 시작되고부터 거의 세 배나 뛰었다. 그런데 역설적이게도 같은 기간 동안 리더십 개발 산업에 대한 신뢰도는 곤두박질쳤다. 만약 당신이 여전히 리더십 개발을 인재관리의 가장 중요한 영역이라 생각한다면(이를테면 엘리트 직원들에게 풍부한 개발프로그램을 지원하는 것), 재능에 대한 관심을 효율적이고 실익이 있는 활동으로 전환시키기에는 아직 갈 길이 멀었다는 사실을 알려주고 싶다.

인재쟁탈전은 어디에서 왔는가? 맥킨지가 원래 내세운 주장은 두 가지 올바른 관찰에 근거한 것이었다. 첫 번째, 어떤 조직이건 몇 퍼센트 안 되는 핵심인재들이 그 조직의 성공을 파격적인 비율로 책임진다는 점이다. 자세히 말하자면 맥킨지는 생산성과 혁신, 수입, 이익 등 기업 성과에 미치는 큰 변수들의 변화가 극소수의 핵심인재들이 거둔 성과라고 했다. 두 번째, 이런 엘리트 직원들의 수는 한계가 있기 때문에 기업은 금이나 석유, 은과 같이 귀한 핵심인재들을 확보하기 위한 제로섬 경쟁을 하고 있다. 우연의 일치로 원래 '재능talent'이란 단어는 은의 가치를 측정하는 단위로 이용됐다. 재능에 대한 성서의 우화를 보면 '은 한 달란트'가 한 인부의 임금으로 지급되었고, 인부의 능력에 따라 지급될 수 있는 달란트의 양이 달라질 수 있다고 했다(마
태복음 25장).

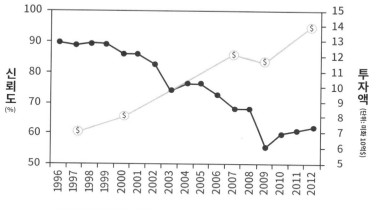

신뢰도 (%)

투자액 (단위: 미화 10억$)

● 리더십 산업에 대한 신뢰도
Ⓢ 리더십 개발에 투자된 연간 금액

<그림 1> 리더십 개발에 투입된 비용과 리더십 산업에 대한 신뢰도

　이후 등장한 재능의 정의는 시대에 따라 조금씩 달랐다. 13세기에
는 한 사람의 의향이나 심리적 성향을 묘사하는 데 쓰였다. 15세기에
는 정신적 자질과 타고난 능력을 설명하는 데 쓰였고, 17세기에 이르
러서는 주로 타고난 능력이나 특출난 재능, 정신력 등 한 사람의 특별
한 능력을 설명하는 데 쓰였는데 이런 개념이 오늘날까지도 이어지고
있다. 왜냐하면 일반적으로 사람들은 자신과는 다른 예외성이나 타고
난 능력을 가진 사람들에 주목하기 때문이다. 예를 들어 과학분야의 마
리 퀴리Marie Curie와 테니스의 로저 페더러Roger Federer, 음악의 에이미 와인하
우스Amy Winehouse, 비즈니스 분야의 워렌 버펫Warren Buffett 같은 사람들 말이다.

　각 개인의 재능은 다양한 맥락 속에서 드러나는 것이기는 하지만 우리는 절대다수의 사람들보다 그 사람이 얼마나 탁월한지를 평가하며 서로 다른 분야의 재능을 비교하는 것을 즐긴다. 이를테면 "비즈니스 업계에서 워렌 버핏의 존재는 테니스계의 로저 페더러 같다"고 말하는 것이다. 하지만 재능에 대한 평가가 완벽하게 객관적이었던 적이 있었던가? 그런 적이 없었기 때문에 술을 마시다가도 재능 이야기만 나오면 끊임없는 안주거리가 되며, 저녁식사 자리에서도 긴 토론 주제가 되기도 하고, 구글과 위키피디아에서 검색해봐도 해결되지 않은 토론 주제로 남아있는 것이다. 마이클 조던이 르브론 제임스보다 더 재능 있는 농구선수라고 말할 수 있을까? 모차르트가 바흐보다 더 재능 있는 음악가인가? 저스틴 비버와 마일리 사이러스에게 음악적 재능이라는 것이 있기는 한가? 재능을 평가하는 것은 수학과 달라서 단정적으로 대답하기는 힘들지만 재능과 관련된 주제가 모두 주관적이지는 않다. 예를 들어 이론적인 방법론들을 이용해서 내가 가진 재능이 스티븐 호킹과 앙겔라 메르켈의 재능보다 얼마나 수준이 떨어지는지 아주 객관적인 지표로 보여줄 수도 있다. 궁극적으로 재능은 '개인이 성취한 높은 수준의 성과에 대한 설명'이라 할 수 있으며 '운이나 노력보다 더 강조되는 능력'을 뜻한다.

지금까지는 재능을 평가하는 척도가 형식적인 자격증이나 교육기관의 수료증밖에 없었다. 하지만 지난 한 세기 동안 대학교 졸업장을 가진 사람들의 수와 재능 있는 사람의 수 사이의 통계학적 상관관계는 급격하게 줄었다. 고등교육에 대한 열망으로 인해, 몇 년 안에 산업화된 국가에서는 인구의 절반 이상이 대학교 졸업장을 보유하게 될 것이다. 특히 미국에서는 대학교육을 받는 사람의 수가 1980년에는 전체인구의 17%였지만 2014년에는 60%로 크게 늘었다. 학위의 가치가 점점 희석되고 있으며 기업들은 직업상 필요한 기술이나 전문성을 갖춘 신입사원을 찾기 힘들어졌다. 오늘날 석사학위는 과거 학사학위와 비슷하며, 박사학위는 20~30년 전 석사학위만큼 흔하다(박사학위 때문에 오히려 '오버스펙'으로 분류되기도 한다). 더 높은 학위를 성취한 사람은 엄청난 업무강도도 견딜 수 있도록 훈련된 '괴물'일 거라는 평가 정도는 받을 수 있을지도 모른다. 그러나 이런 평가는 그저 당면한 어떤 문제를 해결하는 데 필요한 정보들을 잘 찾을 수 있을 거라는 단순 확인에 불과하며 그마저도 더 발전할 가능성이 있을 때나 도움이 되는 자격일 뿐이다. 기업이 학교 교육을 못 믿는 게 아니다. 단지 학업 성취도에 따라 매겨진 순위는, 취업 후에 실제로 성과를 내야 할 때 필요한 전문성과는 막연한 상관관계밖에 없다는 점을 말하고자 하는 것이다.

오늘날 인재쟁탈전은 어디까지 진행되었는가? 기업은 여전히 인재가 중요하다는 걸 믿고 있다. 전 세계 조직들 가운데 74%, 대기업들 가운데 83%가 인재를 효과적으로 관리하는 것을 주요 전략목표로 설정하고 있다. 반면 그들 가운데 대부분이 인재 때문에 고생을 면치 못하고 있기도 하다. 1,000명 이상의 임원들을 대상으로 한 최근 글로벌 설문조사 결과에 따르면 자신이 다니는 회사가 인재를 끌어들여 개발하고 보상하며 유지하는 것은 물론, 해고시키고 기업 전략과 일치시키는 데 있어 실제로 성과를 거두고 있다고 생각하고 있는 사람들은 20%도 채 되지 않았다. 감이 잘 오지 않는다면 이렇게 생각해보자. 80%의 기업들이 자신들에게 가장 중요한 것은 기술력이라고 말하면서도 단지 20%의 기업들만이 자신들에게 그런 기술력이 있다고 말하는 상황인 것이다. '실제로 성과를 거둘 수 있기 때문에 가치를 두는 것'과 '하기 어렵기 때문에 가치를 두는 것' 사이에는 엄청난 차이가 있다.

다양성을 통한 업무효율 극대화와 같이 다양한 인재를 잘 관리해서 이득을 볼 수 있을 거라 기대하는 것은 오산이다. 직원 다양성이 성과 달성에 효과가 있다고 생각한 사람들은 전체의 7% 이하다. 미국보다 유럽과 아시아에서 이런 다양성 확대에 대해 더 낮은 평가를 매겼는데 특히 일류 대기업들에서 이런 설문 결과가 나왔다는 사실을 감안하면 평균적인 기업의 현실은 더 우울하다고 말할 수 있다. 크기도 작고 유명하지도 않으며 대도시에서 멀리 떨어진 것은 물론 아직 큰 성공을 거두지도 못한 기업이라면 구직자들에게 우선순위로 선택받지 못할 것이고 실무능력을 쌓을 수 있을 거라는 전망도 주지 못할 것이며 체계화된 인사관리 시스템도 갖추지 못한 경우가 많을 것이기 때문이다.

여러 측면에서 인재쟁탈전은 이제 '인재관리전'으로 바뀌었다. 기업은 재능 있는 직원들을 끌어들이고 유지하는 대신 인재들을 내치기 시작했다. 4가지 거시경제 트렌드가 이 점을 뒷받침하고 있다.

1. **업무이탈(or 불성실함)의 유행**: 대부분이 자신의 직업에 환멸을 느끼거나 업무로 인한 소외감을 느낀다.

2. **수동적 구직자 증가**: 직접 새로운 일터를 찾아 나서지는 않지만 대부분이 이직의 기회가 다가오기를 기다리고 있다.

3. **자영업으로의 탈출**: 경제적으로 윤택한 삶을 살고 있더라도 직장을 그만두고 자영업을 시작하거나 정규직을 대체할 수 있는 프리랜서 활동을 시작한다.

4. **'기업가정신' 열풍**: 요즘 사람들이 가장 바라는 커리어는 성공한 기업가다. 성공할 가능성이 거의 없음에도 불구하고……

업무이탈의 유행
THE DISENGAGEMENT EPIDEMIC

모건은 올해 32살, 영국 브리스틀 출신의 회계사다. 그녀는 같은 로펌에서 10년 넘게 일했다. 업무를 훌륭하게 소화해내는 것을 뛰어

넘어 눈감고도 일할 수 있을 정도다. 그녀의 업무처리 능력은 이제 예술의 경지에 이르러 최소한의 노력만으로도 좋은 성과를 거두고 있다. 그래서 그런지 회사에서 보내는 대부분의 시간을 일과 관계 없는 것에 쓴다. 인터넷 쇼핑을 하거나 다음 휴가를 계획하고 페이스북을 즐긴다. 모건은 지금 일하고 있는 직장을 떠나면 더 재미있는 일들이 기다리고 있다는 것을 알고 있다. 하지만 하루 지나고 생각해보면 지금의 직장이 관리비와 카드값을 내주는 것은 물론 스트레스도 비교적 덜 준다. 그리고 조금만 더 버티면 승진할 수도 있다. 하는 일은 똑같은데 말이다. 결국 같은 회사에서 조금 더 있기로 했다. 다른 승진 후보자도 여럿 있지만 모두 그녀의 후배들이다.

반대의 경우도 있다. 샐리는 영국 버밍엄 출신의 IT 컨설턴트로 이제 막 미디어회사에 입사했다. 그녀는 진정으로 좋아하는 일을 찾는 데 많은 시간과 노력을 들였다. 열정과 에너지가 넘치는 그녀, 매일 알람시계가 울리기도 전에 침대에서 일어난다. 샐리는 직장에서 가장 일찍 출근하고 일을 빨리 배우며 회사의 광범위한 업무영역에 대해 빨리 파악한다. 어느새 샐리는 전략팀의 일원이 되어 회사 안팎에서 업무 협력을 위한 인맥을 만들고 있다. 그녀는 자신의 역할에 몰입하고 있고, 스스로 그렇게 많은 시간을 들이는 줄도 의식하지 못한 채 늦게까지 일하곤 한다.

두 사람 가운데 누구를 고용하고 싶은가? 당장 회계사가 없으면 회사가 망한다고 생각하지 않는 이상 모건 보다 샐리를 원할 것이다. 이런 상황은 경영의 세계에서 실제로 벌어지는 현실을 반영하고 있다. 샐리 같은 직원에 대한 수요는 크지만 실제로는 모건 같은 사람이 과잉 공급되고 있다.

'업무몰입도engagement level'는 일에 대한 직원 개개인의 열정과 몰입의 수준을 나타내며 개인성과와 조직효율성을 추진하는 원동력이다. 그러나 대부분의 기업들에서 업무몰입도가 높은 직원은 언제나 소수일 뿐이다. 달리 말하면 대부분의 직원들이 일에 집중하지 않고 있다는 것이다. 업무몰입에 따른 투자수익률은 이미 과학적으로 입증되었기 때문에 기업 입장에서 직원이 업무에 집중하게 만들 동기가 충분하다고 볼 수 있다. 예를 들어 미국의 가전제품 판매업체인 '베스트바이BestBuy'의 분석에 따르면 매장직원들의 업무몰입도를 0.1%만 올려도 매장 당 연간 10만 달러의 추가매출이 발생한다. 글로벌 외식기업 '시스코Sysco'는 전체 업무몰입도를 높임으로써 직원 유지 비율을 65%에서 85%까지 끌어올렸고 덕분에 새로운 고용과 업무훈련에 드는 5,000만 달러의 비용을 절감했다. 이 예시는 업무몰입도가 인재쟁탈전에서 인재의 가치를 검증하는 척도가 된다는 점을 보여주고 있다. 하지만 전 세계적인 직원 업무몰입도 수준을 살펴보면 현실은 암울하다.

미 스탠퍼드대 경영대학원 교수 제프리 페퍼Jeffrey Pfeffer가 2015년 저술한 책『리더십BSLeadership BS』는 직장에서의 만족도를 살펴보기 위해 인적자원 관리업체가 일반적으로 진행하는 글로벌 업무몰입도 설문 결과, 직원 대부분이 지속적으로 일에 집중하지 못하고 있는 것으로 나타난다는 점을 지적하고 있다. 설문조사 전문업체 '닐슨Nielsen'과 '컨퍼런스보드Conference Board'도 설문에 참가한 전체 직원의 47%만 현재 직장에 만족하고 있는 것으로 보고했는데 이는 25년 전 조사된 업무만족도 61%에서 점차 줄어드는 추세를 보여준다. '라이트매니지먼트Right Management'는 미국과 캐나다에서 일하고 있는 근로자들 가운데 19%만 현재 직장에 만족하고 있다고 보고했다. '머서Mercer'는 전 세계 근로자 3만여 명을 대상으로 설문조사를 진행했으며 그 가운데 30~56%가 퇴사를 희망하고 있다고 보고했다. '갤럽Gallup'은 142개 국가 소재 기업과 국가기관 등을 대상으로 설문조사를 진행한 결과 단지 13%만 업무에 몰입하는 반면, 적극적으로 업무에서 이탈하고 있는 비율은 24%나 된다고 보고했다. 이렇게 지난 10년 동안 진행된 갤럽의 글로벌 설문조사 결과에 따르면 근로자들 가운데 70%가 업무에 몰입하고 있지 않고 있거나 적극적으로 업무에서 이탈하고 있는 것으로 추정된다.

이런 설문조사 결과는 유익하지만 두 가지 이유로 공격을 받기도 한다. 첫 번째, 카테고리를 나눌 때 '일에 몰입한다'는 말과 '일에서 이탈한다'는 말의 차이를 정의하는 기준이 임의적이기 때문이다. 갤럽을 포함한 설문조사 업체들에서는 몰입도에 대한 모든 항목에 동의해야만 '일에 집중한다'는 평가를 내리도록 되어있다. 이는 통계학적으로 '일에 몰입하지 않는다' 또는 '일에서 이탈한다'로 분류되는 사람이 많아질 수밖에 없다. 실제로 '키가 크다'와 '키가 작다', '말랐다'와 '뚱뚱하다', '똑똑하다'와 '멍청하다' 등과 같이 형용사로 표현되는 특성들을 나눌 수 있는 명백한 기준은 존재하지 않는다. 다만 그것을 수량화시키면 '정도'의 문제에는 다가설 수 있다는 데서 의미를 찾을 수 있다. 즉, 중요한 점은 업무몰입도 분포도 상에서 가장 많은 사람들이 분포한 정점과 그 오른쪽이 어느 정도 더 생산적이라는 사실을 알 수 있다는 것이다. 그런 면에서 업무몰입도 측정은 경제 변수들을 측정하는 방식만큼은 객관적이라 할 수 있다. 예를 들어 OECD와 UN, 세계은행은 하루 소득이 2달러 이하로 떨어지면 '가난하다'고 정의한다. "하루 2.01달러를 버는 사람은 가난하지 않아서 돕지 않겠다"는 것이 아니다. 자원을 잘 배분하고 효과적으로 운영하기 위해 카테고리를 설정하는 것뿐이다.

두 번째, 업무몰입도 설문조사 서비스를 제공하는 업체들 가운데 대부분은 업무몰입도 개선을 위해 설계된 개선 서비스도 함께 제공하고 있다. 따라서 그런 업체들은 고객 기업들에게 "모든 게 다 잘 되고 있다"고 안심시키는 것보다는 일부러 업무몰입도를 더 낮게 보고할 가능성이 있다. 굳이 비교하자면 자동차를 정비소에 가져가서 "고장 난 곳 없죠?"라고 묻거나 새로 가입한 보험 담당자에게 전화해서 "풀커버 맞죠?"하고 물으면 나올 대답과 비슷하다.

설문조사의 이런 미심쩍은 부분들에도 불구하고 '자신의 직업에 만족하고 있다'라는 항목을 지지할 만한 데이터는 극히 희박하다. 구글 검색창을 띄우고 'my job'(내 직업)이라고 쳐보면 직장인 대부분이 자신의 직업에 대해 어떻게 느끼는지 감이 올 것이다.

내 직업은……

내 직업은 나를 죽이고 있다.
내 직업은 나를 아프게 만든다.
내 직업은 정말 지루하다.
내 직업은 나를 우울하게 만든다.

못 믿겠다면 직접 검색해봐도 좋다. 내가 책을 쓰는 사이 바뀐 내용이 있는지 확인해줄 사람이 있었으면 좋겠지만 여러분도 아마 "똑같더라"고 대답할 확률이 클 것이다. 같은 맥락에서 갤럽이 지난 10년간 도출한 업무몰입도 조사결과도 거의 차이가 없다는 것은 그리 어렵지 않게 받아들일 수 있는 사실이다. 결론은 10명 가운데 3명만 자기 직업을 좋아한다는 것이다.

업무이탈disengagement의 경제적 비용은 미국에서만 매년 약 4천억 달러로 추정된다. 이 수치는 업무에서 이탈하는 직원과 몰입하는 직원들 사이의 생산량 평균차를 계산한 뒤 그 값을 국가적 차원으로 키워서 환산된 것이다. 낮은 업무몰입도에 대한 부정적 결과를 조명하는 또 다른 연구결과도 있다. 업무이탈이 이직하려는 의도를 증가시키며,

직권을 남용하고 규칙에 따르지 않고 기업의 자원과 성과를 빼앗는 등 비생산적 업무행태(Counterproductive Work Behaviour, 이하: CWB)로 이어진다는 점이다. 미국 기업들은 직원들의 절도 행위로 인해 매년 500억 달러의 손실을 겪고 있다. 엔론Enron과 월드컴WorldCom 스캔들 두 개만으로 미국 경제는 400억 달러의 손실을 겪어야 했다. 직원들의 이직에 따른 교체비용과 사기저하, 훈련비용, 생산성저하 등의 손실도 고려해야 한다. 새 직원들의 적응기간 동안 투입되는 자원은 직원 연봉의 10~30% 정도의 비용 부담을 안겨준다. 중역이나 전문직 직원을 뽑으면 원가부담은 더 커진다. 특히 중역 직원을 데려오면 헤드헌팅 업체에 더 큰 서비스 이용료를 지불해야 하기 때문에 부담이 한층 높다. 이처럼 업무몰입도가 떨어지는 사람은 생산성을 떨어뜨릴 뿐만 아니라 반사회적으로 행동할 가능성과 이직할 가능성도 높아서 기업은 물론 그가 속한 경제 전체가 엄청난 비용을 들여 그가 떨어뜨린 생산성을 만회해야 한다.

업무몰입도와의 전쟁에서 승리하는 기업도 있다. 아니나 다를까 그런 기업은 인재쟁탈전에서도 좋은 성과를 거뒀다. '일하기 좋은 직장Best Places to Work' 순위나 '글래스도어www.glassdoor.com'의 대규모 오픈소스 및 크라우드소스 기반 업무몰입도 관련 자료를 보면 최고 순위에는 매년 똑같은 기업들이 '유주얼 서스펙트(유력한 용의자)'처럼 자리를 지키고 있다. 하지만 그 외 페이스북Facebook과 에어비앤비Airbnb, 베인앤컴퍼니Bain&Co. 등 우수기업들을 포함한 수백만 기업에서 일하는 직원 대부분이 자기 직업에 대한 환멸과 소외감을 느끼고 있으며 일이 지긋지긋하다고 생각한다. 인재쟁탈전은 주로 사람에 관한 것이라는 점을 다시 한번 생각해본다면, 이렇게 전 세계적으로 업무몰입도가 낮은 것은 직원들이 인재쟁탈전의 수혜자가 아니라 인재관리전의 공격대상이 되고 있다는 것을 의미한다.

수동적 구직자의 증가

THE RISE OF THE PASSIVE JOB SEEKER

평생 한 직장만 다니는 시대는 끝났다. 최소한 지난 30년 동안 구직시장은 더 짧아진 근무연수와 더 잦은 이직, 불확실한 경력 등의 키워드로 대표되고 있다. 이런 트렌드는 인재의 미래 수요를 예측하는 데 무능했던 기업의 탓이 가장 크지만 이에 대한 한 가지 변명을 하자면 오늘날에는 기업이나 조직의 구조 자체가 직원들이 고용주에 대한 충성심을 크게 가지지 못하도록 변모했다는 것이다. 구조상 문제가 나타날 수밖에 없는 가장 큰 이유는 기업들이 이제 직원들을 장기 고용할 능력이 떨어졌거나 더 이상 장기 고용을 원치 않기 때문이다. 특히 재능 있는 직원들은 다른 회사에서 더 나은 조건을 내걸면 언제라도 떠날 수 있기 때문에 충성도가 더 떨어질 수밖에 없다. 결과적으로 기업들은 1980년대부터 직원의 미래를 크게 고려하지 않게 됐고, 직원은 자기 운명을 직접 개척할 수밖에 없었다. 이제 직장은 더 이상 오랫동안 지속되는 결혼생활이 아니라 짧은 휴가 동안 즐기는 로맨스나 원나잇스탠드 정도가 된 것이다.

이런 큰 변화를 인간의 근본적 심리 변화로 해석해서는 안 된다. 안정성에 대한 욕구는 인간의 기본욕구에 속한다. 사람은 항상 주변 환경이 예측가능하고 익숙하기를 바라는 경향이 있다. 그렇지 않으면 스트레스를 받기 때문이다. 심리학계에서는 고용불안이 직원의 신체와 정신에 미치는 부정적 효과를 검증한 수십여 편의 논문을 내놨다. 물론 자신이 미래에 어떤 일을 할지 모른다는 사실이 모든 사람에게 똑같은 영향을 준다는 뜻은 아니다. 전통성이나 안정성에 큰 가치를 두지 않는 사람들에게는 오히려 예측가능하고 안정적인 경력 자체가 심리적으로 고문처럼 다가올 수도 있고, 지루해지거나 소외감을 불러일으킬 수도 있다. 이런 사람들은 직업 안정성은 낮지만 창의적인 일을 찾거나 창업의 길을 걷게 되는데, 극한의 자극을 추구하는 사람들(아드레날린 중독자)은 정신적 안정을 추구하는 일반인들에 비하면 극소수일 뿐이다. 대부분의 사람들은 스카이다이빙이나 롤러코스터, 상어와 함께 하는 수영교실 등 위험천만한 일에 관심이 없다. 그저 10년 뒤에 자신이 어떤 일을 하고 있을지, 어느 정도의 경력과 지위를 누리고 있을지 궁금할 뿐이다.

세상이 점점 산업화되며 실업률이 전반적으로 낮아짐에도 불구하고 직장인 대부분은 아직까지 수동적 구직자로 남아있다. 구인란을 찾거나 이력서를 보내고 입사원서를 작성하며 면접을 보는 것과 같은 적극적인 구직자의 모습은 아니지만 여전히 더 나은 경력 기회를 기다리고 있는 것이다. 이들은 현재 직장에서 일하면서도 헤드헌팅 웹사이트에 알람 기능을 활성화하고 인맥이 쌓일 만한 행사에 참여하는 것은 물론 링크드인 LinkedIn 경력 페이지를 항상 업데이트한다. 수동적 구직자는 전 세계적으로 정규직의 75%를 차지하며 링크드인의 4억 5천만 유저(그 가운데 2/3는 미국 외 국가에 살고 있다) 가운데 60%가 수동적이기는 하지만, 열렬히 더 나은 경력 기회를 기다리고 있다. 그리고 25%는 이미 적극적으로 새로운 일을 찾는 중이다.

수동적 구직자가 이렇게 많다는 사실에 당신이 놀라지 않는다면, 당신이 현대 직장의 특징이라고 할 수 있는 동기부여 부족과 업무이탈, 직장충성도 결핍에 길들여졌기 때문이다. 장 폴 사르트르는 "악의 가장 나쁜 부분은 악에 익숙해진다는 것"이라고 했다. 대부분의 기업들이 직원의 잠재력을 일깨워 생산성을 높이고자 하지만 정작 직원들은 다른 직장에서 더 나은 일을 해보고픈 꿈을 꾸는 역설적 상황이 여기에서 비롯된다. 이미 결혼한 사람들 가운데 75%가 더 나은 배우자를 만나고 싶어하는 것과 마찬가지다. 누군가를 적극적으로 찾아다니지는 않지만 그런 기회가 온다면 언제든 만날 준비가 되었다는 점에서 수동적 구직자와 무척 닮은 점이 있다. 물론 이런 가정은 불만족스러운 결혼생활을 전제로 한 것이지만 나쁜 직업보다 나쁜 관계가 더 참기 힘들지 않을까 하는 관점에서 보자면 수동적 구직자의 비율은 더 크게 느껴진다.

그뿐만이 아니다. 새로 고용한 경력직 사원들은 새 일터에 적응하는 데 오랜 시간이 걸린다. 첫 3년 동안의 업무성과는 보통 이미 일하고 있는 직원들보다 낮을 뿐만 아니라 제 발로 회사를 나가거나 해고당하는 비율도 높다. 대규모 메타분석 결과 근무연수와 업무성과, 그리고 근무연수와 조직충성도는 비례관계에 있는 것으로 나타났다. 주목해야 할 점은 이런 효과가 나이와 같은 일부 변수를 제어한 상태에서 검증해도 여전히 유효하다는 점이다. 그런 의미에서 직원들의 충성심은 기업에게 일정부분 이익을 안겨주며, 반대로 있던 직원이 떠날 때와 새 직원이 들어올 때는 손해를 입는다는 것이 타당한 분석이다.

직급이 높다고 해서 이런 문제를 피해가는 것은 아니다. 흔히 고위직은 이직에 대해 크게 고려하지 않을 것이라고 생각한다. 이미 성공을 거뒀고 보수도 잘 받고 있으며 회사라는 상대와 돈독한 관계를 유지하고 있으니까. 하지만 실제로는 간부들도 3~4년마다 이직한다. 고위직 헤드헌팅 전문업체가 접촉한 기업간부들 중 절반 이상이 "이직하는 데 관심이 많다"고 말했으며 그렇기 때문에 고위직과 엘리트 직원들을 대상으로 프로 헤드헌터들이 더 뜨는 것이다. 1950년대에는 고위직 직원들을 회사 밖에서 데려오는 일은 극히 드물었고 같은 회사에서 경력을 키워 고위직에 오르는 것이 대부분이었다. 그러나 취업문화에 불어 닥친 새로운 변화는 기업에 새로운 문젯거리를 안겨주었다. 학습과 성장 관련 예산 대부분을 새로 채용한 고위직 간부에게 쓰고는 있지만 반쪽짜리 충성심과 헌신밖에 얻을 수 없게 된 것이다. 그럼에도 불구하고 큰 비용을 들여 그들을 교육시켜야 할까? 이에 대해 워런 버펫은 "잘 훈련된 직원들이 떠나는 것보다 더 나쁜 것은 훈련도 안 시키면서 남아있게 만드는 것"이라고 답했다.

지난 30년 동안 기업들은 전례 없이 높은 해고 및 이직률을 경험했으며 신입사원뿐만 아니라 중견사원과 고위간부들까지 죄다 회사 밖에서 뽑아대기 시작했다. 글로벌 HR기업 '타워스 왓튼^{Towers Watson}'에 따르면 절반 정도의 기업들이 최고 수준의 성과를 거두는 직원들을 오래 붙잡아두는 것이 불가능 한 일이라 느끼고 있고 55%는 높은 잠재력을 가진 직원과 주요 직책에 종사하는 직원을 유지할 능력이 없다고 느낀다고 전했다. 놀랄 것 없는 결과지만 엘리트 직원들을 잃는 것은 평범한 직원들을 잃는 것보다 기업에게 상당한 타격을 준다.

지난 10년 동안 수동적 구직자들을 늘리는 데 기여한 웹사이트들과 앱^{app}들의 폭발적 증가를 목격했을 것이다. 그러나 시대의 흐름에 따라 새롭게 발견되거나 두드러지는 인간의 행동패턴들을 기술발전의 결과물이라고 단정지어버리는 유혹에 빠져선 안 된다(페이스북이 우리를 더 사교적으로 만들었다. 위키피디아가 우리를 더 유식하게 만들었다. 스마트폰이 우리를 더 자아도취에 빠지게 했다, 등등). 새로운 기술적 자원들은 모든 변화를 주도하는 것이 아니라 이미 암묵적으로 존재해온 수요에 양식을 공급할 뿐이다. 인맥만들기 사이트와 경력관리 앱은 업무몰입도가 떨어지고 일에 환멸을 느끼는 직원들과 관련된 문제가 기술적으로 표현된 모습일 뿐이다. 애초에 문제가 있었기 때문에 관련 분야에 혁신적 기술이 들어섰다는 선후관계를 잊어서는 안 된다. 데이팅 앱^{dating app}과 같은 혁신적 사업이 제시하는 분명한 목표는 시장을 더 효율적으로 만들고, 더 많은 선택지를 제시하여 고객만족도를 높임으로써 수요와 공급 사이의 간격을 메우는 것이다. 데이팅 앱과 인맥정보 사이트의 공통점은 궁극적으로 이용자들이 가진 문제가 해결이 되지 않아야 성공할 수 있다는 점이다. 링크드인(LinkedIn; 인맥정보)과 틴더(tinder; 데이팅) 모두 계속해서 다른 그럴듯한 대안을 제시하면서 기존의 선택을 불만족스럽게 만든다. 그럴수록 이용자의 방문횟수는 늘어나고 업체에게는 수익이 쌓이는 구조인 것이다. 선택지가 많아지면 많아질수록 선택은 점점 더 어려워진다. 언제나 남의 떡이 더 크게 보이기 때문이다.

자영업으로의 탈출

THE GROWING APPEAL OF SELF-EMPLOYMENT

몇 년마다 한 번씩 직장을 옮기는 사람들이 늘고 있다는 것은 이제 그리 놀라운 일도 아니다. 더 큰 문제는 구직자들이 전통적 고용의 개념을 완전히 버릴 준비가 됐다는 점, 즉 자영업을 선호한다는 점이다. 이는 기업에서 일할 사람의 공급이 줄어든다는 문제로 국한되지 않는다. 이미 알고 있겠지만 오늘날에 이르러서는 정규직으로 취업할 완벽한 능력을 갖춘 많은 이들이 오히려 자영업에 종사한다. 주변에도 대기업 경력을 접고 자영업을 시작한 사람들이 꽤 있을 것이다. 이 책을 읽고 있는 당신도 비슷한 부류일 가능성이 높다. 인사업무 전문가는 거의 다 자영업자니까.

고등교육을 받고 최고 수준의 연봉을 받는 전문직 종사자들은 일반적으로 본인의 의지로 자영업계에 진입하는데, 대개 정규직을 제공하는 직장에서 일하는 것과 비슷한 수준의 수익을 가져다 줄 프리랜서 일을 찾은 뒤 세컨잡과 서드잡까지 구한다. 자영업 비중이 그다지 높지 않은 미국도 2020년에는 전체노동인구의 40%가 자영업에 종사하게 될 것이라고 예상된다. 중요한 점은 거시경제 지표들조차 지난 수십 년 동안 증가한 자영업 및 프리랜서 생태계의 급격한 변화를 예측하고 분석하는 데 실패했다는 점이다. 최근 학계논문들을 보면, 미국으로 이민 온 사람들을 선진국에서 온 사람들과 개발도상국에서 온 사람들로 나눴을 때 선진국에서 온 이민자들이 더 많은 비율로 자영업을 하고 있다고 한다. 이는 지난 몇년간 벌어진 의미심장한 역전현상이다.

역사적으로 봤을 때 높은 실업률이 자영업자의 비율을 높인다는 것은 분명한 사실이다. 이런 현상은 '난민현상'으로 불리며 아직도 세계 도처에서 일어나고 있다. 난민현상은 사람들이 직장을 도저히 구할 수 없을 때 일반적으로 자영업을 선택하는 경제적 현상을 가리키는 것이다. 전통적인 관점에서 본다면, 경기가 좋을 때 돈을 벌 능력이 없는 사람이 자영업에 뛰어들면 직장에 다니는 것보다 손해를 보기 십상이라는 것이 정설이었다. 그런데 지난 2008년, 금융붕괴 사태의 즉각적인 후유증으로 자영업 활동의 급격한 성장을 목격했던 영국은 그 뒤 7년 넘게 경기가 살아나고 실업률이 5%까지 떨어졌지만 오히려 2008년보다 현재 자영업자가 70만 명 더 증가했다. OECD 회원국도 마찬가지다. 이제 자영업과 실업률 사이에 관련성이 전혀 없다고 해도 과언이 아니다.

위에서 언급한 모든 현상은 '탤런트 온디맨드(talent on demand; 이용자가 필요로 하면 언제라도 자신의 재능을 활용하여 건당 비용을 받고 일해줄 수 있다는 뜻)'를 전제로 한 자영업 경제가 왜 우리 시대의 산업혁명처럼 등장하게 됐는지 설명해준다. 이런 혁명을 이끄는 영향력 있는 집단을 우리는 '프리랜서의 나라', '창조적 계층', 'e경제의 리더(e는 'electronic-전자공학', 'entrepreneurial-기업가정신', 그리고 아마도 'eclectic-재능의 다양성'을 상징한다)'로 묘사할 수 있을 것이다. 『이코노미스트Economist』는 아래와 같이 언급했다.

엣시(Etsy: 소규모 핸드메이드 장인들을 위한 인터넷 장터)나 이베이(Ebay: 인터넷 상거래 사이트)에서 공예품을 팔거나, 에어비앤비(Airbnb, 숙박지 공유 사이트)를 이용하여 자기 집 빈방에 여행객들을 머물게 해주거나, 저스트파크(JustPark: 개인주차장 공유 사이트)를 통해 통근자들에게 집 앞 진입로를 대여해주는 일도 새롭게 생겼다. 직업의 세계는 지금 이 순간에도 시시각각 변하고 있다.

물론 자영업에 이끌리는 이유는 사람마다 다양하다. 여론조사기관 갤럽은 사람들이 실제로 직장을 떠나는 이유를 조사했다. 일반적인 예상과는 달리 '낮은 임금'과 '기회 부족'은 큰 문제가 아니었다. 가장 큰 이유는 직속 상사와의 트러블이었다. "저 상사만 없으면 다닐 만한 회사인데..."처럼 자주 듣게되는 말도 없을 것이다. 메타분석 결과에 따르면 회사를 떠나는 가장 흔한 이유들은 스트레스, 전망부족, 자율성 부족, 그리고 이 세 가지 이유를 조절하는 데 결정적 역할을 하는 리더십 관련 문제다. 나쁜 보스를 피하는 가장 완벽한 방법은 스스로 보스가 되는 것이라는 이유로 자영업에 뛰어드는 사람이 많아진다는 것은 의심의 여지가 없다. 아직 이런 주제에 대해 학자들의 검증을 받은 독립적인 논문은 없지만 지금은 만족스럽게 자영업을 꾸려가는 사장님들도 대부분 경쟁력도 없고 성격도 안 좋은 상사 때문에 자영업으로 내몰렸을 확률이 크다. 다시 말해 '자영업계는 나쁜 상사들 때문에 인재들을 공급받는다', 혹은 '어설픈 상사 때문에 받는 스트레스에 가장 잘 듣는 약은 자영업이다'라고 말할 수 있을 것이다.

일반적으로 자영업은 경제성장에 기여하지는 않지만 개인이 먹고 사는 것에는 크게 기여할 수 있다. 자영업자들의 평균 노동시간은 직장인보다 더 길다. 영국을 기준으로 하면 자영업자들은 직장인보다 평균 6% 더 길게 일한다. 일에 대해 걱정도 더 많이 하고 돈도 더 적게 벌지만 직장인보다 삶에 대한 만족도는 더 높다. 자기 일에 대한 통제권을 스스로 가지기 때문에 더 행복하다고 느끼는 것이다. 정규직 직장인들이 차라리 자영업을 선택하겠다고 말하는 것도 당연하다. 직장인들 대부분은 직속 상사가 없어진다면 임금의 15%가 깎여도 지금보다 행복하다고 여길 정도이기 때문이다. 이제 기업들은 더 좋은 사람을 뽑자고 인재쟁탈전만 하는 것이 아니라 숙련된 인재들이 경력을 잘 키워갈 수 있도록 직접 관리하는 인재관리전도 함께 해야 한다.

인재를 찾아내고 업무에 몰입하게 만드는 회사의 능력이 향상된다면 직원들이 자영업의 유혹에 빠져드는 일도 최소화할 수 있을 것이다. 그렇게 되면 역으로 프리랜서와 임시직 시장은 점차 비숙련 노동자들의 소규모 집합체로 축소될 것이다. 물론 예외는 항상 있다. 농업과 건설, 전문서비스 분야 등 특정 산업은 노동력의 큰 부분을 계약 노동자들에 의존할 수밖에 없다. 중요한 점은 선진국이건 개발도상국이

건 인재들이 자영업으로 몰린다는 건 기업들이 인재쟁탈전에서 지고 있다는 의미라는 것이다. 내가 태어난 아르헨티나를 예로 들어보겠다. 수도 부에노스아이레스를 방문하는 사람들은 택시 운전사가 2개국어는 기본으로 구사하며 학사학위를 가지고 있는 것은 물론 아이비리그 스쿨 학생들보다 더 시사에 밝다는 사실에 놀랄 것이다. 그리스나 남아프리카 택시 운전사들도 아르헨티나와 다르지 않다. 이런 일들이 일어나는 것은 이 국가들이 인재를 잘못 관리했다는 증거다. 국민을 교육하는 데 어마어마한 자원을 투자했지만(혹은, 주변 국가들로부터 고도로 숙련된 이민자들을 끌어들였지만), 자영업자나 프리랜서가 되는 것 외에 다른 기회가 주어지지 않는다는 현실, 즉 인재가 원활하게 공급되었지만 효율적으로 이용되지 않고 있다는 사실을 반영하는 것이다. 정부 능력 부족으로 인재 공급과잉 현상이 일어나 인적자원이 낭비되고 있다면 그건 금이나 석유, 천연가스 등 천연자원이 넘쳐나지만 가난한 나라와 다를 바 없다.

재능 있는 사람들이 자영업계로 떠나는 또 다른 이유는 이들이 언제나 자유를 추구하기 때문이다. 이들은 어느 정도 기술과 능력을 쌓거나 경쟁력을 갖추고 나면 이를 유용한 서비스와 제품, 노동력으로 전환하는 방법을 찾게 된다. 실제로 그럴 능력이 없거나 그렇게 하더라도 수익을 얻을 수 없는 경우조차 멈추지 않는다. 이런 현상은 기업가정신의 확산과 스타트업 기업 증가율을 보면 더 확실히 알 수 있다.

기업가정신 열풍
THE RISE OF ENTREPRENEURSHIP

지난 15년간 MBA 과정에서 학생들을 가르치는 동안 장래 직업에 대한 학생들의 포부에 상당한 변화가 있었음을 깨달았다. 15년 전 학생들이 가장 일하고 싶었던 회사는 JP모건이나 딜로이트, IBM 등이었다. 10년 전엔 구글과 애플, 아마존이었고 요즘은 다들 창업을 생각한다. 거의 신화처럼 미화된 창업스토리에 매료되어 스티브 잡스와 엘론 머스크, 마크 저커버그 등 자수성가한 억만장자들의 삶을 자신도 따라가리라 꿈을 꾸는 것이다. '글로벌 기업가 계층의 증가'에 대해 『포브스^{Forbes}』는 기업가를 '신세대 록스타'로 칭했고, 『안트러프러너 ^{Entrepreneur}』는 슈퍼히어로급으로 묘사한 반면, 『하버드비즈니스리뷰^{Harvard Business Review}』는 한 마디로 '기업가정신 포르노의 증가'라 일축했다(사실 내가 먼저 이 말을 하고 싶었지만 『하버드비즈니스리뷰』가 선수를 쳤다. 하지만 인용하는 정도야 지금도 이렇게 할 수 있다).

'기업가'라는 직업이 많이 뜨긴 했지만 기업가정신을 둘러싼 척박한 현실을 무시할 수 없다. 현실은 흔히 알려진 기업가에 대한 환상과 뚜렷한 대조를 보인다. 스캇 A. 셰인^{Scott A. Shane}의 2008년 저서 『기업가정신의 환상^{The Illusions of Entrepreneurship}』은 '대부분의 기업가는 실패로 끝나며 성장하는 경우는 거의 없고 다시 취업을 하면 오히려 더 잘 풀리는 경우가 많다'는 현실을 아주 설득력 있게 기술하고 있다. 기업가정신으로 시작한 벤처사업이 성공하는 데 필요한 광범위한 기술과 능력에 대해 고려해보면 망하기 쉽다는 사실이 놀랄 일도 아니다. 기업가는 발명가와 투자자, 회계사, 조력자, 조직 변화 전문가, 리더, 기술분야 전문가, 마케팅 전문가, 최고의 영업사원 등의 역할을 모두 수행할수 있어야 한다. 또한 더 효과적으로 업무를 수행하려면 높은 성취감과 자율성, 혁신을 추구하는 자세, 끈기 등 서로 함께 하기 힘든 다양한 인격적 자질을 모두 갖춰야 한다는 한 연구결과도 위 주장을 방증한다. 셰인은 기업가라는 주제에 대한 포괄적 연구를 진행한 결과, 결국 '전형적인 기업가는 그저 실패한 자영업자로 귀결된다'는 사실을 깨닫게 해줬다.

물론 기업가정신이라는 포부를 품었을 때 오는 장점도 있다. 굳이 하나를 예로 들자면 실업률을 줄여주는 것이다. 경기가 침체되면 사람들은 창의적으로 변해야 하고 기업가정신을 발휘해야만 한다. 이를 통해 기회를 포착하고 이제까지 아무도 거들떠보지 않았던 자원들을 모두 이용하는 것이다. 아예 일을 하지 않고 있거나 자신의 능력을 발휘하기 힘든 일이나 맡아서 하던 사람도 환경에 변화에 따라 자영업자나 중소기업 사장으로 변신하여 시장의 자정작용에 동참할 수 있다. 기업가정신은 모든 방면에서 수요와 공급 사이의 격차를 줄여주며 경제적 균형을 유지하는 데 기여한다. 그러나 기업가정신이 각광받는 나라들에서조차 설립된 지 2년 이하의 회사에서 근무하는 사람들은 전체 노동인구의 1% 미만이고, 60% 이상이 10년 이상 활동 중인 기업이나 조직에 몸담고 있다는 통계를 보면 기업가가 성공한다고 해도 혜택은 성공한 기업가 개인에게만 돌아가며 전체 근로 인구에 미치는 영향은 거의 없다는 사실도 알려준다.

그럼에도 불구하고 기업가정신에 대한 사람들의 관심은 계속 증가하고 있다. 2008년 셰인의 책이 처음 출판 됐을 때 구글 검색창에 '기업가entreneur'라는 단어를 검색한 횟수는 3천 700만 회를 넘어섰고 2016년에는 1억 7천 300만 회에 이르렀다. 예전에도 기업가정신 관련 교육 프로그램이 있었지만 열 손가락으로 다 셀 수 있을 정도였는데 지금은 16,000가지가 넘는 프로그램이 존재한다. 매년 미국에서는 결혼하거나 아이를 낳는 것보다 더 많은 창업 신고가 접수된다. 『포브스』는 미국에서만 매월 50만 건 이상의 창업이 이뤄지고 있다고 추정하고 있다. 이런 막대한 수치에도 불구하고 지금의 미국 기업가정신은 1910년보다는 약하다. 그때는 전체 인구 가운데 더 높은 비율이 자영업에 종사하고 있었기 때문이다. 또한 취업시장이 좋지 않은 페루와 터키는 자영업 창업비율이 미국에 비해 4배 더 높은 반면, 실리콘밸리 최고의 인재들은 아직도 기업가정신으로 벤처를 계속 일구기보다 구글과 페이스북, 애플 등 대기업으로의 편입을 선택한다.

앞서 말했듯이 자영업자들의 대다수가 남 밑에서 일하는 것이 싫어서 나온 사람들이고, 자영업을 키워 성공하는 극히 일부분의 사람들도 스타트업을 시작하기 전에 다른 기업이나 조직에서 고용되어 일을 해본 경험이 있는 사람들이라는 것을 고려해보면, 성공하는 새로운 벤처는 완전히 새로운 것이 아니라 다른 성공한 비즈니스로부터 배양되었다고 할 수 있다. 심지어 최근에는 직원들의 독립적인 벤처 활동을 지원하는 대기업도 있다. 그리고 연구결과에 따르면 혁신에 관심이 있는 회사라면 꼭 기업가정신을 가진 직원들을 보유해야 하는 것으로 나타났지만, 그런 인재들은 회사를 뛰쳐나가 창업할 가능성이 크다.

기업가 마인드를 가진 이들은 불순응자, 혁신적이지만 파장을 일으키는 사람으로 분류되며 능력 없는 경영진들의 태도를 견디지 못한다. 이들은 벤처기업을 성공시킬 수 있을 만큼 능력이 출중하므로 대기업이 가진 주요자산이라 할 수 있다. 그러나 관리자와 리더들은 대개 그런 기질과 거만함을 견디지 못한다. 능력이 없거나 불쾌한 행동을 일삼는 관리자들과 함께 일하는 것이 불가능하다고 생각하는 직원들을 비난할 수는 없다. 그러므로 관리자 입장에서는 까다로운 직원들이지만 사실은 재능이 풍부한 인재이며 기업의 혁신과 성장에 기여할 잠재력을 갖고 있다는 판단이 선다면, 그들의 태도를 참고 받아들여야 할 충분한 이유가 있는 것이다. 품행이 바르며 순응하기만 하는 사람들만 곁에 둔다면 결국 '예스맨' 부대를 이끌게 되며 기업은 서서히 죽음을 맞이할 수밖에 없다. 『이코노미스트』는 이렇게 정리했다.

> 관습적인 인재관리 제도는 실패할 것이다. 창의적이며 혁신적인 사고를 가졌지만 전통적인 근무평가 지표로는 독불장군이나 아웃사이더로 분류되는 인재들을 모두 쫓아내기 때문이다.

나는 이런 현상을 '우연에 의한 성장 리더십'이라 분류한다. 창의적인 인재를 짓누르거나 쫓아냄으로써 의도치 않게 혁신에 기여하게 되기 때문이다. 인재들이 어떤 이유와 경로로 회사에서 빠져나가게 되는지에 대해 논의된 적은 거의 없다. 하지만 파장은 생각보다 훨씬 심각하다. 맥스 마머Max Marmer가 『하버드비즈니스리뷰』에 기고한 글의 일부를 살펴보자.

> 중요한 업무를 맡아 문제를 해결하고 회사를 변화시키고 있어야 할 인재들이 창업을 한답시고 회사를 뛰쳐나가서 아무도 원하지 않는 김빠진 아이폰 어플이나 만들게 됐다. 결과적으로 세상을 변화시킬 회사들은 인재들이 다 빠져나간, 제구실을 하지 못하는 팀들로 구성되어 목표달성에 어려움을 겪고 있다.

대기업 입사제안을 마다하고 지루하건 사소하건 자기가 가진 아이디어를 키워 '새롭고 큰 사업'을 시작하고 싶은 젊은이들, 미국 케이블채널 HBO가 제작한 드라마 『실리콘밸리Silicon Valley』는 스타트업에 매료된 이런 청년들의 현실을 잘 풍자했다. 이 드라마는 똑똑하지만 답이 없는 젊은이들이 성공확률이 희박한 기업가의 길을 걸어가기 위해 경력 기회를 단절하고 모든 것을 걸어본다는 이야기를 담고있다.

연구결과, 기업가라는 사람들은 일반적으로 지나치게 자신만만하며 자기 사업이 100% 성공할 것을 믿고 있는 것으로 나타났다. 이것이 창업위험을 감수할 수 있는 이유이긴 하지만 지나친 자신감은 사업성과에 부정적 영향을 미칠 가능성이 더 크다. 자신감이 클수록 창업은 쉬워지지만 그만큼 성공할 가능성은 줄어든다고 볼 수 있다.

1980년에서 2000년대 초반에 태어난 밀레니얼millennials 세대는 기업가가 되는 것에 특히 더 관심이 많다. 53개국 스타트업 대표들 가운데 절반 정도가 18~25세다. 이를 주시해야 할 두 가지 이유가 있다. 첫 번째, 어디서 일하건 밀레니얼 세대는 이미 주류를 이루고 있다. 2020년이 되면 글로벌 근로 인구의 50%, 2025년에는 75%가 밀레니얼 세대로 채워질 것이다. 자연의 법칙에 따라 기존 세대들처럼 밀레니얼 세대가 은퇴하는 직원들의 자리를 대신 채워 줄 것이라 예측했지만, 밀레니얼 세대는 승진하는 것보다 창업에 더 관심이 많았다. 그렇다면 대기업의 공석은 누가 채울 것인가? 두 번째, 밀레니얼 세대는 힘든 일에는 관심이 없다. 더 재미있는 일을 하고 싶어 하는 것은 물론 다른 세대보다 개인주의 성향이 더 강하게 나타난다. 연구결과에 따르면 밀레니얼 세대는 다른 세대들과 비교했을 때 스스로를 지나치게 긍정적으로 생각하는 성격적 특성인 나르시시즘에 빠져있으며 지나친 자신감을 가진 것은 물론 특권의식까지 두드러진다. 다시 말해 벤처사업으로 성공하고 싶다는 밀레니얼 세대는 사업운영 능력만 본다면 기성 세대들보다 오히려 기업가정신이 부족하다.

재능에 대한 전례 없는 지대한 관심과 '재능의 전쟁'에 드는 엄청난 금액에도 불구하고 재능과 인재에 관한 사회적 전망은 낙관적이지 않다. 직장인들 대부분이 자기 일을 싫어하며 오히려 위험을 무릅써야 하고 수익성도 낮은 기업가가 되고 싶어하기 때문이다. 기업이 치르고 있다고 믿는 인재쟁탈전은 이제 망상에 불과하며 기업이 현실적으로 치러야 할 전쟁은 인재관리전이다.

인재쟁탈전에서 승리하려면 HR팀이 성장과 생산성을 견인하는 조직효율성을 주도해야 한다. 목표달성을 위해서 더 가치 있는 사람들을 끌어들이고, 관리하며, 유지하는 능력 또한 향상시켜야 한다. 하지만 지금의 인사팀이 인재를 잘 관리할 수 있을까? 현실적으로 말하면 오늘날의 회사들은 인재에 관심이 많지만 직원들의 재능이 무엇인지, 또 그것을 어떻게 정의해야 할지 모르고 있다. 재능이란 무엇을 의미하는가? 재능의 징후는 직장에서 어떻게 발현되는가? 사람들이 재능을 가지고 있는지 아닌지 알아내는 효과적인 방법은 무엇일까? 다음 장이 이 질문에 대한 답을 알려줄 것이다.

CHAPTER
2

재능 정의하기

이번 장에서는 재능을 이해하기 위한 네 가지 정의를 알아보자. 첫 번째는 소수 핵심인재의 법칙^{the rule of vital few}이다. 어떤 조직이나 집단에서도 소수의 핵심인재들이 전체 성과의 대부분을 주도하고 있다. 두 번째는 최대성과 법칙^{the maximum performance rule}으로 한 사람이 최선을 다할 때 그의 재능을 측정할 수 있다는 정의다. 세 번째는 노력 없이 거둔 성과 법칙^{the effortless performance rule}이다. 누군가에게 재능이 있다면 조금만 노력해도 재능이 부족한 사람이 크게 노력한 것과 같은 수준의 성과를 얻을 수 있다는 주장이다. 왜냐하면 '성과 = 능력 + 동기부여'이기 때문이다. 네 번째는 적재적소에 위치한 성격 법칙^{the personality in the right place rule}이다. 자신의 기질과 타고난 행동 성향에 맞는 역할을 찾으면 재능을 펼칠 수 있다는 뜻이다. 위 네 가지 포괄적 원칙들은 집단 내에서 발휘될 수 있는 어떤 사람의 재능을 빠른 시간 안에 가늠할 수 있게 해주기 때문에 어떤 분야나 직업, 산업 분야에도 적용할 수 있다. 기업의 인사팀들이 위 기본 원칙들을 숙지하고 나면 다음 단계로 넘어갈 수 있다. 다음 단계는 인재를 발견하기 위해서는 어떤 특징들을 평가해야 하는지, 또 그 평가방법은 무엇인지 설정하는 것이다.

☆ ☆ ☆

무하마드 알리Muhammad Ali는 가장 위대한 복서이며 현대 역사상 최고의 운동선수 가운데 하나다. 다른 챔피언들과 마찬가지로 알리의 재능 역시 본성nature과 양성nurture을 합쳐 만든 부산물이다. 즉, 타고난 기질에 경험까지 더해졌다고 보면 된다. 알리가 9살이었을 때 전혀 의도치 않게 복싱선수가 되기로 결심했다는 사실을 알고 있는가? 신경질적이고 공격적인 성향을 지녔던 알리, 어느 날 누군가 자신의 자전거를 훔쳤다는 사실을 알게 됐다. 도둑을 찾아 두들겨 패기로 마음먹으며 복수를 맹세한 그에게 다가온 사람은 동네 체육관 관장이었다. 그는 알리에게 사람을 패려면 복싱을 배워야 한다고 권유했다. 도둑은 운이 좋았다. 알리는 그를 끝내 찾지 못했기 때문이다. 알리는 도둑 대신 링에서 만나는 사람들 거의 모두를 KO로 눕혔다. 복싱선수라는 직업이 보편적이지는 않지만 알리는 "복싱도 그냥 일"이라며 "풀이 자라고, 새가 날며, 파도가 백사장에 부딪히는 것처럼 난 사람을 때린다"고 말했다.

모든 도둑이 의도치 않게 복싱 챔피언을 키워내는 것을 아닐테지만 한 가지 확실한 것은 알리의 인생에서 자전거 도둑이라는 촉매제가 없었다면 그는 다른 직업을 선택했을 거라는 점이다. 복싱을 해보자며 권유한 관장이 알리의 잠재력을 보았을 수도 있다. 하지만 어떠한 잠재력을 타고났건 특별한 기술로 승화시키려면 올바른 훈련과 연습이 뒷받침되어야 한다. 알리뿐만 아니라 어떤 일을 할 때 어마어마한 능력을 보여주는 사람들은 모두 자신의 잠재력을 건 선택에서 올바른 길로 들어선 것은 물론 잠재력을 실력으로 이끌어내는 데 성공한 것이다.

그렇다면 재능이란 무엇인가?

재능은 단순한 현상으로 치부될 수 없다. 그렇다고 직접 눈으로 볼 수 있는 대상은 더더욱 아니다(색깔이 뭐죠? 크기는 몇 센티미터인가요? 현미경으로 볼 수 있나요? 등의 질문에 답할 수 없다). 재능의 존재 유무를 판단할 수 있는 신호는 대체로 규정하기 힘들고 모호하다. 로마의 극작가 플라우투스Plautus는 "최고의 재능은 눈에 보이지 않고 어딘가에 묻혀있다"고 했다. 하지만 재능에 대한 단순화된 정의를 내리지 못한다면 관리는 고사하고 측정하는 것 자체가 불가능하다. 마약을 정의할 수 없는데 어떻게 마약과의 전쟁을 치를 것인가? 황금을 찾아 떠나는 항해도 금이 어떻게 생겼는지 확실히 알지 못하면 의미가 없다. 마찬가지로 재능 발굴 사업이 효과를 보려면 우선 재능이 무엇인지 정의할 수 있어야 한다.

재능에 대한 정의는 다양하지만 대부분은 틀렸거나 애매모호하다. 잘못된 정의의 문제점은 성과만 보고 잠재력을 가지고 있다고 착각하는 것, 재능을 가진 사람의 숫자를 과대평가 하는 것, 서로 다른 사람들 사이의 능력 차이를 인지하는 데 실패하는 것 등이다. 잘못된 정의를 활용하면 측정에 실패할 것이며 결국 운이나 노력을 지나치게 강조하는 또 다른 문제로 이어진다. 재능의 정의로 널리 알려져 있고 또 공감 받고 있지만 재능의 진짜 의미를 올바로 이해하지 못하게 방해하는 예는 아래와 같다.

- 재능은 끈기다. 충분한 재능을 갖추지 못했다는 말은 말이 안 된다. 끈기가 진정한 재능이다. 포기해서는 안 된다. 재능은 멈추지 않는 것이다.

- 우리 모두는 재능을 가지고 있다. 방향성과 형태에서 차이가 조금씩 있지만 모두 서로 다른, 나름대로의 재능을 가지고 있다.

- 재능은 당신의 뇌가 어떻게 구조화되어 있는지 반영한다. 재능은 지식이나 기술을 익혀서 개발할 수 있는 것이 아니다.

위 정의들은 무작위로 고른 것들이다. 읽어보면 재능의 개념에 대한 사람들의 인식이 일대 혼란을 겪고 있다는 것을 알 수 있을 것이다. 재능이 자기수양, 동기부여와 마찬가지라는 뜻의 첫 번째 정의는 두고두고 듣겠지만 성과와 성취를 이끄는 재능의 특징과 너무나도 동떨어져 있다. 두 번째 정의는 포퓰리즘 지지자들의 견해다. 우리 모두 나름대로의 재능을 가지고 있다는 말은 긍정 마인드를 부추기는 캠페인이나 자기개발 관련 사업에서 종사하는 사람들이 아주 좋아할 것이다(이런 관점에 따르면, 어떤 사람은 다른 이들보다 더 큰 가치가 있다고 생각하는 것 자체가 위험한 발상이 되어버린다). 세번째 정의는 그나마 조금 더 합리적이다. 하지만 재능을 영원히 변하지 않는 독립체로 가정하면 개발도 불가능한 것으로 해석될 수밖에 없다.

재능에 대한 오해만 문제가 아니다. 어떤 사람들은 재능을 정의하는 것 자체를 삼가해야 한다고 주장한다. 누군가가 재능이 있다, 없다고 분류하려는 시도가 편견이라는 것이다. 이런 주장을 지지하는 사람들이 흔히 하는 말들이 있다. "사람은 누구보다 더 낫거나 못한 것이 아니라 그냥 서로 다르고 독특한 건데 왜 그런 결정론적인 카테고리로 분류하려 하죠?"라든가 "어차피 성과를 절대적으로 정확하게 예측하는 것이 불가능한 상황이니 재능이란 걸 그냥 심리적 다양성이라 생각하고 받아들일 수는 없나요?"라든가 "사람을 가지고 내기를 하는 것 같은 상황은 피해야 하지 않겠어요?" 등등. 그러면 나는 이렇게 되묻고 싶다. 아직 피어나지 못한 꽃, 아무도 보지 못한 보석, 다크호스의 기질 등 더 큰 잠재력을 가진 사람들의 재능조차 다른 사람들과 다를 바 없다는 평가를 받는 게 옳은 일일까? 그것은 오히려 '평등하게 대우받는' 역차별일 수밖에 없다.

세상에는 오랜 시간 동안 눈에 띄지 않을 정도로 낮게 나는 새, 즉 숨은 천재들이 많다. 그들에게 재능을 알아봐 줄 열린 마음의 누군가가 생긴다면 시간낭비는 그만큼 줄어들 것이다. 알버트 아인슈타인 Albert Einstein 도 낮게 나는 새 가운데 하나였다. 학창시절 성적은 평균수준이었고 대학에서는 일자리를 못 구해 특허청 사무원으로 수년간 일했었다. 학창시절 성적이 최하위권이었던 윈스턴 처칠^{Winston Churchill}은 상급학교에 진학할 수 없었다. 조앤 K. 롤링^{Joan K. Rowling}은『해리포터』첫편을 출판하기 전까지 학교 선생님으로 일했으며 때때로 국가 보조금으로 연명해야 할 형편이었다. 그녀가 4억 9천 9백만 권의 책을 팔고 10억 달러의 수익을 벌어들일 것으로 예상했던 사람은 거의 없었다. 요컨대 이런 사례들 속에 재능에 대한 개념이 필요한 이유들이 숨어있다.

재능에 대한 개념이 필요한 이유는 세 가지다. 첫 번째, 개인의 행동은 완전히 예측가능하지 않다. 심지어 무작위적으로 일어날 수도 있다. 그런데 만약 누군가를 충분히 오랫동안 보아왔다면 서로 다른 상황이지만 일관된 패턴으로 행동하고 있다는 사실을 깨달을 것이다. 이런 패턴을 알게되면 어떤 사람이 다른 사람들과는 달리 특정 방식으로 행동할 거라는 개연성에 대한 정보를 확보할 수 있다. 두 번째, 경력과 관련된 중대사항을 단순히 운에 맡길 수 없다. 의사는 모든 환자가 다 똑같이 건강하다고(아니면 아프다고) 생각하지 않는 것과 마찬가지로 회사도 모든 직원이 같다고 여겨서는 안 된다. 재능이 부족한 사람을 채용하면 그 회사에 치명적인 어려움을 줄 수도 있기 때문이다. 세 번째, 재능을 개발하려면 우선 그것을 평가할 수 있어야 한다. 즉 재능을 발견하고 싶다면 지금 나에게 무엇이 있고, 또 무엇이 부족한지 알아차려야만 한다. 예를 들어 나같은 사람이 오페라 가수가 되고 싶다고 한다면 먼저 내가 노래를 너무 못 부른다는 것부터 알아채야만 한다. 그래야 목표달성을 위해 열 배 더 노력할 동기를 부여 받을 테니까(아니면 더 실현 가능한 목표를 설정하거나).

굳이 인사 전문가가 조심스럽게 접근하지 않더라도 사람들은 자신이나 타인의 재능에 관해서 주관적인 평가를 내린다. 연구결과에 따르면 우리 모두는 어느 정도 타인의 재능을 평가하고 있으며 만난 시간이 극히 짧고 피상적인 정보밖에 없어도 평가를 멈추지 않는다.

'좋은 첫인상을 남기기 위한 두 번째 기회는 없다'는 옛말은 선입견과 고정관념을 경계하는 의미이기도 하지만 실제로 첫인상은 대개 정확하다. 보통 상사의 사진만 봐도 어떤 성격인지 대충 맞출 수 있지 않은 가! 인사 및 채용담당 직원, 혹은 면접관이라면 더더욱 재능을 평가하려 들 수밖에 없다. 재능을 아예 못 본 척하자고 하거나 재능을 임의적으로 판단해버린다고 세상이 더 좋아지지는 않는다. 우리 모두 자신과 타인이 어떤 재능을 가지고 있는지 알고 싶어 한다. 더 나아가 우리는 자신의 재능이 어느 정도인지 알아야 하며, 우리와 연관된 타인도 우리가 어느 정도 재능을 가지고 있는지 알아야 한다.

그렇다면 재능은 어떻게 찾아야 할까? 기본 전제는 꽤 단순하다. 재능은 없어서는 안 될 요소지만 한 가지 속성에 불과하다. 재능과 관련된 여러 개념들은 궁극적으로 업무, 직업, 역할에 대한 개인의 미래 성과를 예측하기 위해 인위적으로 만들어졌다. 그리고 이런 예측은 임의적인 개념에 기반할 것이 아니라 객관적 기준(혹은 개인적인 차별점)에 의거해야 정확해지며 객관적 기준이란 어떤 성과를 달성하기 위해 투입된 노력의 정도를 수량화하는 것과 더 나아질 수 있는 사람과 더 나빠질 수 있는 사람을 구분할 수 있는 적절한 특징들이 포함된다.

이런 목적달성을 위해 재능의 네 가지 기본 법칙들을 조금 더 자세히 들여다보자. 이 법칙들은 업무, 경력, 직업에 관한 어떤 영역에서도 재능을 분류할 수 있도록 도와줄 것이다.

1. 소수 핵심인재의 법칙

THE RULE OF THE 'VITAL FEW'

성과와 생산성의 관점에서 보면 재능의 본질은 쉽게 파악된다. 재능을 측정하는 가장 보편화된 법칙이 있다. 20%의 직원들이 성과의 80%를 달성하며, 나머지 80%가 20%의 성과를 낸다는 법칙이다. 같은 맥락에서 20%의 직원들이 모든 문제의 80%를 처리하며 80%의 직원들이 20%를 처리한다. 이 법칙은 파레토의 법칙^{pareto's law}, 혹은 소수 핵심인재의 법칙으로도 불리며, 비교적 적은 숫자의 구성원들이 성과와 매출 총액에 아주 큰 영향을 미친다는 것을 설명한다. 파레토 법칙의 분산모형이 보여주는 인재의 비율은 분야를 막론하고 확연히 드러난다. 객관적 성과평가 기준을 갖추지 못한 기업이나 조직이 많기 때문에 항상 정확한 수량적 지표로 관찰되지는 않지만 실제 비즈니스 세상에서는 80대20을 넘어 90대10의 비율로 나타나는 것도 흔하다.

그렇다면 재능 있는 직원들은 누구인가? 대답은 명백하다. 80%의 생산성을 책임지는 20%의 직원들, 즉 회사의 성공을 주도하는 소수의 사람들이다. 소수 핵심인재의 법칙은 개인 행동과 조직 성과 사이의 관련성을 제공하는 명쾌한 측정기준으로 각 직원의 잠재력과 실제 가치를 수량화하는 데 사용될 수 있다.

회사는 여러 가지 방법으로 이 법칙을 적용할 수 있다. 가장 주목받는 방법은 개인의 성과와 연동시키는 방법이다. 한 직원이 가진 대부분의 에너지를 가장 높은 성과를 낼 수 있는 업무에 집중시키고 그외 업무에는 그다지 많은 시간을 쓰지 않게 만드는 것이다. 여러 가지 방법들이 존재하지만 실제로 인재관리에 적용하는 것은 아직 요원하다. 그 이유는 "당신은 하위 80% 직원"이라고 말하는 것이 '정치적으로' 올바르지 않은 말이기 때문이다(흡사 사회적 약자를 공격하거나 화나게 하는 행위와 유사하게 해석된다). 또 다른 이유는 고용주 입장에서 80%에 육박하는 직원들이 조직 성과에 기여한 것이 거의 없다는 사실을 인정하는 게 쉽지 않다는 것이다. 실제로 그런 결과물을 들여다보고 있을 때조차 말이다.

본질적으로 파레토 법칙은 불균등 분산 원칙이라고 할 수 있다.

직원을 평가할 때 어떻게 적용해야 할지도 빤하다. 재능은 전체 인구에 골고루, 균등하게 분산되어 있지 않다. 하지만 관리자를 포함한 대부분은 이런 사실을 믿으려 들지 않으며 80대20 원칙을 직시하기를 원치 않는다. 대부분의 사람들이 정규분포(가우스 종형곡선)처럼 평균적이거나 평균과 가깝다는 일반적인 개념에서부터 벗어나기 힘들어하기 때문이다. 정신적 특징을 포함하는 직원 각각의 개인적 성향과 관련된 요소들은 대개 정규분포를 이루고 있지만, 성과만큼은 일부 소수 핵심인재들의 활약에 크게 의존하고 있다. 우리는 정규분포의 세상에 살고 있는 것처럼 보이지만 정규분포 종형곡선의 가장 끝 꼬리부분에 위치한 몇 안 되는 사람들이 중간에 있는 60~70%보다 더 큰 영향력을 행사하고 있다. 노벨상을 수상한 물리학자 P.W. 앤더슨[P.W. Anderson]은 "'꼬리'에 몰린 사람들이 현실세계에서 일어나는 일들을 대부분 통제하고 있다"고 했다. 대다수의 일반인들이 아닌, 대단한 능력을 갖춘 소수가 '조금씩 천천히' 바뀌는 방식이 아닌 '대변동'을 통해 세상을 바꿔나간다. 우리는 우선 '평균'이라는 개념에 속박된 자신을 해방시켜야 한다.

파레토 법칙을 적용할 때 주의해야 할 또 하나의 시사점은 하위 80%도 B와 C 집단으로 나뉜다는 점이다(상위 20%는 A집단이다). 다음 페이지의 <그림 2>를 보면 하위 80% 가운데 30퍼센트가 B집단에 속하며 A집단 바로 왼쪽에 위치한다. B집단이 내는 성과는 10%다. C집단은 최하위 50%로 나머지 10퍼센트의 성과에 기여한다. 집단 간 성과 기여도가 다르다는 개념에 기초하여 이 같은 가설을 처음 제시했던 이탈리아의 경제학자 빌프레도 파레토[Vilfredo Pareto]는 한 조직을 골드, 실버, 브론즈 등 세 가지 계층으로 나누기도 했다.

또한 파레토는 생산성 상위집단의 존재를 소개하는 동시에 생산성 하위집단이 존재하지 않으면 상위집단도 존재할 수 없다고 제시했다. 한 직원이 자기개발에 매진해 상위 20% 집단에 들어갔다고 가정해보자. 비율이 항상 유지된다고 한다면 상위 20%에 속했던 한 직원이 하위 80% 집단으로 옮긴 것이 된다. 그런 맥락에서 기업이나 조직은 파레토 법칙을 무시해버리거나 비율을 개선하려 해서는 안 된다. 비율 자체를 바꾸려는 시도도 많았지만 성공적이지 못했다. 그러기보다 상위 20%, 즉 소수 핵심인재의 생산성을 가능한 더 높게 유지해야 한다. 동시에 하위 80% 직원들도 최대한 효율적으로 활용해서 적어도 경쟁기업의 하위 80%보다 더 생산적으로 만드는 것이 더 효과적이다.

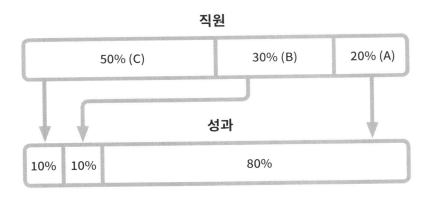

<그림 2> 생산성 기여도에 따른 세 집단

전 세계 유수의 대기업들은 이미 소수 핵심인재 법칙을 적용하여 인재를 관리하고 있다. GE General Electric는 잠재력을 기준으로 직원을 세 집단으로 나누어 관리한다. 힌두스탄유니레버Hindustan Unilever와 노바티스Novartis는 입사 초기에 핵심인재들을 모두 '색출'한 뒤 어마어마한 시간과 돈을 들여 그들의 리더십 잠재력을 개발한다. 눈여겨 봐야 할 점은 기업이 모든 직원에게 발전할 기회를 주지는 않는다는 점이다. 기업은 어느 정도 자신의 생산성이나 잠재력을 입증한 직원들에게만 투자

한다. 요컨대 기업이나 조직이 파레토 법칙에 따라 재능을 정의할 수 있어야만 소수 핵심인재만을 위한 인재관리 프로그램을 도입할 수 있다는 것이다.

하지만 소수 핵심인재만 키우는 엘리트주의도 나름대로의 문제점을 안고 있다. 『이코노미스트』기사를 살펴보자.

> 직원들을 여러 집단으로 급하게 나누다 보면 몇 가지 문제점이 생길 수 있다. 첫째, 잠재력을 가진 인재를 놓치고 지나칠 수 있다. 둘째, 특별대우를 받는 직원들이 자기밖에 모르는 이기적인 모습으로 변모될 수도 있다. 첫 번째 문제는 융통성으로 해결할 수 있다. 평범한 사람에게 더 적성에 맞는 다른 일을 맡기면 인재로 탈바꿈할 수도 있기 때문이다. 그리고 너무 우쭐대는 사람은 잘라버리면 그만이다.

2. 최대성과의 법칙
THE 'MAXIMUM PERFORMANCE' RULE

'문제가 생긴다는 것은 최선을 다할 기회가 주어지는 것과 같다.'

듀크 엘링턴

재능을 정의하는 또 다른 방법은 개인의 최대성과에 초점을 맞추는 것이다. 최대성과를 '최적의 조건에서 높은 수준의 동기부여를 받으면 낼 수 있는 성과'라고 정의 내린다면, '재능'은 어떤 개인이 누군가의 요청에 의해 짧은 시간 동안 최대한의 노력을 들여 산출할 수 있는 '최대성과'와 동일한 의미라는 것이다. 재능을 이렇게 정의내릴 수 있다면 너무 직관적이라 더 이상 논쟁할 거리도 없을 정도로 분명해진다. 누가 노래를 얼마나 잘 하는지, 얼마나 빨리 달리는지, 얼마나 사고력이 뛰어난지 측정하고 싶다면 행동 하나하나를 눈여겨보면서 당사자가 들인 노력의 수준에 따라 그 의미와 정보를 추론해낼 수 있다. 이렇게 진정 최선을 다해 도출한 성과는 재능의 지표라 결론지을 수 있지만 중간에 방해를 받거나 최선을 다할 수 없었다면 동전 뒤집기처럼 아무런 의미가 없어진다. 재능은 객관적 독립체가 아니라 개념에 불과하지만, 최선을 다해 얻은 성과는 가장 확실하고 직접적인 재능의 지표가 된다.

최대성과 법칙은 "사람의 행동을 이해하려면 행동의 전후 관계와 동기를 이해해야 한다"는 옛말에서 비롯되었다. 이 개념은 두 가지 원칙에 기반한다. 첫 번째, 누군가를 모르는 사람에게 소개하려면 그가 다른 사람과 어떻게 다르고 어떤 점이 돋보이며 어떤 점이 독특하다고 이야기하면서, 그 사람이 무엇을 할 수 있다거나 평소 어떤 일상을 보낸다는 점에 초점을 맞춘다. 쉽게 말하면 평소 성과와 최선을 다했을 때의 성과(일상에서 그리 자주 볼 수는 없다)가 어떻게 다른지 고려해본다는 점이다. 두 번째, 성과 차이는 능력(재능)뿐만 아니라 노력(동기부여)의 영향도 함께 받는다는 점이다. 물론 능력과 노력이 성과에 미치는 영향은 사람과 업무에 따라 다르다. 재능은 성공하고 싶은 동기부여가 높은 수준으로 유지될 때 거둘 수 있는 성과를, 다른 사람들의 성과와 비교하면서 측정할 수 있는 개인 간 주요 차별점이기 때문이다. 여기서 재능이 서로 비슷한 수준일 때는 동기부여 수준이 주요한 차별점이 되므로 재능에 따라 거둘 수 있는 최대성과의 상한선은 달라질 수 있다. 즉 최선을 다했을 때 거둘 수 있는 최대성과를 예측하는 것이 가능해지게 된다.

심리학자들은 최대성과를 거둘 수 있는 이상적인 환경조건을 아래 세 가지로 정의했다.

a. 다른 누군가로부터 최선을 다하도록 지시를 받는다.

b. 자신의 성과가 평가될 것이라는 것을 미리 알고 있어야 한다.

c. 성과를 낼 만큼 충분한 시간이 주어져야 한다. 다만 너무 끌어서 성과가 떨어지지 않을 정도의 시간이라는 조건 하에서다. 지치거나 지루해져서 성과가 떨어질 수도 있고, 간혹 시간이 너무 많이 주어지면 최상의 컨디션을 오랫동안 유지하지 못하는 사람도 있다.

달리기 속도를 측정한다고 가정해 보자. '속도'라는 너무나도 확실하고 쉽게 정의할 수 있는 기준을 통해 당신이 직장에서 얼마나 빨리 달릴 수 있는지 측정해야 한다고 상상해 보는 것이다(물론 현대 직장이나 조직에서 달리기가 경쟁력 모형의 주요 변수인 경우는 거의 없지만). 최대성과를 측정할 수 있는 가장 좋은 방법은 최대 성과를 낼 수 있는 조건을 만들어주는 것이다. 즉, (a)최대한 빨리 달리라고 명령할 수도 있다. 하지만 더 이상적인 상황은 최대한 빨리 달리면 포상하겠다고 제안하는 것이다. (b)달리는 속도를 측정할 것이라고 미리 알려줘야 하고, (c)특정 시간이나 거리 등 성과측정 구간을 미리 기준으로 설정해야 한다(예를 들어 1분 동안 최대 속도로 달리게 한다든가 300미터를 달리게 할 수도 있다). 한 번 달리는 것만으로 최대속도를 밝혀내지 못할 수도 있지만 몇 번 하다보면 최대속도에 가까운 기록을 낼 수 있을 것이고, 결국 달리기에 관한 재능을 측정할 수 있게 될 것이다.

중요한 점은 최고기록이 얼마이건 간에 그 속도가 평소 뛰는 속도는 아니라는 것이다. 사실 평균성과, 즉 평소 달리기 속도는 최고속도와는 전혀 다르다. 평소성과만으로 재능을 평가하는 것이 불가능하다는 의미는 아니지만 평소속도만으로 달리기 최고속도를 다 안다고 생각하는 것은 어리석은 일이다. 평소에는 최선을 다 하지 않고 힘을 아끼다가 실전에서는 전체 인구의 99%보다 월등한 기량을 선보이는 전문 음악가, 운동선수, 영화배우 등을 생각해보라.

　　그렇다면 평균성과에 대해서 어떻게 설명해야 할까? 평균성과는 대부분 평가 대상자들이 성과평가에 대해 미지 고지 받지 못했거나 최선을 다해야 한다는 지시를 받지 않은 상황의 결과다. 이런 평균성과 조건 하에서는 동기부여 수준도 대부분 그리 높지 않다. 왜냐하면 자신이 관찰되고 있다는 사실을 모르고 있으며 결과에 따라 포상이나 승진 등 중요한 후속조치가 이루어지지 않기 때문이다. 동기부여 수준이 높은 사람들일수록 평균성과는 오히려 더 떨어질 뿐만 아니라 평균성과와 최고성과 사이의 격차도 크다. 일반적으로 최고성과를 자주 달성하고 이를 위해 노력하는 것은 성격적인 영향이 크다. 더 열심히 일하고 윤리적으로 행동하는 직원은 최대성과를 더 자주 달성하며 더 많이 인정받고 성취감을 맛봤던 사람 역시 다른 이보다 성과에 대한 더 높은 기준을 가지고 있기 때문에 최대성과를 더 오래 유지하는 편이다. 이런 현상은 개인뿐만 아니라 사회 전체의 문화수준에서도 발견된다. 예를 들어 더 집단주의적이며 규율과 윗사람에 대한 존경심을 더 많이 가지고 있는 동양문화권의 구성원들이 사회적으로 흐트러지는 경우가 덜하다. 연구결과에 따르면 새로운 경험을 하고자 하는 열린 마음은 높은 수준의 호기심과 미적 감각에서 나오며, 이런 기질은 최대성과 달성 의지와도 연관되어 있다. 반면 정서적 감각과 관련된 신경질적인 성향은 불안과 비관으로 이어져 평균성과에 부정적 영향을 미친다.

　　대부분의 직장인들에게 있어 평균성과는 '낮은 성과'나 자동차의 '에코모드' 성과의 다른 말일 뿐이다. 자신이 소속된 집단 전체의 이익을 고려하지 않고, 높은 성과를 유지하려고 노력하지도 않는 태도의 일반적 예는 '사회적 태만'이다. 조별과제를 하다보면 열심히 참가하지 않고 해이한 태도로 일관하는 학생들이 있다. 다른 조원들이 대신 과제를 해줄 것이라 기대하기 때문이다. 사회적 태만이 확산되면 방관자 효과와 비슷할 정도로 생산성을 떨어뜨린다. 다른 사람들의 존재 자체로 책임감은 희석되어 "나 말고 다른 사람도 많은데 왜 굳이 내가 해야 하지?"라고 생각하기 일쑤인 것이다. 집단이 클수록 업무에 대한 흥미는 떨어지고, 집단의 이익을 생각하는 사람의 숫자도 줄어든다. 어떤 성과에 대한 공이 개인이 아닌 집단 전체로 돌아가는 경우가 많기 때문이다. 이런 경우 사람들 사이에서 사회적 태만이 싹틀 가능성이 더 커지는 것은 물론 평균성과와 최대성과의 격차가 더 벌어진다. 한편, 충분한 경쟁력이 없는 상황에서 업무 난이도가 너무 높거나 최선을 다하기 어려울 정도의 압박을 느끼는 일을 해야 한다면, 최대성과를 낼 수 있는 상황 하에서도 낮은 성과밖에 못 낼 수도 있다. 대표적으로 채용면접이나 시험 등 아주 중요한 순간, 긴장과 불안 때문에 제 실력을 발휘 못하는 현상을 들 수 있을 것이다.

관리자가 인사발령처럼 중대한 사안에 대한 의사결정을 내릴 때 직원의 최대성과를 고려한다면 최대성과가 평균성과와 관계가 있는지, 없는지 판단할 수 있어야 더 나은 선택을 할 수 있다. 채용면접과 적성검사, 모의시험 등 채용에 널리 쓰이는 시험방식이 어떻게 구성되어 있는지 생각해보자. 이런 시험들은 지원자의 미래성과를 정확하게 예측할 수 있어야 가치가 있다. 하지만 실제로 평균성과와 최대 성과 사이에 연관성은 크게 없기 때문에(연구 결과 둘이 겹치는 부분은 20%도 안 되는 것으로 나타났다), 그런 테스트들의 주된 효용성은 그 사람이 평소에 '무엇을 하려고 할까(동기부여)'보다는 '무엇을 할 수 있을까(재능)'를 예측하는 데 있다. 즉, 직원 채용 프로세스에 이용된 IQ 테스트나 적성검사는 최대성과 조건 하에서 업무성과를 예측하는 데 가장 유용하지만 평균성과 조건 하에서 업무성과를 예측하기는 어렵다는 것이다.

따라서 최고의 직원이 누구냐는 질문에 대한 답은 최고성과와 평균성과 가운데 어느 쪽을 더 중요하게 생각하느냐에 따라 달라진다. 최고성과를 달성할 수 있는 직원을 찾고 싶다면 직원들이 가진 재능

2장: 재능 정의하기

을 파악해야 한다. 반면 평균성과를 높게 달성하는 직원을 찾고 싶다면 동기부여 수준을 파악해야 한다. 리더십 잠재력도 평균성과 조건과 최대성과 조건 하에서 다르게 나타난다. 모두가 자기 상사를 최악이라고 말하지만 최악의 상사도 가끔은 재능과 전문성을 보여준 순간들이 있었다는 사실을 기억할 것이다.

최대성과와 평균성과를 구분함으로써 얻을 수 있는 최대 이점은 왜 낮은 성과를 거두는 상황이 발생하는지 설명해준다는 점이다. 대단한 생산성을 보이며 조직 내 상위 5~10% 실적을 내는 사람이 있다면 그의 재능을 의심할 여지가 없다. 하지만 시간이 지나면서 그 정도 성과가 반복되지 않는다면 기존의 조건이 어떻게 바뀌었는지 점검해야 한다. 프로선수가 될 수 있는 충분한 재능이 있고 세계랭킹 100위 안에 들 수 있을 정도의 실력도 갖춘 선수가 있다고 상상해보자. 그는 탑10 선수들을 뛰어넘을 실력도 있고 기록측정에서 넘버원 선수의 기량을 뛰어넘은 적도 있다. 하지만 뛰어난 기록을 반복할 수 없고 일반대회에서 낮은 성과밖에 내지 못한다면 그는 자신의 재능을 낭비한 것이다. 어떤 분야라도 마찬가지다. 기대에 미치지 못하는 성과밖에 내지 못하는 사람들이 있다. 자신의 최대성과를 자주 보여줄 수 있는 조건에 무언가 문제가 생겼기 때문이다.

3. 노력 없이 얻은 성과 법칙

THE 'EFFORTLESS PERFORMANCE' RULE

'재능이 부족할 때는 의지력 하나로 헤쳐나간다.
그것이 내 삶의 비밀이다.'

가이 가와사키

80대20 소수 핵심인재 법칙과 최대성과 법칙이 재능을 평가하는 두 가지 훌륭한 기준이기는 하지만 우리는 지금 너무 과거행동에만 집중하고 있다. 80대20 법칙은 상위 20% 안에 드는 성과를 내는 사람을 인재로 분류하며 최대성과 법칙은 개인 최대성과를 재능의 기준으로 삼는다. 즉, 이미 이뤄놓은 것에만 초점을 맞추는 것이다. 그러나 재능에 대해 포괄적으로 이야기하려면 최대성과를 아직 보여주지 못한 사람의 재능에 대해서도 설명할 수 있어야 한다. 소수 핵심인재에 들지는 못했지만 충분한 잠재력을 가진 사람, 아직 성과를 보여줄 기회가 없었던 사람 등 과거 성과만으로는 재능을 알 수 없는 사람들이 존재한다.

과거 성과만으로 재능을 평가하는 데서 오는 한계를 극복하는 방법은 일반적으로 최대성과 달성에 어느 만큼의 노력이 드는지 고려해보는 것이다. 앞서 말했듯 성과는 노력(동기)과 재능(능력)을 더한 값이다. 이런 개념은 말콤 글래드웰Malcolm Gladwell이 자신의 저서 『아웃라이어Outliers』에서 성취는 '재능 + 준비'라고 정의하면서 더 널리 알려지게 되었는데, 이는 잘못된 개념이다. 준비가 재능보다 더 중요하다는 잘못된 전제에서 시작됐기 때문이다. 말콤 글래드웰과 마찬가지로 대부분의 사람들은 뛰어난 성취는 99%의 땀으로 이뤄진다는 원칙을 고수하고 있다. 하지만 이런 생각은 순전히 바람일 뿐이며 특히 성과 지상주의적 이상을 꿈꾸는 사람들이 더 좋아할 만한 의견이다(이를테면 '열심히만 하면 다 이룰 거야'라는 말의 신봉자들). 사람들은 노력과 동기만 있으면 성공할 수 있다는 믿음에 대한 증거를 찾고자 집착하는 반면 천부적인 재능은 애써 평가절하하려는(무시하지는 않더라도) 편향성을 가지고 있다.

그도 그럴 것이 성공을 경험한 수많은 사람들이 성공의 이유를 엄청난 노력, 혹은 행운 덕분으로 돌리기 때문이다. 예를 들어 세계 최고 규모의 광고회사를 설립한 찰스 사치Charles Saatchi는 회사를 업계 최고로 키운 비결에 대해 묻자 "정확한 답은 없다"며 "미친 듯 열심히 일

65

2장: 제능 정의하기

했고 운도 아주 좋았다"고 했다. 열심히 일하는 것이 사치의 성공에 있어 중요한 역할을 한 것은 의심할 여지가 없다. 하지만 운보다는 재능이 성공의 구성 요소라 보는 것이 더 현실적이다.

사실, 똑같은 노력을 기울여도 성과에는 사람마다 차이가 있고, 이는 개인의 고유한 자질이 성과의 차이를 발생시켰음을 의미한다. 달리 말하면 여러 명에게 같은 훈련과 준비를 시키고 똑같이 동기를 부여해도 성과가 같은 경우는 거의 없다. 그 증거는 주변에서도 쉽게 찾을 수 있다. 전문성을 획득하기 위해서는 1만 시간을 투자해야 한다는 법칙에 매료되어 노력을 기울였던 수많은 사람들은 성취도와 지식 습득 수준에서 서로 점점 차이를 보이기 시작하고, 결국 같은 수준의 노력을 기울여도 더 재능 있는 사람이 더 높은 수준의 성과를 거두게 된다. 혹시 두 사람이 똑같은 성과를 거뒀다면 그것은 더 재능 있는 사람이 더 적은 노력을 들였기 때문이다.

만약 '성과 = 재능 + 노력'이라면 우리는 '재능 = 성과 - 노력'이라는 공식도 도출할 수 있다. 즉, 재능은 노력 없이 얻은 성과다. 어떤 사람이 동료들보다 적게 노력해서 같은 수준의 성과를 얻어낸다면 그에게 더 재능이 있다는 뜻이다. 어떤 사람이 얻은 성과의 원동력이 재능이며, 그들이 노력에 의존하지 않았다면 재능이 그 성과의 핵심적인 요소라는 결론은 매우 타당하다. 또한 이런 단순 공식이 타고난 재능에 대해 알려진 여러 사례들을 뒷받침해준다. 우리는 연습이나 준비 없이도 놀라운 성과를 보여주는 사람들을 목격한 적이 있다. 특히 열 살 이전에 어떤 분야에서 전문가 수준의 능력을 보여주는 영재들은 노력 없는 성취의 명백한 본보기다. 바비 피셔 Bobby Fischer는 여섯 살에 체스를 두기 시작했고 열다섯 살에 미국 챔피언이 됐다. 모차르트 Mozart는 다섯 살에 처음으로 자작곡을 내놨다. 공리주의 철학자 제레미 벤담 Jeremy Bentham은 열두 살에 영국 옥스포드대학교에 입학했다.

성과를 거두는 순간 자체도 눈여겨 볼 만하다. 전문가가 일하는 장면을 실제로 목격하면 우리는 노력 없이 얻은 성과를 직접 체감하게 된다. 루이스 수아레스^{Luis Suárez}가 골을 넣는 장면, 세레나 윌리엄스^{Serena Williams}가 서브를 넣는 장면, 니나 시몬^{Nina Simone}이 노래하는 모습, 메릴 스트립^{Meryl Streep}이 연기하는 모습 등 어느 분야든 재능 있는 사람들은 단지 '훈련을 통해 잘하게 된 것'을 뛰어넘는다. 독일의 철학자 마르틴 하이데거^{Martin Heidegger}는 천재들이 가진 전문성을 '직면한 상황과 관련 없는 것들은 모두 무시해버리는 능력'으로 정의했다. 전문가는 문제를 대할 때 문제 자체와 관계 없는 모든 요소들에 대해 일절 신경쓰지 않는 능력을 발휘한다. 반대로 아마추어나 초심자들은 같은 문제를 대해도 골치가 아프다. 현재 상황과 크게 상관없는 요소들에도 신경이 쓰이기 때문이다. 결국 정신적 자원을 낭비하며 더 많은 노력을 들여야만 한다. 따라서 '재능 = 성과 − 노력' 공식은 당신이 어떤 재능을 가지고 있는지 찾아내는 데도 유용하게 쓰일 수 있다. 만약 어떤 일이 너무나 쉽게 다가온다면 재능이 있는 것이라 생각하면 된다. 아니면 최소한 그 분야에서 다른 사람들보다 빨리 능력을 개발할 수 있는 잠재력이 있다는 것이다.

충분히 노력하면 원하는 것을 다 가질 수 있다고 믿게 만드는 말들은 그저 빛 좋은 개살구다. 노력해도 다 가질 수 없는 두 가지 이유가 있다. 첫 번째, 성공에 필요한 동기를 원하는 만큼 가질 수 없다는 점이다. 내가 어떤 사람이 되겠다며 결심한다고 갑자기 의욕에 가득 차거나 높은 성취욕을 가진 사람이 될 수는 없다. 근면함과 의욕은 타고난 기질이기 때문에 어린 시절 일어난 (아니면 태어나기도 전에 일어난) 어떤 요소나 사건의 영향을 받는다. 두 번째, 아무리 많은 시간과 에너지를 헌신하기로 마음먹더라도(그저 동기부여가 됐고 성공하기로 결심했기 때문에), 높은 수준의 성과를 보장받지는 못한다. 사실 어떤 이들은 다른 이들보다 열심히 일하지만 평균 수준에도 못 미치는 경우가 많다. 게다가 동기부여가 덜 된 사람들이 의욕이 넘치는 사람이 되겠다고 결심하더라도 성공하기 위해 얼마나 더 노력해야 하는지, 얼마나 더 금욕적으로 살아야 하는지 알게 된다면, 그리고 그런 힘든 삶조차 성공을 보장해주지 않는다는 사실을 깨닫게 되면 오히려 스스로 포기하고 말 것이다. 대부분의 사람들은 성공하고 싶은 것이 아니라, 성공한 상태를 누리고 싶어할 뿐이다.

4. 적재적소에 배치된 성격 법칙
THE 'PERSONALITY IN THE RIGHT PLACE' RULE

'재능은 선택할 수 있다.'

로버트 드 니로

재능에 대한 또 다른 관점은 '제자리를 찾은 성격'이다. 성격은 개인의 일반적인 성향이나 본질적인 면으로 그 사람이 중요하다고 생각하는 가치, 흥미, 능력, 행동패턴 등을 뜻한다. 다시 말해 우리가 "그 사람은 이런 사람이다"라고 할 때 이야기하는 모든 것이다. 본연의 기질에 딱 맞는 업무(또는 상황, 환경)와 잘 짝지어지면 더 큰 일들을 소화해낼 수 있게 되고 결과적으로 기업이나 조직이 성공하는 데 도움이 될 것이다. 반대로 직원과 일이 잘 맞지 않으면 최악의 경우 역효과, 잘 돼봤자 농땡이나 피울 것이다.

또한 성격은 '살면서 일어날 수 있는 여러 상황에 대응하는 전략적 기능'으로도 이해될 수 있다. 성격에 따라 특정 상황에 효과적으로 대처할 수도 있고 그렇지 않을 수도 있다. 본능적인 행동패턴이 특정 업무에 있어서 자산이 될 수도 있지만 그렇지 않을 수도 있는 것처럼 말이다. 이런 개념은 과학적 인사발령과 채용의 주요원칙으로서 개인의 업무성과를 예측할 때 그 업무에 지원한 사람의 성격에 초점을 맞춰야만 하는 근거가 된다. 즉, 특정 역할에 어떤 인재가 들어가야 하는지 궁금하다면, 사람을 투입하기 전에 그 역할을 맡아 성과를 낼 수 있게 도와주는 특정 행동패턴을 찾아야 한다.

다음 단계는 그런 행동패턴을 가진 사람들을 찾아내는 것이다. 이런 논리를 이해하게 된다면 운전, 영업, 협상 등 특정 업무뿐만 아니라 은행원, 심리학자, 인사 전문가 등 특정 직업에 필요한 사람을 찾을 때도 적용할 수 있다. 각 전문분야는 높은 성과를 거두는 사람들이 일반적으로 갖춰야 할 필수요건으로 차별화된다. 성공하는 사람들은 대개 타고난 성향이나 본능적인 행동패턴을 활용해서 자신의 성격에 맞는 자리(집, 혹은 직업)를 찾는 경우가 많다.

성공한 사람들은 이미 환경에 잘 적응할 수 있는 자신의 능력을 입증한 셈이다. 이들은 자신의 성격을 잘 알고 있고 성격에 방해되지 않는, 오히려 자산이 될 수 있는 환경에 안착한다. 성격이 좋건 나쁘건 마찬가지다. 킴 카다시안[Kim Kardashian] 정도의 나이에 유일한 꿈이 유명해지는 것뿐이라면 나르시시즘과 관심병은 자신의 꿈을 이뤄줄 가장 최적화된 재능이다. 카다시안의 정치인 버전은 도널드 트럼프[Donald Trump]다. 그는 정치적 논쟁을 벌일 때 즉흥적이며 논란의 여지가 있는, 의도된 것이 분명한 터무니없는 발언을 남발해서 청중을 자극시킨다. 그가 후보로 참여한 지난 미국 대통령 선거전은 오디션 프로그램으로 전락하고 말았다. 하지만 기존 정치인들에게 환멸을 느낀 유권자들에게 있어서 트럼프의 성격은 그야말로 '적재적소에 배치된 성격'이었던 것이다. 트럼프의 성격은 자산일 뿐만 아니라 자신의 경력에 꼭 필요한 무기였다.

이 글을 읽고 있는 당신이 너무 똑똑하고 고상한 척 하는 사람이라 트럼프와 카다시안이 재능 있는 사람들이란 사실을 인정하지 못할 수도 있다(나도 왜 인정할 수 없는지 이해는 간다). 이번에는 트럼프와 카다시안보다는 조금 약한 '적재적소에 배치된 성격'의 예를 하나 들어보겠다.

- 자수성가 억만장자들을 포함한 기업가들 중 상당수가 사실 회사 부적응자였고 대기업 입사에 실패했다. 심지어 스티브 잡스는 자기가 세운 회사에서 퇴사 통보를 받았다. '왓츠앱 WhatsApp'을 키워 페이스북에 200억 달러 규모로 매각한 공동설립자 가운데 하나도 페이스북 입사지원 과정에서 떨어졌었다.

- 오프라 윈프리 Oprah Winfrey는 첫 직장에서 TV 앵커로 일했지만 '너무 감성적'이며 스토리에 '너무 몰입한다'는 이유로 해고 당했다. 하지만 그 스타일을 그대로 밀고 나가며 역사상 가장 성공한 TV 프로그램 진행자가 됐다. 그리고 지금까지 약 30억 달러를 벌었다.

- 아이작 뉴턴 Isaac Newton은 케임브리지 대학교를 졸업한 뒤 역사적으로 가장 영향력 있는 과학자 가운데 한 명이 됐다. 하지만 학계 진출 전엔 집안 소유의 농장을 경영하다 폭삭 말아먹은 전적이 있다.

아무리 대단한 사람이라도 자신의 능력과 관련 없는 분야에서 최고의 성과를 거두는 경우는 없다. 육상선수 우사인 볼트 Usain Bolt를 IT 회사 관리자급으로 고용하겠는가? 가수 아델 Adele을 회계사로 고용할텐가? 앙겔라 메르켈 Angela Merkel 독일 총리를 개그우먼으로 내세울 수 있을까? 아마 결정을 내리지 못할 것이다. 그들이 그 일을 못할 거라고 생각해서가 아니다. 아마 새로운 일에 금방 적응할 수도 있다. 다만 그들 본연의 재능을 썩히는 것이 불필요한 일이기 때문이다. 엄청난 성공을 거둔 구글 같은 회사는 정기적으로 성과가 낮은 직원들을 재배치하기 위한 평가를 진행한다. 평가 과정을 통해 더 맞는 업무를 찾고 실제로 성과를 개선하기도 한다.

인재관리 개입은 직원과 일 사이의 적합성을 높이려는 시도이므로 '호환성'이나 '사람과 업무환경 요소들 사이의 궁합'으로 정의되어도 손색이 없다. 인재관리 개입이 이제까지 그런 의미로 사용되지 않았더라도, 앞으로는 꼭 그렇게 정의되어야 한다! 특히 채용에 있어서는 지원자와 업무 사이에 높은 적합성이 요구되기 때문에 개입 프로그램의 역할이 필수적이다. '적임자를 적재적소에'는 채용업무에 있어 가장 중요한 목표이다. 같은 맥락에서 리더십 개발 프로그램의 목표는 리더와 팀, 리더와 조직목표 사이의 적합도를 높이는 것이다. 개입 프로그램은 애초에 직원들의 업무몰입도를 높이기 위해 설계됐다. 특히 개입의 목표는 '조직 안에서 일어나는 잠재적인 추정, 공유되고 있는 의미, 조직과 관련된 이야기를 해석하는 방법'을 뜻하는 조직문화와 '여기선 일이 이렇게 돌아간다'는 직장분위기 사이의 적합성을 높이는 것이다.

수백 편의 과학적 연구도 직원들이 훌륭한 '성격 호환성'을 갖추고 있으면 어떤 업무에서든 더 좋은 성과를 낼 수 있음을 뒷받침하고 있다. 예를 들어 정서적으로 안정된 직원은 처음 겪는 어려운 상황 속에서도 올바른 의사결정을 내려야만 하는 업무를 맡았을 때 좋은 성과를 낸다(투자은행 경영자나 신경외과의사, 소방관 등). 하지만 감정적으로 불안하다고 해서 쓸모 없는 것이 아니다. 다른 이들보다 더 큰 불안감을 느끼는 사람들은 비관적 사고와 깐깐함, 극도의 조심성 등을 능력으로 승화할 수 있는 직업을 가지면 좋은 성과를 낼 수 있다(항공교통관제사, 보건안전관리자, 연구원 등). 반면 친근하며 사교적 성향을 지닌 사람들은 다른 이들과 활발하게 교류를 나누며 신뢰를 쌓고 좋은 관계를 유지할 수 있는 능력이 필요한 일을 맡으면 잘 해낼 수 있다(PR 담당자, 고객서비스 담당자, 선생님, 간호사 등). 쌀쌀맞은 성격의 소유자라면 어려운 의사결정이나 빠른 대응을 필요로 하는 직업에 더 유리하다(군부대의 장성, 최고재무담당자, 축구팀 감독 등). 그리고 외향적인 사람은 인맥을 잘 관리해야 하며 공개석상에서 발언이나 연설을 해야 하는 일에 적합하다(정치인, 부동산중개인, 개그맨 등). 하지만 혼자서 일할 수 있어야 하며 오랜 시간의 집중력을 요구한다면 외향적 성격보다 내향적 성격이 더 잘 맞다(도서관 사서, 소프트웨어 개발자, 회계감사인 등). 성격과 일이 잘 어울리는 적합성의 효과를 장기적으로 추적한 연구결과는 의미심장하다. 사춘기에 측정된 외향적 성격의 표준편차가 한 단위 증가할 때마다, 나이가 들어 관리자가 된 사람의 급여는 7% 증가되고 영업 및 서비스 담당자가 된 사람의 급여는 4% 증가된 반면, 그 외 다른 직업을 선택한 사람의 급여는 오히려 2% 줄어드는 것으로 나타났다.

　　한 마디로 정리하면 재능이란 적절한 자리에 있을 때 제대로 발휘되는 기능이다. '재능 있는 사람'은 우연히 적절한 자리를 찾은 '행운아'라는 주장을 펴려는 것이 아니다. 그들은 오히려 일할 환경을 스스로 선택하는 편이다. 자신의 성향과 본능적인 행동패턴에 보다 유리한 환경을 신중하게 골라서 자신의 경력을 영리하게 관리해나가는 것이다. 이를 위해서는 필연적으로 더 높은 수준의 자기성찰이 요구된다. 자기 자신이 어떤 사람인지 모른다면 더 맞는 직장을 찾는 것도 우연에 맡겨야 한다. 그러지 않기 위해서 우리는 자신과 다른이의 재능을 측정하는 방법을 찾아 더 나아가야 한다. 직원들이 어떤 재능을 얼마나 가지고 있는지 파악할 수 없다면 올바른 역할도 찾아주기 힘들기 때문이다.

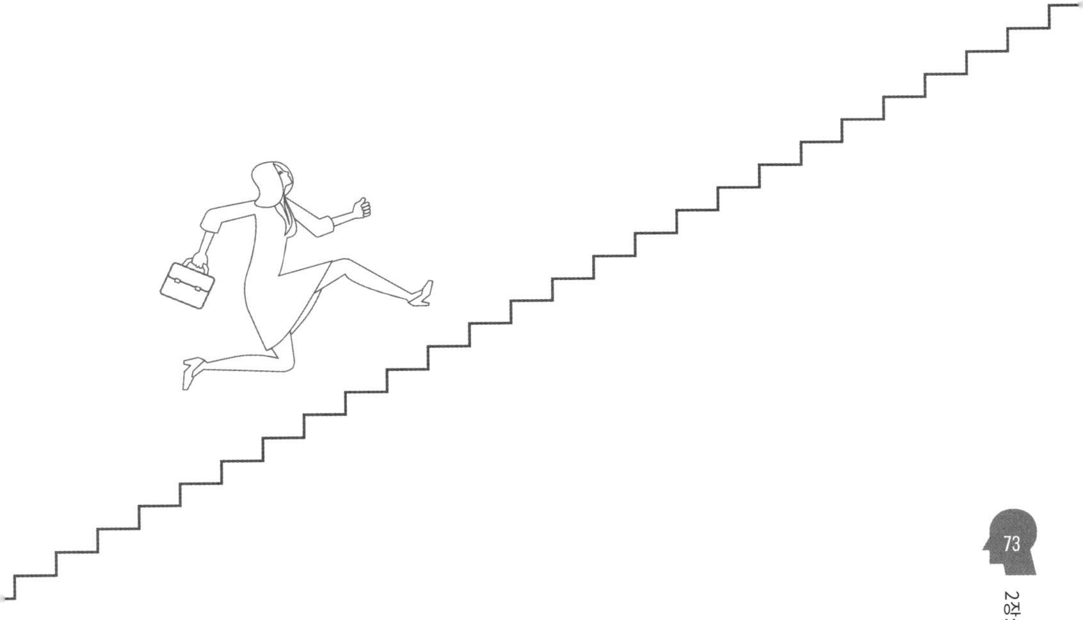

CHAPTER
3

재능 측정하기

　　이번 장은 재능의 측정과 관련된 두 가지 중요한 질문에 대한 답이다. 첫 번째는 '무엇을 평가할 것인가?'이며 두 번째는 '어떻게 평가할 것인가?'이다. 재능을 합리적으로 정의할 수 있다고 하더라도 실제로 측정하려면 여러 가지 요소로 나뉘어질 수밖에 없다. 측정할 수 없다면 관리할 수도 없다. '무엇을 평가할 것인가?'라는 질문의 답에는 세 가지 요소가 있다. 업무성과나 일 자체에 대해 느끼는 보람(Rewarding), 일을 수행할 수 있는 능력(Able), 열심히 일하고자하는 의지(Willing) 등 세가지다(이하: RAW). 어떤 업무와 역할을 수행하든 재능 있는 사람들은 이 세 가지 자질을 선천적으로 타고났다. 그렇다면 '어떻게 평가할 것인가?'라는 질문이 남는다. 이번 장에서는 재능을 수량화할 수 있는 방법에 대해서도 소개하고자 한다. 구조화면접, 지속 평가, IQ 테스트, 성격평가 등은 논리적으로 설계된 것은 물론 학계 검증과정을 모두 마쳐 설득력을 더한다. 어떤 자질을 평가할지 목표를 정확히 설정하고 이에 대한 평가방식이 올바로 적용될 수 있다면 미래 성과를 더 정확하게 예측할 수 있을 것이다. 재능에 대한 과학은 신뢰할 수 있을 뿐만 아니라 어느 정도 미래를 예측하는 것도 가능하게 해준다. 그런데 문제는 실제 업무에는 이 과학이 거의 적용되고 있지 않다는 현실이다.

☆　☆　☆

　'채용'의 문제가 본격적으로 연구되기 시작한 지 100여 년이 됐다. 하지만 아직도 인사업무 의사결정자들은 주먹구구식으로 채용을 하며 학계의 엄격한 검증을 거친 방법론에는 일절 관심이 없다. 이들에게 재능이 있는지 어떻게 알 수 있냐고 물으면 "보면 안다"거나 "그냥 안다"고 한다. 직관에 의존하는 것이다. 그렇게 이미 채용된 직원들을 데이터나 실제 증거에 기반한 방법론을 사용해서 평가해보면 왜 뽑았는지 모를 문외한이 태반이다(효율성이 떨어지는 건 당연하다). 재능에 대한 과학적 측정이 제대로 실행되지 못하는 이유는 변수들을 제어한 엄격한 실험이 진행되기 어렵고 시간도 오래 걸린다고 생각하기 때문이다. 직관만으로 평가해도 '그럭저럭' 괜찮은 사람을 뽑을 수 있다는 잘못된 생각도 그 이유 가운데 하나다. 그러나 '투자수익률' 관점에서 본다면, 학계 검증과정을 거친 방법들에 대한 투자는 안정된 보상을 가져다주는 반면, 관리자 한 명의 직관을 믿고 아무나 직원으로 뽑는 행동은 '높은 비용'을 지불해야 한다. 재능이 무엇인지도 모르고 인재를 발굴할 능력도 없이 인재관리 프로그램을 운영한다고 나서기 시작하면 사업을 오래 하기 힘들 것이다.

　이런 문제가 일어나는 가장 큰 원인은 업무성과를 제대로 측정하는 기업이 거의 없다는 것이다. 최고성과를 달성하는 직원이 누군지 식별할 수 없다면 그들의 어떤 자질이 성과에 기여하는지 구분하는 것도 불가능할 것이다. 이런 사실은 실망스럽다고밖에 말할 수 없다. 이미 재능을 파악할 수 있게 해줄 이론과 프로그램이 많이 나와있으며, 직원 성과와 생산성을 수량화할 수 있는 방법론도 많이 나와있기 때문이다. 특히 업무성과만큼 많이 연구된 분야는 찾기 힘들 정도다. 지금까지 나온 연구는 대개 개인성과를 평가하는 지표를 제공하는 데 그치고 있기는 하지만 직원 각각의 성과를 '전체 경제를 지탱하는 기초 건축 블록' 하나하나로 삼아 팀과 기업 전체 성과에 미치는 영향을 파악하는 것도 충분히 가능하다.

한 직원의 전체 업무성과는 기업효율성을 추구하며 진행된 일의 총합이다. 업무성과를 정확하게 측정할 수 있어야 인재에 관한 올바른 의사결정을 내릴 수 있으며 누구를 고용하고, 승진시키며, 해고할지 결정할 수 있다. 법적으로 봤을 때도 성과를 객관적으로 판단할 수 있어야 인재관리와 연관된 의사결정을 올바로 내릴 수 있다. 이상적인 세상에서는 직원 개개인이 조직의 목표달성을 위해 어느 정도 기여했는지 객관적으로 알 수 있을지도 모른다. 하지만 현실에서 가장 널리 사용되고 있는 업무성과 측정 방식은 상사의 의견이다. 결국 업무성과 측정 자체가 신뢰받지 못하고 있다는 뜻이다. 두 상사가 같은 직원에 대해 평가하면 상관관계가 절반 정도의 수준, 즉 두 상사의 평가가 겹치는 부분이 25%밖에 안 된다. 달리 말하면 두 명의 관리자가 열 명의 직원들에 대해 평가내리는 임무를 수행한다면 열 명 가운데 일곱 명은 서로 다른 평가를 받게 된다는 뜻이다.

설상가상, 상사의 직관만으론 주관적인 지표가 부족하다고 생각했는지 보통 상사의 평가 점수에 직원 스스로 내린 자가평가 점수도 합산된다. 전통적으로 기업에서 진행하는 성과 평가는 직원이 한 해 동안 이루어낸 업적을 지난 해 말에 작성한 업무 목표와 비교하는 방식이다. 상사는 직원이 스스로 세운 목표와 올해 실적을 비교해보고 기대치를 달성했는지, 뛰어넘었는지, 실패했는지 평가한다. 가끔 객관적 측정 방식이 적용되기도 하고 지난 해 목표와 비교하는 것은 물론 동료 직원들의 업적과 비교하기도 한다. 하지만 여전히 가장 큰 부분은 상사가 지금 평가하는 직원을 얼마나 마음에 들어 하는지에 달려있다. 따라서 자기 업적을 잘 포장하는 것도 더 좋은 평가 점수를 받는 방법 가운데 하나가 될 수 있다. 사내 정치 때문에 성과 평가가 오염됐고 대부분의 직원들이 이를 불공평하다고 느끼는 게 당연하다. 연구결과에 따르면 상사가 직원의 업무성과를 정확하게 평가할 수 있는 능력이 있다고 하더라도 꼭 정확하게 평가할 이유나 동기는 없다고 생각하는 것으로 나타났다. 최근의 한 연구는 아래와 같이 결론지었다.

> (성과 평가는) 질적으로 우수하지 못하며 (사내 정치에) 오염되고 말았다. 성과 측정의 요소가 잘못 지정되어 있거나 실제로 아주 중요한 요소가 대수롭지 않게 취급되고 있다. 미래 성과 예측을 위해서는 개인 간 성과 격차를 이해할 수 있어야 하지만, 이런 능력 자체가 개발될 수 없는 환경에 놓여있다. 오늘날의 기업이나 조직은 직원 업무성과에 대한 더 많은 데이터를 추적할 수 있게 됐지만 미래 성과 예측능력은 아직도 극히 제한적이다. 직장에서 일어나는 직원 행동과 성과에 대한 정확한 평가 자료를 얻는 것이 너무나도 어렵기 때문이다.

더 심각한 문제는 회사가 직원들의 업무성과를 신뢰성 있게 측정하더라도 그 자료를 활용해서 직원들의 재능을 식별하거나 미래 성과를 예측할 수 있는 능력이 없다는 점이다. 특히 복잡한 업무의 경우 변수가 많아지기 때문에 (성과를 객관적으로 측정하더라도) 한 직원이 도달할 수 있는 최대성과를 측정하는 것이 거의 불가능해진다. 역할이 바뀌거나 아예 새로운 일을 맡게 되는 경우도 마찬가지다. 일반적으로 과거 행동은 미래 행동을 예측하는 주요 변수지만 새로 맡게 되는 일이 이전과는 완전히 다른 기술, 자질, 능력을 필요로 하는 경우 과거 업무 성과를 통해 미래 성과를 예측하기 어렵다. CLC(기업리더십협회; Corporate Leadership Council)에 따르면 29개국 15개 산업에 속한 60여 개

회사에서 현재 높은 성과를 내는 직원들의 29%만 '높은 잠재력'을 지닌 것으로 평가받는다고 한다. 여기서 높은 잠재력이란 조직 안에서 현재보다 더 높은 위치나 더 중요한 업무를 맡게되면 더 큰 성과를 거둘 가능성을 뜻한다. 그럼에도 불구하고 대부분의 회사가 지난 성과에 기반해 승진 대상자를 확정한다. 직원들이 아직 보여주지 못했거나 미래에 달성할 수 있을 것 같은 성과에 기반해 승진 관련 결정을 내리는 것은 여전히 아주 어렵다. 미래 예측을 뒷받침하는 자료가 있지만 실제로 승진의 근거로 이용되는 경우는 거의 없다. 결국 잠재력은 없지만 현재 성과가 좋은 직원들만 승승장구하는 반면, 다른 위치에서의 잠재력을 가진 사람들은 현재의 자리에서 좋은 성과를 못 내고 있기에 무시당한다.

'피터의 법칙 Peter principle'에 따르면 '사람들은 결국 자신의 무능력만큼 승진한다'고 한다(현재의 자리에서 최대성과를 낼 수 있는 사람을 능력과 맞지 않는 고위직으로 승진시키면 점점 성과만 떨어지게 된다. 결국 조직이 무능한 사람으로 채워지게 된다는 이론이다). 이는 재능보다 지난 성과를 강조하다 보니 생기는 현상이다. 지난 성과라는 것이 정확하게 측정되었다는 보장도 없다. 직원들은 더 이상 승진하는 것이 무가치해질 때까지, 즉 성과 자체가 좋지 않거나 정체될 때까지 승진한다. 승진한 사람들의 잠재력은 실제로 평가받는 것보다 한 단계 아래로 봐야 한다. 승진하는 대신 지난 역할에 머물러 있었더라면 더 오래 최대성과를 달성할 수 있었겠지만 승진하고 나서 새로운 직책을 맡으면 어떤 성과를 낼지 미지수이기 때문이다. 특히 자기 일만 잘하면 끝인 사원 때와는 달리 관리자가 되면 자기만 잘한다고 성과가 좋아지지는 않는다. 관리자가 된다는 것은 과학기술이나 업무 전문성보다 대인관계 관리능력이 성과에 더 큰 영향을 미치기 때문이다.

성과를 수량화할 신뢰할 수 있는 매개변수를 설정해두면 재능을 측정하는 것이 그리 복잡한 일은 아니다. 최고 성과를 달성하는 직원들이 다른 이들과 어떻게 다른지 정확하게 판단하려면 주어진 역할을 수행할 수 있는 재능의 핵심요소를 파악해야 한다. 수많은 과학적 연구가 이 핵심요소를 파악하는 데 기여한 결과 두 가지 질문으로 응축되었으며 이제 우리는 그 해답을 찾아야 한다. 첫 번째, 무엇을 측정해야 할까? 두 번째, 어떻게 측정해야 하는가? 우선 첫번째 질문에 대한 답변을 검토해보자.

'무엇을 평가해야 하는가?' 아직 가공되지 않은 재능의 기본 성분

재능을 식별하기 위해 해결해야 할 문제들의 대부분은 다음 질문으로 귀결된다. '정확히 무엇을 측정해야 하는가?' 이에 대한 답은 우리가 생각하고 있는 직업이나 역할에 따라 어느 정도 달라질 것이다. 상황의 맥락, 업무과제, 맡은 역할에 따라 달라지는 성과에 보편적인 연구모형을 적용하는 것은 무의미한 일인 것이다. 따라서 '무엇을 측정해야 하는가?'라는 질문에 대한 답은 직업에 따라 다르다고 할 수 있으며, 그런 의미에서 한 사람이 다방면에 걸쳐서 재능을 가지기를 기대해서도 안 된다.

그렇다면 우리는 모든 직업을 흥미에 따른 포괄적 모형에 근거하여 분류하는 실용적인 해결책을 대안으로 선택할 수 있다. 직업심리학에서 가장 정교한 연구체계를 갖춘 존 홀란드 John Holland의 '직업흥미 이론theory of professional interests'은 모든 직업을 다음과 같은 6가지 주요 유형으로 나눈다. 현실적인 직업, 파고들어야 하는 직업, 예술적 직업, 사회적 직업, 재미있는 직업, 평범한 직업. 이 6가지 유형은 사람들마다 서로 다른 취향을 보여주기도 하지만 각 직업에 필요한 능력과 자질은 무엇인지도 보여준다. 더 나아가 이런 분류법은 직업유형에 따라 그 사람이 어떤 사람인지 판단할 수 있는 근거를 제공할 뿐만 아니라 어떤 사람을 더 높은 성과를 거둘 수 있는 직업과 연결시키는 데도 활용할 수 있다.

물론 더 구체적으로 들어가자면 한도 끝도 없다. 미국에는 현재 10,000가지가 넘는 직업이 존재하며 더 세밀한 수준에서 말하자면 전 세계적으로 약 40억 명이 각자의 특수 직종에 종사하고 있다. 즉, 정확히 똑같은 일을 하는 두 사람이란 성립되지 않는 개념이란 것이다. 내가 교수직에 지원했을 때 있었던 일이 하나의 예시가 될지도 모르겠다. 내게 일자리를 준 대학교는 내가 EU회원국 시민이 아니었다는 이유 하나 때문에 영국정부를 상대로 "EU회원국 모두를 통틀어 이 사람보다 더 이 업무에 맞는 사람은 없다"는 것을 증명해야만 했다. 그 근거는 대학에서 제시했던 업무요건과 내 프로필의 세부사항 마지막 한 줄까지도 모두 정확하게 일치한다는 것이었다. 단 한 줄이라도 어긋났으면 나는 그 자리를 얻지 못했을 것이니 대단한 우연이었던 것 같다. 이처럼 세세한 부분들까지 들여다보면 이 세상에 독특하지 않은 직업은 없다.

그러나 개인은 물론 조직도 스스로의 독특함을 과대평가해서는 안 된다. 물론 모든 직업이 다르고 세상에는 수십억 개의 직업과 수백만 개의 회사가 존재하지만 이런 독특함 속에서도 재능 있는 직원들은 보편적 특징을 공유하고 있다. 어떤 직업을 가지건, 그리고 어떤 회사나 산업에 속하건 일 잘하는 사람들은 서로 놀랍도록 비슷해 보이는 이유가 바로 여기에 있다. 마찬가지로 여러 회사들에서 많은 시간과 큰돈을 들여 자신들만의 유니크한 인재상이라며 내놓은 다양한 모델들도 사실 '전문용어'를 섭렵하고 나면 서로 아주 비슷하다. '날렵하다'와 '적응을 잘한다'는 같은 말이며, '의욕이 충분하다'와 '동기가 부여됐다'도 마찬가지다. '다른 사람에게 영감을 불어넣다'와 '팀플레이어'도 같은 말로 쓰일 수 있다. '낙타는 위원회가 설계한 말'이라는 옛 농담이 떠오른다(처음에는 말을 그리려 했는데 여기저기서 고치다 보니 낙타가 그려졌다는 뜻으로 같은 본질을 서로 다르게 표현하려는 경향에 대한 예시). 앞부분에서도 밝혔듯 모든 부문의 경쟁력은 궁극적으로 재능의 세 가지 기본 영역에 속하는 것으로 좁혀진다. 여기서 경쟁력이란 취업할 수 있는 능력이나 직장 생활에서 성공할 수 있는 가능성 등을 뜻한다. '가공되지 않았다'(raw)는 말은 세 가지 자질들이 성공을 위한 레시피를 제공하여 성공에 잠재적으로 기여한다는 의미를 담고 있다. 또한 세 가지 자질인 보람(Rewarding), 능력(Able), 의지(Willing)의 이니셜을 모으면 똑같은 단어(raw)가 되기도 하므로 우리는 이것을 'RAW 재능 모형'이라 부르기로 하자. RAW의 세 가지 요소들을 측정했을 때 모든 항목에서 높은 점수를 받는 사람은 최고성과를 달성할 수 있고 더 크게 성공할 가능성이 있다고 볼 수 있다. 그는 소수 핵심인재가 될 가능성이 크며 적재적소에 배치되어 노력 없이도 큰 성과를 거둘 수 있을 것이다. 비록 세 가지 요소 모두를 안정적으로 소유한 사람은 많지 않겠지만, 만약 그런 사람이 있다면 일뿐만 아니라 일상적인 삶도 안정적으로 꾸려갈 것이 분명하다. RAW 재능 가운데 두 가지 요소만 강한 사람은 경기가 나쁠 때도 직업을 잃지 않고 잘 버티고 있을 것이다. RAW 재능 중 한 가지 요소만 가진 사람은 실제 실업률이 0%가 아니라면 아마 실업자로 남아있을 것이다. 그리고 RAW 재능 가운데 한 가지도 갖추지 못한 사람은 직장을 가질 능력이 아예 없는 사람이다. 업무에 서투르고 짜증을 잘 내며 게으르다면 어떤 직장에도 붙어있을 수 없다.

각각의 RAW 요소들은 재능에 대해 설명해 줄 서로 다른 독특한 면들을 가지고 있다. 이제 더 세부적으로 살펴보자.

보람(Rewarding)

RAW의 첫 번째 요소는 보람이다. 자기가 맡은 일에 어느 만큼의 보람을 느끼는지, 혹은 사람들 사이에서 드러나는 호감도가 중요하다.

첫 번째 요소에는 심리학자들이 일반적으로 말하는 '조직시민행동 organizational citizenship behavior'의 의미도 포함되어 있다. 그 의미는 아래와 같다.

> 자신이 맡은 주요 업무 가운데 하나가 아니더라도 동료들과 협력하여 서로 돕는 것은 물론 이상적이지 못한 업무 환경도 잘 견뎌낼 뿐만 아니라 성과 달성의 최소 요건을 뛰어넘어 더 높은 성과를 거두고, 조직의 목표를 인지한 상태에서 자발적으로 조직의 통제 및 관리 활동에 동참하는 등 조직의 효율적 기능을 증진시켜주는 자유재량적 행동.

이런 조직시민행동은 성격에서 나오는 순기능이며 자기관리 능력 및 대인관계 관리 능력에 관한 것이다. 두 영역 모두 감성지능^{EQ}의 개념에 속한다.

어떤 사람들은 카리스마와 호감 가는 이미지를 잘 이용해서 일을 하며 보람을 느낀다. 그렇다고 그들이 친사회적 행동이나 선량한 시민으로 살아가는 것에 관심이 있다고는 할 수 없다. 권모술수, 나르시시즘, 사이코패스 등 성격의 '어두운 면'을 품고 있는 사람들조차 때로는 전략적으로 사람들을 매혹시키거나 능숙한 대인관계 기술을 뽐내며 자신의 능력을 발휘하고 보람을 느낄 때도 있다.

대부분의 재능 관련 의사결정이 직관에 기반하여 이루어지는 오늘날, 남들에게 보여지는 호감형 이미지를 가지는 것은 상당한 의미가 있다. 위대한 대인관계 전문가 데일 카네기^{Dale Carnegie}는 "사람을 다룰 때 기억해야 할 점이 있다. 그것은 우리가 논리적 생명체를 상대하는 것이 아니라 감성적 생명체를 상대하고 있다는 것이다"라고 했다. 모든 조건이 동일한 두 사람이 있다면 더 호감 가는 사람이 직장에서 더 성공할 가능성이 높다. 대인관계 관리 능력이 업무 성과에 중요한 요소라면 그런 능력을 가진 사람을 인재라 판단해도 될 것이다. 이제 현실을 직시해야 한다. 더 호감 가는 사람은 항상 더 재능 있다는 소리를 들을 것이다. 회계사와 소프트웨어 기술자의 경우도 이메일만 보내는 사람보다는 직접 만나 소통하는 사회성을 함께 갖춘 사람이 더 많은 혜택을 누린다.

능력(Able)

RAW의 두 번째 요소는 일을 잘 할 수 있는 능력이다. 그리고 능력의 하위 요소는 '전문성(일과 관련된 지식, 경험, 기술)'과 '지능(학습능력 및 추리력을 모두 포함하며 전문지식 습득의 주요 결정 요소)'이다.

똑같이 재능이 있다고 해도 알고 있어야 할 지식은 저마다의 직업에 따라 다르다. 어떤 분야에서건 높은 성과를 내는 사람은 낮은 성과를 내는 사람보다 더 전문성을 갖춘 경우가 많다. 전문성에는 이력서나 링크드인 프로필에 넣을 만한 실제 업무 능력이나 과학기술 관련 지식도 포함된다. 학력과 자격증도 남들보다 조금 더 전문성을 갖추고 있음을 입증하기 때문에 신뢰감을 심어줄 수 있다.

전문성이란 직업과 관련된 모든 주제들을 함축하고 있는 포괄적 용어다. 전문성이 없다면 제 아무리 사회성이 뛰어나도 살아남기 힘들고, IQ 테스트 점수가 아무리 높아도 전문성이 없으면 무용지물이다. 하지만 최근에는 소프트스킬(soft skills; 소통과 협상 능력, 팀워크, 리더십 등을 활성화할 수 있는 사회적 능력)이 너무나도 강조되고 있어 전문성이 무시당하는 경향이 없지 않아 있다. 학계에서도 재능에 관한 논문을 찾아보면 전문성을 주제로 진행된 연구의 빈도가 경쟁력, IQ, 성격, 동기부여에 비해 턱없이 낮다. 하지만 아무리 세상에서 가장 똑똑하고, 가장 동기부여가 잘 되어 있으며, 가장 호감 넘치는 사람도 일을 할 때 전문성이 없으면 어떤 일을 해도 실패하고 말 것이다. 비행기 조종사가 유머감각이 좋고, IQ도 높으며, 직업윤리가 투철하다고 해도 당신은 그가 제대로 된 자격증을 소유하고 있는지를 가장 먼저 확인하고 싶을 것이다. 마찬가지로 비판적 사고 능력과 카리스마, 추진력을 가진 누군가가 나타나 당신에게 치아 뿌리 수술을 해주겠다고 아무리 권유해도 치과의사도 아닌 이에게 수술을 집도하게 놔두지 않을 것이다.

전문성은 굳이 일과 관련이 없어도 중요하다. 예를 들어 일본에서 일을 하고 싶다면 일본어로 말할 수 있어야 한다. 하지만 여기서 일본어가 특정 직업에 종사하기 위해서만 필요한 요소라고 볼 수는 없다(당신이 원하는 직업이 의사건, 웨이터건, 정치인이건 간에 일본에서 살고 싶다면 일본어로 말할 수 있어야 한다). 비트겐슈타인Wittgenstein은 "언어능력의 한계가 내가 사는 세상의 한계"라고 했다. 마찬가지로 최저 수준의 건강, 기본적 IT 관련 능력, 적절한 소통능력 모두 전문성의 일부다. 이것들은 특정 직업과 관련된 기술은 아니지만 전문성을 뒷받침하기 위해 일반적으로 꼭 갖춰야 할 능력이라 할 수 있다.

전문성도 중요하지만, 능력과의 관계에서 어떤 요소도 IQ보다 더 중요하지는 않다. IQ 테스트 점수를 있는 그대로 받아들이는 것에는 이견이 있다. 특정 직업 관련 지식이나 전문성 평가 시험보다 추상적이기 때문이다. 심리학계에서 후속연구가 충분히 진행되지 않은 탓에 IQ 테스트 점수와 업무성과 사이에 일관된 상관관계는 거의 발견된 적이 없다. 그러나 아예 아무런 상관관계가 없다는 연구결과를 찾는 것도 불가능하다. 그러므로 혹자는 이렇게 기대할 수도 있다. 업무가 어려울수록 IQ 테스트 점수와 업무성과 사이의 상관관계가 더 강해진다고 말이다(예를 들자면 수학과 교수나 소프트웨어 기술자가 창고운영자나 유리창 청소부보다는 IQ가 높을 것이라고 예상할 수 있다). IQ 테스트 점수와 성과 사이에 상관관계가 없는 직업도 거의 없다. 굳이 찾자면 프로 운동선수 정도다(NFL 선수들의 경우 IQ 테스트 점수만으로 실제 성과를 예측할 수 없었다). 그러므로 (NFL을 제외한) 대부분의 전문분야에서 지능은 재능의 핵심 요소라고 할 수 있다.

의지(Willing)

세 번째 RAW 요소는 열심히 일하고자 노력하는 어떤 사람의 의지, 혹은 그의 평소 동기부여 수준이다. 의지는 심리학계에서도 꾸준히 연구해온 주제로 지능만큼이나 광범위하게 연구됐다. 하지만 IQ와 달리 동기부여는 성격의 영역에 국한되어 있으며 일반적으로 야망이나 추진력, 성실함과 관련되어 있다. 지능이 업무 수행의 수준을 결정한다면 동기부여는 일을 대하는 성실함과 추진력, 의지 등을 결정한다. 그런 면에서 성실함은 재능을 가속화하는 필수 요소다. 더 성실하게 일할수록 재능은 더 빨리 성장할 것이다. 앞서 말했듯 재능은 노력없이 얻은 성과로 정의될 수 있다. 재능 있는 사람들은 똑같은 결과를 얻기 위해 재능이 부족한 이들보다 조금 적게 노력해도 된다는 뜻이다. 하지만 잠재적 재능은 열심히 일하고자 하는 의지에 크게 의존한다. 재능이 '성과 – 노력'이라면 잠재력은 '재능 + 노력'이라는 공식으로 개념화 될 수 있다. 다시 말해 재능을 더 개발하려면 이미 가진 재능뿐만 아니라 재능을 개발하기 위한 의지력 또한 필요하다는 뜻이다.

기존에 나온 재능 관련 논리모형들은 정확하거나, 유용하거나 둘 중 하나일 뿐 두 가지를 모두 충족시키는 경우는 거의 없었다. 반면 RAW 재능 모형은 업무 현장에서 쓰이는 재능의 결정 요인을 단순화해서 설명해주면서 정확성과 유용성을 모두 충족시킨다. 그러나 RAW 모형이 잠재력의 모든 자질들을 자세히 설명해주지는 않는다. 영어공부로 치면 문법만 알려주는 것처럼 업무현장에서 쓰이는 재능의 핵심적인 면만 강조한다. RAW 모형의 보편성에도 불구하고 회사는 직원들이 지닌 서로 다른 자질들이 골고루 분포된 다양성을 추구하는 경향이 있다. 팀과 마찬가지로 회사 전체도 서로 다른 사람들이 다양한 종류의 기술과 지식, 전문성을 갖추고 있으면 혜택을 볼 수 있다. 팀이나 조직 구성원들 사이에 존재하는 자질의 차이, 즉 사고방식과 행동, 감정의 다양성은 조직에게 자산이 될 수도 있다. 단 사람들 간에 마찰이나 충돌로 끝나지 않는다면 말이다. 차이가 너무 크면 시너지 효과를 내기 어려울 수밖에 없다.

재능의 핵심 자질에 대한 설명이 끝났으니 이제 그것을 어떻게 측정해야 할지 알아보자.

'재능을 어떻게 측정해야 하는가?' 재능의 측정 도구

재능을 발견하는 가장 일반적 방법은 직관에 의존하는 것이었지만 지금은 잘 만들어진 과학적 도구들을 포함한 훨씬 나은 대안들이 많다. 대기업 대부분은 일부 직원들을 대상으로 몇 가지 대안을 적용해보곤 한다. '인재 식별 도구'들은 나온 지 수십 년이 지났고 정확도를 입증한 과학적 근거가 풍부하게 축적되었다. 그 근거들은 주로 도구를 이용해 실제 업무성과에서 도출한 '상관관계 수치'를 측정하는 실증적 연구들의 결과다. 예를 들어 한 회사가 100명의 입사지원자를 대상으로 지능 테스트를 진행하는 데 관심이 있다고 치자. 그런데 그 테스트가 더 나은 지원자들을 선발하는 데 도움이 되는지, 안 되는지 어떻게 알 수 있을까? 간단하다. 같은 테스트에서 높은 점수를 받고 입사한 기존 직원들의 현재 업무성과를 체크해보면 된다. 우리는 여기서 통계학의 중요한 개념인 '상관계수'를 이해하고 넘어가야 한다. 상관계수란 두 가지 변수들 사이의 관계를 수치화한 것으로, 이를 테면 지능 테스트는 '잠재력 점수'라는 변수와 '성과점수'라는 변수의 상관계수를 측정함으로써 그 효용성을 판단할 수 있을 것이다.

상관계수는 항상 0~1 사이의 숫자로 표시되는데, 0은 두 변수 사이에 어떤 관련성도 없다는 뜻이고(서로 전혀 의존성이 없음을 의미함), 1은 두 변수 사이에 완전한 관련성을 나타낸다(둘은 완전히 서로 의존적임을 의미함). 사회과학 분야에서 상관관계가 0.30 이상이라면 일반적으로 의미가 있다고 여기긴 하지만, 더 낮은 상관관계 수치도 통계적으로는 의미가 있으며 눈에 보여지는 효과가 있을 수 있다. 예를 들어 <그림 3>의 상관관계 수치는 의료계에서 일반적으로 제시하는 수치다. 이부프로펜 복용과 고통 감소 사이의 상관관계는 0.14이다. 지난 25년간 흡연과 폐암 사이의 상관관계는 0.08이다. 심장우회수술과 생존율 사이의 상관관계는 0.08이다. 비아그라와 성관계 개선의 상관관계는 0.38이다. 과학적으로 설계된 인재 식별 프로그램을 활용하는 것과 업무성과 사이의 상관관계는 0.40이다. 결론적으로 인재 식별 도구가 비아그라보다 더 낮다는 뜻이다(물론 사용하는 목적은 다르다). 이제 어떤 도구가 있는지 알아보자.

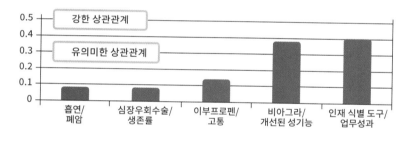

<그림 3> 다섯 쌍의 변수들로 본 상관계수 예시

면접(Job interviews)

면접은 직업의 유형과 회사 크기와 관계 없이 가장 많이 이용되고 있는 인재 식별 방법이다. 영국 해군은 1800년대부터 면접을 이용했다. 이제 면접 없이 누군가에게 직장을 제공한다는 것은 생각할 수도 없다. 아마 고용이 처음 시작됐을 때부터 그래왔을 것이다. 더욱이 입사면접을 지원자를 평가하는 유일한 방법으로 활용하는 경우도 많으며 다른 프로그램들과 함께 사용된다면 지원자들이 일반적으로 가장 마지막에 꼭 뛰어넘어야 하는, 결정적 장애물이라 할 수 있다. 이런 인기 덕에 면접이 얼마나 정확하게 미래 업무성과를 예측할 수 있는지에 대한 어마어마한 데이터가 축적됐다.

일례로 입사면접의 유효성을 증명한 최소 15개의 메타분석 결과가 학회지에 실렸는데, 이 연구결과에 따르면 구조화면접이 미래 업무성과를 예측하는 데 아주 유용한 것으로 나타났다(면접과 미래 업무성과 사이의 상관계수는 0.51). 하지만 구조화되지 않은 면접에는 신뢰할 수 있거나 표준화된 방식으로 대답이나 관찰 결과를 분류할 수 있는 규칙이 없기 때문에 정확도가 떨어진다(상관계수 0.38). 게다가 구조화되지 않은 면접은 편향된 결론을 도출할 가능성이 있다. 여기서 편향됐다는 말은 일과 관련 없는 자질에 기반하여 재능을 평가한다는 뜻이다(인종과 성별, 나이, 장애 등). 예를 들어 한 연구결과에 따르면 면접관과 지원자가 비공식 석상에서 만나 나눈 악수의 유형 따위를 포함한 첫인상이 면접관의 결정에 영향을 미친다고 한다.

하지만 면접이 진정 평가해야 할 부분은 무엇인가? 면접 질문 문항을 분석한 결과, 지원자의 지능과 성격, 특히 그 가운데서도 어떤 의식을 가졌는지 판단하기 위한 성실도, 신뢰도, 성취동기, 진취성과 관련된 질문이 많은 것으로 나타났다. 예를 들어 아래 질문은 현재 상황을 개선하려는 경향과 긍정적 변화를 이끌어내고자 하는 의지 등 지원자의 진취적 성향을 평가하기 위한 목적에 이용된 것으로 보인다.

프로젝트에 참가해서 긍정적 변화를 이끌어낸 경험에 대해서 이야기 해주세요. 프로젝트에서 맡은 역할이 무엇이었나요? 어떻게 변화를 이끌어냈죠? 그 과정에서 생긴 도전들을 극복하기 위해 어떻게 행동했나요?

성격테스트와 달리 면접 질문의 답은 구조화되지 않았다. 그러므로 면접자의 해석에 따라 달라진다. 잘 설계된 구조화면접의 경우 모든 대답을 평가하기 위해 이제까지 쌓인 면접 데이터에서 도출한 지침이나 득점 기준이 존재한다. 면접을 통해 평가할 수 있는 잠재적 자질은 너무나 방대해서 평가항목을 설정해 일반화하는 것이 불가능하다. 하지만 실무자의 관점에서 봤을 때 업무성과를 예측할 수 있다는 사실만으로도 면접은 그 역할을 충분히 다 했다고 할 수 있다.

재능평가 기관(Assessment centres)

재능평가 기관을 이용하는 방법도 널리 알려진 방법 가운데 하나다. 이 방법은 독일군이 20세기 초 개척한 분야다. 그들은 지원자들에게 실제 업무를 수행하는 장면을 사진으로 보여주면서 일련의 작업들을 수행하게 했었다. 마찬가지로 지금의 평가기관들은 "미래를 알고 싶으면 과거를 보라"는 심리학적인 격언에 기반하여, 서로 다른 실습과 모의시험을 통해 지원자의 업무수행 능력을 직접 관찰할 수 있게 해준다. 더불어 다른 지원자들과 협력이 필요한 과제들을 통해 성실성과 호감도를 추론할 수도 있다. 시간과 돈에 구애 받지 않는다면 평가기관은 어떤 방법보다 더 나은 대안이다. 그 이유는 간단하다. 누가 일을 잘 할 수 있을지 알고 싶다면 직접 시키고 눈으로 확인하면 된다는 상식을 메타분석 연구로 입증한 것이 바로 평가기관들의 방식이기 때문이다. 평가기관의 유효성에 대한 상관계수는 0.54로 어떤 다른 평가보다 더 높은 수치를 기록한다. 지원자들 또한 평가기관을 통한 검증이 다른 인재 식별 도구보다 더 공정하다고 여기는 경우가 많다. 단 한 가지 안 좋은 점이라면 비용이 많이 들고 평가 시간이 오래 걸린다는 점이다. 외국인 지원자들을 비행기로 불러다가 역할을 주고 한 사람당 몇 시간이나 지속되는 평가절차를 진행해야 한다고 생각해보라.

IQ 테스트

재능 식별과 관련해서 심리학이 가장 크게 기여한 부분이 있다면 인식능력 테스트, 즉 IQ 테스트를 발명했다는 점이다. 연구결과는 아래와 같이 결론지었다.

> 인식능력 테스트의 타당성은 어떤 분야, 직업군, 문화에서도 유용하다. 다시 말해 테스트의 타당성이 이용 가능한 모든 단계에서 일반화될 수 있다는 뜻이다. 대규모 메타분석을 통해서도 그 능력을 입증했다. 비록 테스트가 업무성과를 예측하는 단 하나의 결정 요소는 아니지만 어떤 환경에서도 이용될 수 있는 최고의 채용 관련 성과 예측 프로그램이다.

IQ 테스트의 중요성이 강조되는 이유 가운데 하나는 사람들이 얼마나 빨리 배우는지, 훈련의 효과가 얼마나 잘 반영되는지 평가할 수 있다는 점이다. 수천 가지 연구 결과에 따르면 IQ 테스트가 업무와 훈련 성과를 예측할 수 있는 것으로 나타났다. IQ 테스트와 업무성과 사이의 일반적 상관계수는 0.2 수준이지만, 업무성과를 객관적으로 측정할 수 있다면 상관계수는 0.5까지 올라갈 것으로 기대할 수 있다. 이는 지능에 따라 업무성과가 25% 이상 변동할 수 있다는 뜻으로 IQ 표준편차 수치가 한 단위 올라갈 때마다 개인 업무 표준편차는 0.5 상승을 기대할 수 있다. 이런 연구결과를 적용하면, IQ가 전체인구의 80%보다 높은 사람의 업무성과는 전체인구 65%보다 높다고 볼 수 있으며, 반대로 IQ가 전체인구의 80%보다 낮은 사람의 업무성과는 전체인구의 65%보다 낮을 것이다.

또 주목해야 할 점은 IQ보다 업무성과가 더 중요하긴 하지만 일단 입사지원자의 IQ에 우선순위를 두기 시작하면 그 외 다른 인재 식별 도구들을 사용하는 것이 큰 의미가 없어진다는 것이다. 그 주된 이유는 성격 테스트를 제외한 다른 도구들이 IQ 테스트와 어느 정도 겹치기 때문이다. 말콤 글래드웰의 주장(그의 저서,『아웃라이어』참조)과는 달리 변호사, 회계사, 의사 등 높은 수준의 교육을 받은 전문가들 사이에서 조차 IQ 테스트 점수는 성과, 혹은 성공과 확실한 상관관계를 가지고 있다. 만약 당신이 엄청나게 똑똑한 사람들을 채용한다면, 그 가운데 가장 똑똑한 몇몇 사람들이 나머지 다수의 똑똑한 사람들(똑똑하지만 가장 똑똑한 사람들만큼은 아닌)보다 더 나은 성과를 거두게 된다는 뜻이다.

　　IQ 테스트 점수가 높은 사람을 영입하면 팀 전체의 업무성과가 향상되는 효과도 있다. IQ 테스트 평균점수가 더 높은 팀이 다른 팀들보다 더 나은 성과를 거두기 때문이다. 이런 얘기가 뻔한 소리처럼 들리겠지만, 현실 세계에서 IQ 테스트 점수를 고려해서 팀을 짜는 조직은 거의 없기 때문에 계속 강조할 수밖에 없다. 아직까지 IQ 테스트보다 팀의 성과를 더 정확하게 예측할 수 있는 도구는 없는데도 말이다. 평사원이 건 임원이건, 회사가 어떤 직원을 새로운 팀으로 옮기면서 그의 지능을 고려하지 않는다면 그는 팀부적응자가 될 확률이 크다. 사람들은 지능 수준이 유사할 때(지능이 높건, 평균치건, 낮건 간에), 함께 더 잘 지내는 법이다.

　　IQ 테스트는 진행 자체도 편하다. 회사나 집, 혹은 다른 먼곳에서 시험을 쳐도 거의 같은 수준의 결과가 나온다. IQ 테스트는 원가 면에서 더 효율적이며, 특히 면접이나 평기기관을 이용하는 것보다 훨씬 저렴하다. 더군다나 지능을 IQ 테스트로 평가하는 것보다 더 나은 방법은 없으므로 미국에서 IQ 테스트를 통해 인재를 채용하면 (요즘 시세로) 연간 350억 달러의 경제적 이득이 발생할 거라는 일부 심리학자들의 주장에는 상당한 근거가 있다.

　　IQ 테스트가 완전한 진리란 말이 아니다. 첫 번째, IQ 테스트 결과는 긴장이나 압박, 불안 때문에 낮게 나올 수도 있다. 이런 심리는 그 테스트에 많은 것이 걸려있을 때 어쩔 수 없이 일어나는 일이며 IQ 테스트가 진행될 때도 마찬가지다(시험을 재미로 치는 사람은 거의 없다고 봐야 한다). 예를 들어 한 실험실 연구에 따르면 IQ 테스트 용지에 빨간 잉크가 조금 묻어 있는 것만 봐도 시험 점수가 떨어질 수 있는 것으로 나타났다. 두 번째, 연습은 성과를 개선해준다. 즉, 입사를 준비하면서 IQ 테스트를 여러 번 치르면 거듭할 때마다 점수가 올라가므로 점수의 신뢰성이 떨어질 수 있는 것이다. 그러나 이런 두 가지 결점은 생각보다 크게 문제되지 않는다. 시험의 압박감을 극복하는 것은 실제 업무의 압박감을 극복할 수 있는 자질이 될 수 있으며 여러 번 테스트를 치를 정도로 꼭 입사하고자 하는 동기가 부여된 사람이라면 일을 할 때도 그 정도의 추진력을 보여줄 수 있다고 여겨질 것이다. 그러므로 IQ 테스트가 지능을 정확히 (또는 순수하게) 측정하는 것에 실패한다고 해도 이 테스트는 감정적 평정과 의식 등 재능의 다른 측면도 측정해줌으로써 여전히 업무성과를 잘 예측할 수 있다.

하지만 IQ 테스트의 가장 큰 문제는 일부 인구통계학적 집단에게 부정적 영향을 끼친다는 점이다. 특히 가난하고 교육수준이 낮은 사람들에게 더 큰 영향을 미친다. 최근 연구결과에 따르면 저소득층 아이들은 이미 만 2세부터 IQ 테스트 점수가 낮게 나오고 16세가 되면 이런 차이는 극적으로 심해진다. 지능 테스트는 능력위주의 평가를 장려하기 위해 등장했지만 오히려 불평등을 야기시키는 존재가 됐다. 특히, 미국에서는 인종별로 큰 점수대의 차이를 보이고 있다. 백인은 흑인과 히스패닉계 사람들보다 높은 점수를 받지만 아시아계 사람들보다 낮은 점수를 받는다. 인종별 차이는 대학 입학 시험에서도 나타난다. 이는 대학 입학시험이 비공식 지능 테스트로 간주될 수도 있음을 시사한다(실제로 입학시험과 IQ 테스트는 많은 부분에서 겹친다). 동아시아인들을 포함한 특정 집단들은 입학시험 점수가 너무 높아서 입학허가를 받을 수 있는 숫자에 제한을 두는 제도가 도입되기도 했다. 다른 집단에 속한 학생들도 폭넓게 입학할 수 있어야 하기 때문이다. 성별에 따른 IQ 차이도 없지는 않지만 무시해도 될 정도다. 다만, 구두 시험 verbal tests에서 여성이 아주 조금 더 유리한 것으로 나타났다.

성격평가(Personality assessments)

성격평가는 유형별로 다양하지만 대부분 지원자들이 일련의 문항들에 제시된 선택지들 가운데 자신과 관련된 것들을 체크하는 자가보고self-report 형태로 진행된다. 또한 평소 취향과 처신에 관해 묻는 여러 질문들에 대한 답변들도 포함된다. IQ 테스트와 달리 성격평가는 객관적으로 맞거나 틀리다는 답이 없는 대신, 규범적 집단이나 일반기준과 비교된다. 그리고 평가정보는 일반적으로 개인의 특성으로 묘사되는 다양한 등급이나 측면으로 분류되어 점수로 산출된다. 본질적으로 성격평가의 원리는 대답을 통해 평소 행동이나 모습을 이해하려는 것이다. 검토하려는 특성과 역할에 따라 차이가 있지만 평균적으로 개인특성과 업무성과, 또는 개인특성과 그 외 직업 관련 결과 사이의 상관계수는 0.30이다. 성격평가 결과가 신뢰할 수 있게 측정되었고, 특성이 업무에 맞게 선택되었으며(영업성과와 외향성, 광고업무와 창의성, 디테일이 필요한 프로젝트와 성실함), 과학적으로 검증 가능한 측정방식이 적용됐다면 개인특성과 성과 사이의 다중상관관계 분석결과는 일반 직원과 중역에 관계 없이 0.50까지 올라갈 수 있다.

재능을 확인하기 위해 성격평가 프로그램을 도입하겠다고 밝힐 때 발생하는 저항도 만만치 않다. 하지만 일반인들도 알게 모르게 자기 성격이나 남의 성격을 정기적으로 평가한다. 물론 평가 방법은 전혀 과학적이지 못하다. 일반인들에게 성격평가의 정확성을 판단하는 가장 중요한 기준은 그 결과에 직관적으로 동의할 수 있는가이다. 지난 50여 년간 진행된 심리학 연구결과에 따르면 자기 자신에 대한 자각 자체가 정확하지 못하거나 부풀려진 측면이 많은 것으로 나타났다. 스스로 만족감을 느끼고 싶은 무의식적 욕망이 현실을 직시하고자 하는 관심보다 더 강력하기 때문이다. 또한 사람들은 타인에 대해 판단할 때 외모와 첫인상에 기반하여 빠르고 직관적으로 추론하는 경향이 있다. 그리고는 자신이 느낀 첫인상에 모순되는 증거들을 무시한다.

이런 점에서 볼 때, 성격평가에 대한 일반적인 편견은 자기가 만들어 낸 모순된 성격평가 기준과 다르기 때문에 생긴다고 할 수 있다.

앞서 말했듯, 성격평가는 대개 자기보고식 검사에 기반하므로 입사지원이나 승진 등 아주 중요한 순간이 오면 거짓말을 하거나 '착한 척'을 하며 평가자를 속이려고 들 것이라고 가정하는 것은 논리적이다. 이런 이유로 성격평가를 인재 식별에 사용하는 것을 반대하는 목소리가 높지만 사실 그런 주장은 전혀 근거가 없다. 왜냐하면 7천 편이 넘는 논문이 이 '속임수 문제'를 다뤘으며 그 결과 다음과 같은 측면들이 발견되었기 때문이다.

첫 번째, 제대로 설계된 성격평가의 질문들은 평가하고자 하는 것이 무엇인지, 어떤 답변을 해야하는지 알아내는 게 어렵다. 따라서 지원자들은 고의로 사실을 왜곡해봤자 득볼 게 없다. 예를 들어 "나는 매일 다른 방식으로 일을 해본다"는 문항과 "낯선 사람들이 내가 가진 엄청난 창의적 재능을 빨리 알아보곤 한다"는 문항은 어찌보면 똑같이 지원자의 창의성을 판단하려는 것 같지만 사실 후자는 지원자가 얼마나 오만하며 자기기만에 빠져있는지 식별해줄 것을 기대하는 문항이다. 두 번째, 탄탄한 성격평가라면 지원자가 비난 받지 않을 수준에서 어느 정도 일부러 거짓 답변을 할 수 있게 이끌어낸다. 전제는 간단하다. 실제로 입사면접과 같이 중요한 일이 닥쳤을 때 '솔직하지만 사회성 없는 모습'보다 약간은 자신을 포장하는 것이 더 순응적이며 바람직한 모습으로 보일 수 있기 때문이다. 누군가 "다른 사람과 일하는 것을 좋아하는가?"라고 물어봤을 때 "아니다"라고 솔직히 대답하면 사회성이 부족하다는 걸 드러내는 꼴이 된다. "그렇다"고 말하는 사람들은 거짓말을 하고 있을 가능성도 높지만 그럼에도 불구하고 다른 사람들과 함께 잘 일하려고 노력하는 것이 중요하다는 사실을 이해하고 있음을 보여주는 것이다. 이런 사람들은 사회적으로 더 영리하다고 평가받는데, 적당한 '착한 척'은 현실 세계에서 어느 정도는 꼭 필요하기 때문이다. 결과적으로 "그렇다"나 "아니다"라고 답한 지원자가 정직한 사람인지 그렇지 않은지는 중요하지 않다. 대답에 따른 행동이 예측될 뿐이다. 미래 예측은 솔직하다거나 거짓말을 하고 있다는 등 어떻게 마음을 품고 있는가가 아니라, 실제로 어떻게 행동하고 있는가에 달려있다.

이런 점은 인상관리impression management 분야에서도 폭넓게 연구되고 있다. 인상관리란 사회생활을 하며 의도적으로 긍정적인 이미지를 만들어내려는 시도다. 심리학자들은 전통적으로 인상관리 때문에 재능이 제대로 평가되지 못하며 결과가 왜곡된다고 보았다. 하지만 오늘날 혼자서 일할 수 있는 직업은 거의 없다. 일을 원활하게 하려면 의뢰인, 동료, 상사, 부하직원 등 자신이 어떤 위치에 있든지 간에 호감가는 인상을 주는 것이 중요하다. 인상관리는 업무관련 기술들 중 하나가 됐고 '방해'가 아니라 엄연히 재능의 존재를 알리는 신호다. 다시 말해 인상관리가 불가능한 사람들은 재능 평가뿐만 아니라 직장에서도 좋은 성과를 거두지 못할 거라는 예상 시나리오는 충분히 가능하다.

수많은 연구결과 인상관리가 직원 동기부여 및 조직시민행동, 사회성, 일반업무 경쟁력 등 '바람직한' 직장 관련 변수들과 비례관계에 있으며, CWB(비생산적 업무행태)와 반비례관계에 있는 것으로 나타났다. 이는 곧 인상관리를 더 잘하는 사람들은 다른 사람들과 더 잘 어울릴 수 있다는 이유 하나만으로 그렇지 못한 사람들보다 더 재능이 있다고 말할 수 있는 근거가 된다.

그러므로 올바로 설계된 성격평가는 거짓말을 하거나, 실제보다 부풀리거나, 좋은 말만 하는 게 이득인 상황이 닥쳤을 때, 어떤 미래 성과를 낼지도 예측할 수 있게 해준다. 이는 마치 당신에게 가장 적합한 질문을 던지고 그에 대한 당신의 대답을 어떻게 해석해야 할지 정확하게 알고 있는 상대와 첫데이트를 하는 것과 마찬가지다. 답변을 통해 미래에 어떤 행동을 하리라는 것을 예측할 수 있게 해준다면 부풀리거나 거짓말을 하는 것쯤은 중요한 것이 아니다. 솔직한 대답이란 당신이 생각하고 있는 바가 아니라 어떻게 행동할지 예측할 수 있게 해주는 대답이다.

시험 성적만 보고 사람을 뽑는 것이 불공평한 처사라며 성격평가 점수를 활용하는 것에 반대하는 사람들도 있다. 왜냐하면 어떤 사람들은 대답을 잘못한 죄로 어떤 업무에 적합하지 못하다는 평가를 받고 직업을 구하지 못할 것이기 때문이다. 그러나 성격평가가 올바로 이루어져서 성적이 실제 업무 잠재력(보험을 팔 수 있고, 버스를 운전할 수 있으며, 호텔을 보다 효율적으로 운영할 수 있는 능력 등등)을 보여주는 지표가 되는 날이 도래했을 때, 우리는 소수민족이나 저소득층에게 더 많은 기회를 줄 수 있다. IQ 테스트와는 달리 성격평가는 충분한 이력을 갖출 수 없는 환경의 사람들도 무리없이 접근할 수 있기 때문이다. 한 마디로 지난 100여 년 동안 인간의 행동을 묘사하고 설명하며 예측하기 위해 심리학자들이 개발한 광범위한 성격평가 모형들을 적극 활용하자는 것이다. 이를 통해 다른 사람들은 어떻게 일하는지, 다른 사람들이 어떤 것에 흥미를 느끼며 어떤 일에 더 큰 가치를 두는지, 누가 팀에 들어오는 것이 더 적합할지, 그 사람의 잠재력은 어느 정도인지 이해할 수 있다면 회사, 관리자, 일반직원 모두 만족할 만한 성과를 얻게 될 것이다.

그 외 '올드스쿨' 평가 방식

학계 논문 대부분이 재능 확인을 위해 면접, IQ 테스트, 성격평가 등에만 집중하고 있지만, 사실 그 외 몇 가지 '고전' 방식들도 고려해볼 만하다.

생애데이터(Biodata)

첫 번째는 지원자의 개인사, 특히 과거경력이 나타나있는 '생애테이터'를 재능의 잠재적 징후로 인식하는 방법이다. 메타분석 결과 생애데이터와 직업, 그리고 생애데이터와 훈련성과 사이의 상관계수는 0.30으로 나타났다. 생애데이터는 직원 이직을 예측하는 데 쓰이기도 하는데 인사 실무자들은 대개 이런 방법에 회의적인 경우가 많다. 자신의 직관이 더 정확하다고 생각하기 때문이다. 이론적으로 생애데이터는 성격과 사고방식에 관한 정보를 제외한 거의 모든 종류의 변수를 포함하는데 두 가지를 제외하는 것은 실제로 일어난 전기적 사건에 더 집중하기 위해서다. 생애데이터를 처리하는 두 가지 주요 방법은 '비이론적 방법'과 '합리적 방법'이다. 비이론적 방법은 통계학적 관련성에 기반하여 선택된 생애데이터 지표에 따라 예상되는 결과를 제시한다. 합리적 방법은 생애데이터 변수들을 결합하여 지난 데이터와 미래 행동 사이에 생기는 관계의 '이유'를 밝혀내는 데 집중한다.

기술의 발전으로 회사는 질문지에 의존하지 않고 직원들의 행동에 관한 기록을 얻을 수 있게 됐지만, 생애데이터는 전통적으로 자가보고 형식이다. 평가기관과 거의 마찬가지로 생애데이터는 지난 행동이 미래 행동을 예측한다는 개념을 더 견고히 하고 있다. 사람들은 쉽게 변하지 않으므로, 과거기록에서 의미 있는 신호를 포착할 수 있다면 미래 업무행태에 대해 꽤 정확하게 예측할 수 있게 된다. 즉, 우리는 한 사람이 살아온 과거흔적과 경험에 따라 재능의 양상이 다양해질 수 있음을 보게 될 것이다.

이력서(The CV)

또 다른 올드스쿨 방식은 이력서다. 이력서가 중요하다고 평가받는 이유는 하드스킬hard skills, 즉 전문성과 업무경험 등의 정보를 담고 있기 때문이다. 많은 사람들이 링크드인 같은 사이트를 통해 이력서를 온라인에 올리는 시대다. 지난 성과에 대한 거짓된 주장을 펼치면 금방 들통난다. 증인들이 온라인 도처에 깔려있기 때문이다. 연구결과에 따르면 회사들과 채용담당자들은 대부분 지원자의 성격을 추론하기 위해 이력서를 활용한다(지원자가 이미 직업훈련을 받은 사람이라면 더욱 그 사람의 성격적인 면에 집중한다). 불행하게도 이력서와 관련된 대부분의 연구는 회사와 채용담당자들이 이력서를 어떻게 인식하고 평가하는지에 집중되어 있으며 이력서가 실제로 미래성과를 얼마나 정확하게 예측할 수 있는지 계량화하는 연구는 아직 많지 않다.

그러나 학위, 경험, 경쟁력 등 이력서를 통해 보고된 정보들은 실제 업무성과와 비교 및 검토하는 것은 꽤 실속있는 작업이다. 예를 들어 한 메타분석 결과, 지원자의 교육수준은 창의성과 조직시민행동과는 비례관계에 있고 CWB와는 반비례관계에 있는 것은 물론, 업무수행 성과를 예측할 수 있는 지표도 될 수 있음이 밝혀졌다. 최근 높은 수준의 학위가 흔해졌음에도 불구하고 여전히 더 수준 높은 교육을 받은 사람들이 더 많은 수입을 벌어들이고 더 빨리 승진하며 직업만족도뿐만 아니라 더 좋은 직장으로 옮길 수 있는 가능성도 높다는 사실은 시사하는 바가 크다. 대부분의 회사는 이미 교육수준과 재능 사이의 상관관계를 이해하고 있으며 지원자의 경험과 자질이 내부로 흘러 들어오게 되면 회사에 더 큰 기여를 할 수 있을 것으로 기대하고 있다. 그렇기 때문에 이력서에 나오는 정보에 따라 보상에 차등을 두는 것이다.

또 주목할 만한 점은 개인의 이력과 자격 요건에 기여하는 요소들(학위, 지위, 경력 등)은 더 높은 업무성과에도 기여한다는 점이다. 그러므로 우리는 일생을 통틀어 한 사람이 가질 수 있는 재능의 자질들(RAW)이 비슷한 절차를 통해 다른 방면의 성공에도 영향을 미친다고 유추할 수 있다. 한 번 성공을 맛본 사람이 지속적으로 좋은 성과를 거두는 이유가 바로 여기에 있다. 어떤 사람들은 계속 성공하는데 어떤 사람들은 더 나아가지 못하고 제자리에 머물러 있는 모습은 우리의 인생에서 늘 목격되는 바다.

다면평가(The 360)

또 하나의 인기있는 올드스쿨 방식은 다면평가 설문이다. 360도 피드백 설문으로 불리기도 하는 이 방법은 어떤 한 사람의 성과에 대해 동료, 부하직원, 상사 모두에게 평가를 요청하고 당사자도 같은 기준으로 스스로에 대한 평가를 내리는 방식으로 구성되어 있다. 다면평가는 일반적으로 관리자급 사원과 중역급 임원에게 피드백을 제공하기 위해 사용되며 다른 이들이 자신에 대해 어떻게 생각하는지 이해할 수 있게 되어 현재 자신의 위치를 자각할 수 있게 해준다. 또한 다면평가는 개인성과나 직장 내에서의 평판을 포괄적으로 측정할 수 있게 해주며 특히 복잡하거나 많은 인원의 직원들이 연관되어 있는 업무에 대한 성과를 파악할 때 더 효율적으로 이용될 수 있다. 리더급 임원의 성과를 평가할 때 다면평가보다 더 나은 측정치를 제공할 수 있는 도구는 없으며, 특히 직속 부하직원의 직접적인 평가(상향 피드백)가 가장 정확하다. 많은 기업들과 조직들이 승진과 연봉, 인재육성에 대한 의사결정을 내릴 때 다면평가 결과에 주의를 기울인다.

다면평가 결과는 엄연히 한 가지 척도만 이용해서 성과를 평가하는 것보다 더 신뢰할 수 있는 자료다. 서로 다른 평가들이 난무해서 한 가지 견해로 모을 수 없을 때조차, 다면평가에 의해 추정된 평균 평가지수는 한 사람이 내린 평가보다 미래 성과를 더 잘 예측할 수 있게 해준다. 또 주목할 만한 점은 서로 같은 평가들이 너무 많이 겹치면 여러 다른 평가를 모아 객관성을 확보한다는 원래의 목적을 상쇄시킨다는 것이다. 하나로 모아진다면 뭐하러 다면평가를 하겠는가? 서로 다른 관점에서 다양한 평가를 내놓을수록 다면평가의 예측유효성은 더 증가한다. 특히 다양한 평가들의 평균 프로필은 대상 직원에 대한 더 완벽한 청사진을 제공하는 것은 물론 그 사람의 행동반경을 더 폭넓게 파악하게 해주고 평판에 관한 세부적 측면에 대해서도 알 수 있게 해준다. 동료, 상사, 부하직원들은 평가대상 직원을 서로 다른 방식으로 바라본다. 정확도의 차이가 아니라 똑같은 직원의 성과를 평가할 때도 서로 다른 요소를 목격하고 있기 때문이다. 가장 친한 친구와 동료, 친척으로부터 자신이 어떤 사람인지 듣고 있는 것과 같다고 할 수 있다. 모두 조금씩 다른 견해를 들려줄 것이며 여러 다른 환경에서 보여진 서로 다른 모습에 대해 알려줄 것이다. 이런 점 때문에 리더급 임원을 포함한 고위직 직원의 성과를 평가할 때 다면평가가 많이 이용되고 있다. 또한 다면평가에 포함된 자가평가 결과를 다른 이들의 평가와 비교할 수 있으므로 자신을 둘러싼 현실에 대해 더 잘 이해할 수 있게 된다. 자가평가 결과가 남들이 내린 평가와 비슷하면 자신을 둘러싼 상황에 대해 비교적 객관적으로 인지하고 있다는 것을 보여주며 더 높은 고위직에 오르면 더 큰 성과를 거둘 수 있는 잠재력이 있음을 의미한다.

상황별 판단력 테스트(The situational judgement test)

지난 수십 년간 인기 있었던 또 다른 프로그램은 상황별 판단력 테스트(Situational Judgement Test, 이하: SJT)다. 지능 테스트와 성격평가를 적절히 혼합한 시험이라고 볼 수 있는 SJT는 한 사람의 특성을 지식/기술, 사회성/사회적 경쟁력(협동력과 리더십 잠재력), 그 외 개인적 성향(예를 들어 추진력, 오픈마인드, 적응력) 등 세 가지 주요 속성으로 나누어 평가한다.

SJT는 응시자들에게 업무와 관련된 시나리오를 제시한다. 그리고 응시자들에게 그 시나리오 속에서 어떤 행동을 취할 것인지 묻는다. 그들의 대답은 직무 관련 전문성이나 업무성과에 미치는 자질을 평가하는 데 이용된다. SJT 시나리오의 예시는 아래와 같다.

당신은 호텔에서 근무하는 컨시어지다. 한 투숙객이 당신에게 특정 레스토랑의 예약을 부탁한다고 상상해보자. 당신은 그 레스토랑에 대해 꽤 잘 알고 있다. 지난 번 그곳을 방문한 다른 투숙객들로부터 그 레스토랑에 대한 부정적인 피드백을 받았기 때문이다. 하지만 이번 투숙객들은 기대가 큰 것처럼 보이며 당신에게 의견을 물어보지는 않았다. 당신은 어떤 행동을 취해야 할 것인가?

A. 투숙객에게 "훌륭한 결정을 내렸다"고 칭찬하면서 예약을 그대로 진행한다.

B. 아무런 의견도 제시하지 않고 예약을 진행한다.

C. 다른 대안을 몇 가지 제시하면서 그 레스토랑보다 나은 곳도 있다는 사실을 알려준다.

D. 솔직한 의견을 나누며 벌써 여러 손님들이 그 레스토랑에 실망한 적이 있다고 알려준다.

E. 그 레스토랑이 만석인 척하며 다른 대안을 알려준다.

위 시나리오가 호텔에서 고객을 응대해야 하는 서비스직 지원자의 업무 적합성을 평가하기 위해 이용되었다면, 답변을 통해 호텔 직원으로서 가져야 할 예절과 지식뿐만 아니라 사회성, 정직함, 배려심 등 일반적이지만 서비스업무에 꼭 필요한 측면들을 평가할 수 있을 것이다. 객관적으로 올바른 대답이 존재하지 않지만 C나 D를 선택한 지원자가 A나 B를 선택하여 투숙객을 곤란하게 만든 지원자보다 더 경쟁력을 갖춘 것으로 판단할 수 있을 것이다. 한편 E를 선택한 지원자는 부정직하거나 다소 극단적인 성향을 가졌다고 추측해볼 수 있다.

이번 장에서 소개된 재능 측정과 관련된 질문은 두 가지였다. 첫 번째는 '어떤 자질을 평가해야 하는가?', 두 번째는 '어떻게 측정해야 하는가?'. 첫 번째 질문에 대한 답변은 RAW 요소로 충족될 수 있다. 어떤 회사든지 같이 일하면 더 보람되고, 업무에 유능하며, 열심히 일하고자 하는 의지가 있는 사람을 원한다. 다시 말해 호감, 능력, 추진력은 인재라면 꼭 갖춰야 할 덕목들이며 그보다 더 중요한 요소들은 찾기 힘들다. 어떻게 측정해야 하는지 묻는 질문에 대해서는 네 가지 탄탄한 재능 확인 방법들을 제시했다. 직원 채용과 관련된 과학이 내린 처방은 면접, 평가기관, 지능 테스트, 성격평가, 이렇게 4가지였으며 추가로 생애데이터, 이력서, 다면평가, SJT 등도 있었다. 올바른 이론과 적절한 방법론이 더해지면 역할에 맞는 사람을 채용할 가능성이 증가할 것이다. 적절한 인재를 데려오는 것이 첫 번째이고, 그 다음은 그 사람이 일에 몰입할 수 있게 돕는 것이 중요하다.

그러므로 즉흥적으로 직원을 채용하는 방식은 이제 설 자리가 없다. 채용담당자가 어느 정도의 경험을 쌓았다거나 채용 대상 직원에 대해 어느 정도 확신을 가지고 있다는 것은 아무 의미가 없다. 리더들과 인재 관리 실무자들은 과학적으로 설계된 도구 및 방법론을 이용해서 더 의미 있는 자질에 집중해야 하며 그 결과로 더 나은 직원을 채용할 수 있을 것이다. 아무리 훌륭한 재능 관리 개입도 지원자에 대해 정확한 평가를 내지 못한다면 효과를 볼 수 없다. 이번 장에서 제시된 방법론들이 그 역할을 잘 수행해줄 것이다.

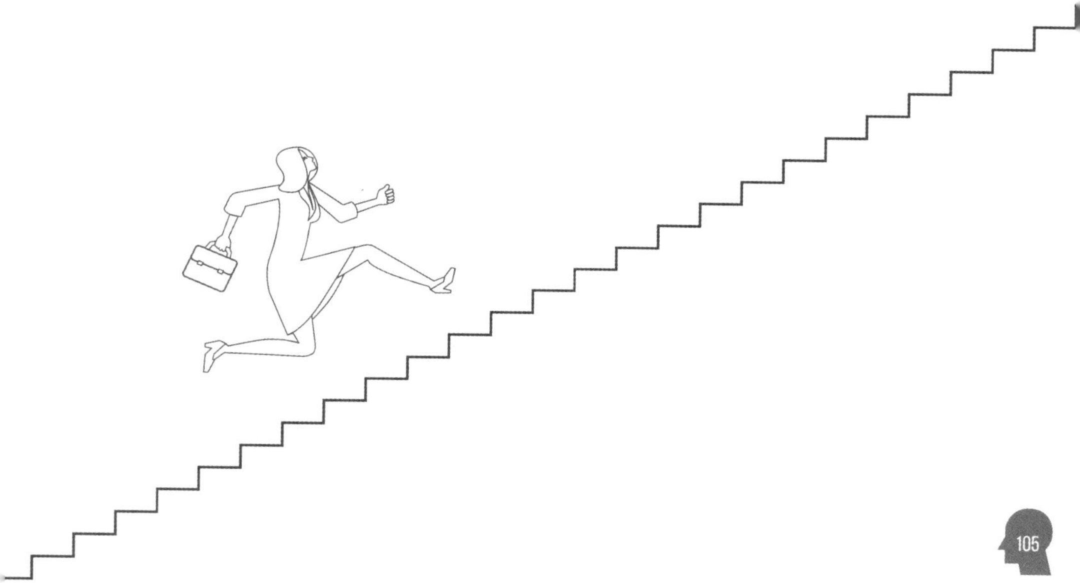

CHAPTER
4

몰입하는 재능에 대해서

이번 장은 직장 안에서 동기부여의 중요성, 그리고 직원들이 열정적으로 자신의 능력을 펼칠 수 있도록 회사가 나서서 할 수 있는 일들에 대해 논의한다. 지난 10년간 이런 주제들은 '어떤 일에 대한 에너지와 열정의 수준'을 뜻하는 '업무몰입도'라는 개념을 통해 폭넓게 소개됐다. 업무몰입도를 진단하기 위해 조직 전반에 걸쳐 데이터를 수집하는 일이 상시적으로 진행될 정도로 업무몰입도의 중요성은 점점 더 강조되고 있는 추세다(업무몰입도에 따른 성과 차이를 확실하게 보여주는 학계의 연구 결과도 많다). 하지만 아직까지 개선해야 할 사항들이 많다. 이번 장은 추진력과 목표 등 한 개인의 가치와 조직문화를 일치시켜 업무몰입도를 높일 수 있는 최선의 방법론을 제안한다. 이를 위해서는 리더들이 중요하게 생각하는 가치에도 주의를 기울여야 한다. 리더의 역할이 조직문화를 만들어가는 데 중요한 역할을 하기 때문이다.

☆　☆　☆

모두 동등한 재능을 가진 직원들로만 채워진 두 회사가 있다고 상상해보자. 두 회사 모두 같은 업종이며 크기도 비슷하며 경쟁하는 시장도 같다. 두 회사의 성과가 비슷하다고 기대할 수 있을까? 아마 그럴 것이다. 동기부여 유무라는 결정적 차이가 발견되지 않는다면 말이다. 만약 두 회사들 가운데 한 회사가 직원과 주요업무 사이의 연관성을 더 가치 있게 만들어주고 있다면 나머지 회사보다 더 높은 성과를 거둘 것이 분명하다. 그만큼 직원들이 더 열심히 일할 수 있게 동기를 부여하는 것은 회사에게 결정적이다.

업무몰입에 대한 확고한 과학적 증거도 엄연히 존재한다. 1990년대 초, 경영관리심리학management psychology에서 처음 등장한 이 개념에 대한 학계의 연구들은 직관적이었다. 사람들은 공평하게 대우받고, 도전할 거리가 있으며, 그 도전을 뛰어넘을 수 있는 자유가 주어질 때 자신의 일을 사랑하게 된다는 것이다. 이는 적재적소에 인재를 배치한다는 것은 개인이 보유한 기술뿐만 아니라 개인적 흥미와 가치도 업무와 연관지어 생각해야 한다는 것을 의미한다. 이렇게 업무에 더 잘 몰입하면 성과가 올라가며, 성과가 올라가면 몰입 수준도 올라간다. 사람들은 더 나은 성과를 거둘 수 있는 기회가 주어질 때, 자신의 일에 자부심을 느낄 때, 자기 일을 더 좋아하게 된다.

그러므로 인재관리에 있어서 두 가지 중요한 사안은 어떤 사람을 그 사람의 적성과 맞는 역할에 배치하는 것, 그리고 그가 낸 평균성과가 최대성과와 최대한 가까워질 수 있는 환경을 제공하는 것이다. 다시 말해 요령있는 인재관리 실무자라면 적재적소에 직원을 배치하고 정기적으로 최대성과를 달성하도록 쥐어짤 방법을 찾아내야 한다.

다시 한번 강조하지만, 인재를 발굴하고 적성에 맞는 역할에 앉히는 것만으로는 충분하지 못하다. 그 사람이 가진 흥미나 목표가 일을 통해 만족되어야만 한다. 일을 잘하기 위한 필수기술을 갖추고 있어도 동기가 부여되지 않은 사람은 성과를 내기 어렵다. 인재쟁탈전에서 승리하기 위해서는 직책에 맞는 경쟁력 있는 사람들을 찾는 것뿐만 아니라 그 직책을 사람들에게 매력적으로 보이도록 만들어야 한다.

직관적으로 맞다는 생각이 든다고 해도, 구체적으로 동기부여 차이가 실제로 성과에 영향을 미치는지, 그렇다면 어느 정도의 동기부여가 필요한지도 궁금할 것이다. 대부분의 글로벌 기업은 해마다, 또는 2년마다 업무몰입도 설문조사를 진행하여 직원들의 동기부여 수준을 모니터링한다. 뉴욕 소재 '시로타 지능설문Sirota Intelligence Survey'은 셸Shell, 유니레버Unilever, 아마존Amazon 등 지난 20여년 동안 수백 개 회사에서 근무하고 있는 수백만 직원들을 대상으로 업무몰입도 설문조사를 실시했다. 시로타가 보유한 데이터는 성과 및 생산성과 관련된 동기부여의 영향력에 대한 중요한 통찰을 제공하고 있으며 같은 분야, 비슷한 크기, 비슷한 직원구성을 갖춘 회사들 사이의 성과를 비교하는 데도 이용될 수 있다. 달리 말해 실제로 수집된 데이터를 이용하여 동기부여 상태 변화에 따른 영향력을 평가할 수 있는 것은 물론, 직원 생산성 관련 주요 예측 지표를 모두 통제할 수 있는 실제 업무 시뮬레이션에도 이용될 수 있다.

연구 결과 도출된 이런 패턴은 학계 연구에도 폭넓게 반영되고 있다. 메타분석 연구에 따르면 직원들의 개인적 흥미와 가치가 맡은 역할 및 기업이 추구하는 가치와 일치하면 더 나은 성과를 달성하며 이직하지 않고 오래 근무하는 것은 물론 비생산적 업무행태(CWB)를 지양하는 것으로 나타났다.

사실 업무몰입은 완전히 새로운 개념은 아니다. 업무몰입의 전조라 할 수 있는 '업무만족도'는 심리학계에서 수십 년간 연구되어 온 주제다. 여러 차례 대규모 연구와 메타분석을 통해 업무만족도가 올라갈수록 개인과 조직 모두 더 큰 성과를 거둘 수 있다는 사실이 입증된 것은 물론 건강과 정서적 행복도 얻을 수 있는 것으로 나타났다. 다만 지난 연구결과는 업무만족도가 단순히 (직업을 대하는) 태도나 정신적 개념이라는 생각에 기반하고 있다. 하지만 업무몰입도는 이를 뛰어 넘어 일에 대해 어떤 감정을 느끼는지, 그 일이 당신에게 무엇을 하도록 만드는지 등 정서적이면서도 행동적인 요소 모두를 고려한다. 즉, 업무몰입도란 업무만족도에 감정과 행동을 더한 개념이라 할 수 있다.

이렇듯 업무몰입도는 개인과 조직에 모두 이로운 것이라 기대할 수 있으며 업무몰입도에 대한 방대한 연구가 진행된 결과, (a)업무몰입도와 낮은 성과 사이의 부정적 상관 관계, (b)업무몰입도와 훌륭한 성과 사이의 긍정적 상관관계가 일관되게 나타났다.

구체적으로 업무몰입도는 이직하고 싶은 의지와 실제 이직, CWB(다른 직원 괴롭히기, 반사회적 행동, 다른 직원에 대한 모욕적 언사, 업무시간 중 자체 휴식), 번아웃증후군Burnout syndrome 등과 부정적 상관관계를 가지는 것으로 나타났다. 특히 번아웃증후군과 업무몰입도 사이의 부정적 상관관계는 매우 강해서 업무몰입을 번아웃증후군의 반대말이라고 해도 될 정도다. 한 쪽 끝에는 업무몰입이, 다른 한 쪽 끝에는 번아웃증후군이 있다고 상상해보자. 번아웃증후군은 직원 개인에게 해를 끼칠 뿐만 아니라 회사 및 경제 전체에 부정적 영향을 미친다. 실제로 번아웃증후군의 부정적 영향은 전 세계에 전염병처럼 퍼지고 있고, 일례로 EU회원 국가들에 살고 있는 회사원들 가운데 20%가 업무와 관련된 스트레스에 시달리고 있으며 이는 지역 경제에 수십 억 유로 규모의 생산성 저하 및 건강악화 관련 비용을 발생시킨다.

업무몰입의 긍정적 결과는 동기부여와 행복뿐만 아니라 성과와 생산성에도 이어진다. 어떤 일에 몰입한 사람은 일반적으로 더 건강하고 일과 사생활 사이의 균형을 더 잘 유지하고 있다(일은 오히려 더 열심히 하는데 말이다!). 그리고 일할 때는 더 집요하고 추진력도 더 대단하다.

또한 몰입한 사람은 높은 성과와 생산성을 자랑하며 더 긍정적인 조직시민행동을 보이는 것으로 나타났다. 몰입도가 높은 직원은 고용주만 좋아하는 게 아니다. 높은 성과를 달성하여 다른 직원들에게도 좋은 영향을 미치면서 번아웃증후군과는 다른 긍정적인 감염을 확산시킨다. 만약 리더들이 업무에 몰입하는 솔선수범을 보이면 긍정적 감염성은 더욱 커진다. 간부들에게로, 일반직원들에게로, 업무몰입이 트리클 다운^{trickle down}될 것이기 때문이다.

사업 성과, 이익, 고객충성도 등 조직 관련 변수에 업무몰입도가 어떤 영향을 주는지에 대한 수많은 연구들이 이뤄졌다. 널리 인용된 메타분석 결과에 따르면 업무몰입도 증가와 전체 생산성 및 수익성 향상에는 밀접한 관계가 있으며 고객만족도 평가 개선과도 상관관계를 가지는 것으로 나타났다. 위 증거들은 직원들의 업무몰입이 조직 효과성을 증대시키는 '상향식 효과'가 있다는 점을 강조하고 있다. 반면, 또 다른 연구는 업무몰입의 하향식 효과, 즉 감독관과 관리자, 임원의 업무몰입도 증가가 직원 동기부여와 충성심, 생산성, 성과에 어떻게 긍정적 영향을 미칠 수 있는지 계량화했다. 직속 상사는 부하직원의 업무몰입도에 지대한 영향을 미치며 이는 당연히 직속 상사가 가지는 인접성 때문이다. 하지만 직속 상사와 달리 리더들은 전략을 수립하거나 기업문화를 형성하여 '간접적으로' 모든 직원의 업무몰입도에 영향을 미친다. 실제로 메타분석 결과에 따르면 리더십은 팀 전체의 업무몰입도 가변성에 가장 큰 영향을 미치는 것으로 나타났다.

높은 업무몰입도에 따른 혜택은 전체주의적 문화가 아닌 개인주의적 문화에서 더 크게 나타난다. 타인지향적이며 개인의 만족보다 단체의 이익에 더 높은 우선순위를 두는 집단주의 문화권에서는 업무몰입도 증가가 생산성 향상을 가져오더라도 개인주의 문화권에서 받는 만큼의 보상을 받을 수는 없기 때문에 점점 더 확산되기가 어려운 경향이 있다.

모든 사람들이 원하는 건 같다.
그들이 원하지 않을 때를 제외하면……

직원들이 일을 통해 얻고 싶은 것은 무엇일까? 사람들이 필요로 하는 것과 원하는 것에는 차이가 있다. 예를 들어 요즘은 결혼한 커플들의 절반이 이혼한다. 누가 강요해서 그런 게 아니다. 대부분 '명백히' 자신이 원해서 그렇게 된 것이다. 그런데 회사와 직원 사이는 어떨까? '명백히' 원해서 직장을 떠나는 사람이 많을까, 아니면 필요로 하는 것이 충족되지 않아서 떠나는 사람이 많을까? 우리는 다음과 같은 질문들을 던져봐야 한다. 직장과 직업을 통해 무언가를 성취하고자 노력하는 심리적 동기나 필요성은 무엇을 의미하는가? 그 필요성을 충족하고자 하는 이유와 결과는 무엇이며 실패하는 원인은 무엇인가? 사람들이 필요로 하는 것은 서로 다른 것일까? 그렇다면 그런 차이가 불러올 잠재적 결론은 무엇인가?

위 질문들에 대한 답은 성격에 대한 사회분석 이론에 명시되어 있다. 사회분석 이론은 한 사람의 심리적 원동력인 개인적 가치의 중요성을 설명해준다. 개인적 가치는 업무몰입도와 조직효율성의 결정 요소다. 이론의 기본 전제는 단순하다. 사람들이 원하는 것이 무엇인지 이해할 수 있다면 그들의 업무몰입도를 예측하고 설명할 수 있게 되며 더 나아가 팀과 사업체 전반의 성과도 예측할 수 있다. 즉, 일에 대한 직원들의 열정 수준을 예측하고 싶다면 우선 현재의 일이 직원들이 중요하게 생각하는 가치와 일하고자 하는 욕구를 채워줄 수 있는지 알아내야 한다. 일반적인 수준에서 연구할 수도 있고 개인 수준에서 연구할 수도 있다. 먼저 일반적인 수준에서부터 시작해보자.

보편적 가치와 욕구, 동기

사회분석 이론은 인간 행동에 대한 진화론적, 그리고 인류학적 분석에 기반한다. 그리고 태초부터 지금까지 이어져온 인간의 삶을 특징짓는 세 가지 요소가 존재하며 인간이 존재하는 한 변하지 않을 것이라고 한다. 첫 번째, 인간은 항상 무리를 지어 살아왔다. 두 번째, 모든 집단이나 사회적 무리에는 항상 계급이 존재해왔으며 계급은 결코 없어지지 않을 것이다. 공식적이건 그렇지 않건 계급은 권력, 의사결정, 영향력에 있어 불평등한 배분을 초래한다. 교회나 군대처럼 말이다. 계급이 없는 집단은 존재하지 않는다. 선사시대에도 비슷한 구조가 존재했고 지도자가 없는 집단은 없었다('holocracy-초생명사회'라는 단어가 있다. 권력을 모두가 조금씩 나눠 가지며 지도자 없이도 효율적으로 기능하는 집단을 뜻한다. '모두가 책임자'라는 듣기 좋은 소리로 사람들을 현혹하는 일시적 홍보거리다. 결국 아무도 책임을 지려하지 않을 것이기에 현실성이 없다). 그렇기 때문에 정치계와 재계, 스포츠업계 등 분야를 막론하고 지도자들이 무너지면 무정부라는 진공상태가 된다. 그러면 집단구성원들 가운데 일부가 권력을 차지하기 위한 즉각적 투쟁에 돌입한다. 세 번째, 어떠한 형태의 문명도 의미 있는 체제, 즉 세상을 이해할 수 있는 상징적 우주에 대한 개념을 제공하지 않고는 존재할 수 없다. 종교가 등장하기 전 도덕과 미신, 무속신앙 등이 태초의 체제를 제공했다. 뒤이어 종교와 철학이 등장했고 과학이 그 뒤를 이었다. 이러한 체제들은 사람들이 세상을 바라보고 이해할 수 있는 렌즈의 역할을 했고 서로 독점적이지 않으며 같은 집단과 조직, 문화 안에서 공존해왔다. 하지만 체제 사이에서 점점 긴장이 고조되거나 경쟁이 붙기 시작했고, 그렇게 이념과 종교, 과학적 패러다임 등 체제 간의 싸움은 도처에서 끊이지 않고 있다. 어떤 사람은 사이언톨로지를 비웃으며 기독교야말로 진중한 종교라 생각하며 또 어떤 사람은 그 반대라 생각하는 것이다.

이 세 가지 보편적 삶의 원칙들은 인간의 기본 욕구를 형성했다는 점에서 의미가 있다. 다른 사람과 어울리고 싶어하는 욕구, 그러면서도 다른 이들을 앞지르고 싶은 욕구, 인생의 의미를 찾고 삶에 적용하고 싶은 욕구들 말이다. 일을 포함한 삶의 모든 부분에 있어서 우리는 이런 주요 욕구들을 충족시키려 노력할 것이며, 사회적 동물로서 경쟁과 협력 사이의 갈등을 잘 관리해야 할 의무도 가지고 있다. 또한 우리는 복잡한 체제들을 모두 이해하면서 진실에 다가가고자 하는 자연스런 욕구를 가지고 있는 동시에 경쟁관계에 있는 체제에 반박하고, 더 나아가 이를 없애버리고자 하는 폭력적 욕망도 함께 가지고 있다.

프로이트는 인간의 기본 욕구들 중 '다른 이들을 뛰어넘고자 하는 욕구'와 '어울리고 싶어하는 욕구'에 대해 광범위하게 논의했다. 그는 인간을 '겨울의 고슴도치'라고 했다. 날씨가 추워지면 온기를 느끼려고 서로 가까이 붙는다. 하지만 너무 가까이 붙으면 서로 찌르며 고통을 느낀다. 결국 다시 떨어지지만 또 추위를 느끼게 된다. 프로이트가 말하고 싶었던 바는 비록 우리가 사회적 동물로 태어났지만 동시에 꽤 반사회적 행동을 하기도 한다는 것이다. 인간은 궁극적으로 계급 가운데 가장 높은 곳으로 올라가 지도자가 되기 위한 경쟁을 원하므로 협력과 경쟁 사이에서 생기는 갈등에 익숙해져야 한다. 우리는 서로 앞지르고 싶지만 그러기 위해서는 일단 서로 잘 어울려야 한다. 여기에 딜레마가 있다. 어울려 놀기만 하면 결국 앞지르지 못하는 쪽에 설 것이고, 앞지르는 것만 생각하면 다른 이들과 어울리는 데 실패할 것이기 때문이다.

따라서 '일을 하면서 얻고자 하는 것은 무엇인가?'라는 질문의 답은 다음과 같다. 첫 번째, 사람들은 어딘가에 소속되고자 하는 욕망이 있다. 또 다른 이들과 가능한 큰 유대, 동지애, 동료애 등을 느끼고자 하는 욕망이 있다. 두 번째, 사람들은 성취하고 싶어한다. 아니면 다른 사람과 경쟁하여 앞지르고자 갈망한다. 세 번째, 사람들은 자신에게 목적과 의미를 부여해줄 수 있는 일을 하고 싶어한다. 결론적으로 다른 이들과 어울리기도 하고 그들을 앞지르기도 하며 삶의 의미까지 찾을 수 있다면, 그 업무에 몰입할 것이다. 반면, 이와 같은 요건을 충족시켜 줄 수 없는 업무라면 당신에게는 열심히 일하고자 하는 동기도 생기지 않을 것이며 최악의 경우 다른 직원들과 어울리지 못하고 소외되는 상황으로 내몰릴 것이다.

사실 회사의 직원들 대부분이 업무에 몰입하지 못하고 있는 것이 현실이다. 회사는 흥미 유발에 실패했고 그 이유는 아마도 소속감, 성취감, 의미부여 등의 욕구를 충족시켜주는 능력이 부족해서 일 것이다. 수동적 구직자가 증가하며 자영업자 및 기업가를 꿈꾸는 직장인들이 늘어나고 있는 현상과도 관련이 있다. 아이러니한 점은 자영업자나 기업가와 같은 '임시직'이 전통적 형태의 고용보다 삶의 욕구를 더 잘 충족시켜줄 수도 있다는 점이다. 그러므로 회사가 발전하려면 기존의 포괄적인 관점에서 벗어나 한 개인의 인간적 욕구를 충족시키는 데 집중해야 한다. 직원들의 업무몰입도를 높이고 싶다면 먼저 직원 개개인의 소속감과 성취도, 의미부여 등의 욕구를 이해해야 한다. '원사이즈' 옷을 가져와서 모두에게 잘 어울리기를 기대할 수는 없다. 회사는 직원들의 개인적 가치, 욕구, 동기를 해석하는 방법을 배워야 한다.

개인적 가치와 욕구, 동기

앞서 말한 3가지 기본적인 욕구, 즉 '어울리기', '앞지르기', '의미 찾기'는 모든 사람들에게 공통된 것이지만 그것을 달성하는 방식은 사람마다 다르다. 그리고 욕구를 충족시키는 방법이 이렇게 다양하기 때문에 개개인의 욕구를 정확하게 해석하는 것이 중요한 것이다.

<표 1>는 사회분석 이론에서 말하는 가치, 욕구, 동기에 대한 요

약이다. 왼쪽 세로줄에 나오는 10가지 가치들(인정, 권력, 금전 등)은 '목적'이라는 말과도 잘 어울리는 것들로 적절한 직장, 일, 조직문화와 만나면 더 높은 업무몰입도와 성과를 낼 수 있게 해줄 것이다. 아래의 표를 통해서 가치와 대응되는 흥미와 욕구는 무엇이고 또 그것들은 궁극적으로 어떤 주요 동기와 연결되는지 살펴보자.

<표 1> 가치, 흥미, 동기의 사회분석 모형

가치	흥미 & 욕구	주요 동기
인정 Recognition	알려짐, 인정받음, 유명해 짐, 돋보임	앞지르기
권력 Power	타인에 영향력, 경쟁, 승리	
금전 Commerce	돈, 이익, 사업, 금융, 투자	
쾌락 Hedonism	재미, 다양성, 기쁨, 신남, 전율	어울리기
소속감 Affiliation	사회적 상호작용, 사람들 만나기, 인맥쌓기	
이타주의 Altruism	남들을 도와줌, 세상을 개선함, 사회적 정의를 이룸	
전통 Tradition	도덕, 높은 기준, 원칙, 규칙	
안전 Security	질서와 예측가능성, 체계, 안전, 확실성	의미 찾기
미학 Aesthetics	직관, 스타일, 경험, 창의성	
과학 Science	사실, 논리, 기술, 데이터, 지식	

위 표에서도 볼 수 있듯 남을 앞지르고자 하는 동기를 결정하는 가치는 인정, 권력, 금전이다. 이런 가치들은 일반적으로 '지위 동인 status drivers'으로 알려져 있다. 다른 사람과 경쟁하고 싶고 더 높은 계급으로 올라가 권력을 잡고 싶어하며, 더 나아가 금전적 보상을 추구하고 남들에게 존경받을 수 있는 무언가를 성취하고 싶어하며 남들로부터 인정받고 싶은 의지를 뜻한다.

그 다음 네 가지 가치, 즉 쾌락주의, 소속감, 이타주의, 전통은 다른 사람들과 어울리고자 하는 동기를 촉발시킨다. 사회성과 관련 있는 이러한 가치들은 사람들이 왜 더 재미있고 즐거운 일들을 찾기 위해 노력하며, 왜 다른 사람들과 관계를 맺고 싶어하고 새로운 이들을 만나는 등 친사회적 도전을 통해 타인의 삶을 개선하려 노력하는지, 또 사회적 규범과 전통을 왜 존중하는지 설명해 준다.

안전, 미학, 과학 등 마지막 세 가지 가치들은 세상을 이해하고 삶의 의미를 찾고자 하는 사람들의 특성을 설명해 준다. 특히 이 가치들은 불확실성과 애매모호함을 최소화하고 싶어하는 욕구가 큰 사람, 더 직관적/전체론적, 또는 사실근거/분석적인 수단에 의해 세상을 이해하고 싶은 사람들이 중요하게 생각한다.

이 10가지 가치들로 사람들을 분류해 보면 각각의 가치에 낮은, 평균인, 높은 점수를 받은 사람들이 골고루 분포된다. 여기에서 높은 점수란 그 가치를 충족시키기 위해 강한 욕구과 충동을 경험할 것이란 뜻이며, 충족시키지 못하면 실망하거나 공허함을 느낄 것이라는 의미다. 반면, 낮은 점수란 그 가치를 그다지 중요하게 생각하지 않는다는 뜻이며 그 반대의 가치를 성취하려는 동기가 있다는 뜻이다. 한 사람은 평균적으로 두 가지나 세 가지 가치에서 높은 점수를 받는다. 물론 모든 영역에서 높은 점수를 받는 사람도 간혹 있는데 꽤 만족시키기 어려운 사람들이다. 이런 사람들은 스스로 만족시켜야 할 욕구와 흥미거리들이 많기 때문에 여러 가지를 성취하기 위해 정신 없이 매달리거나 변덕스러운 성격을 가지고 있을 가능성이 높다.

개인적인 차원에서 살펴본 10가지 가치들은 리더십에도 영향을 미친다. 임원들은 자기가 원하는 방식으로 업무 프로세스를 결정하고 스스로 창조한 문화를 조직에 이식시킨다. 따라서 최고 운영진이 어떤 가치를 중요하게 생각하는지 파악한다면 조직문화가 지금과 같은 형태를 갖추게 된 이유를 이해할 수 있을 것이다. 리더의 신념과 욕구가 리더십 스타일과 경영방식을 형성하고 구성원들을 선별한다. 조직의 분위기를 만들고 의사결정을 내리며 보상하고 처벌하는 행동양식 또한 모두 리더의 신념에서 비롯된다. 리더십은 궁극적으로 타인에게 영향을 미치는 일이다. 즉, 리더가 중요하다고 생각하는 가치가 모든 팀에 스며들게 되어, 리더의 가치를 공유하는 사람들은 일에 더 몰입할 수 있고 공유하지 않는 사람들보다 일을 통해 더 큰 의미와 목적을 찾을 수 있을 것이다.

이제 개인적 가치가 리더십에 미치는 영향에 대해 좀 더 자세히 알아보자.

'앞지르기'의 가치

'인정' 가치를 중요하게 생각하는 리더들은 성취하는 문화를 만들어갈 것이다. 그리고 열심히 일하며 경쟁력을 갖춘 사람들에게 보상을 내릴 것이다. 하지만 이런 리더들은 실수를 인정하지 못하는 경향이 있으며 "내가 아니라 다른 사람이 잘해서"라며 공을 돌리는 행위를 이해하지 못할 것이다. 또한 직속 부하직원과 경쟁하는 경우도 많아서 자신에게 위협이 되지 않는 사람들만 보상하는 일도 생긴다. 그런 리더들은 대개 소통에 강하며 압박과 비난을 잘 견디는 편이지만 부하직원들을 신경쓰기에는 자기 자신밖에 볼 줄 모르는 사람일 수도 있다. 그러나 효과적 리더십의 비결은 높은 성과를 내는 팀을 만드는 것이다. 그러기 위해서는 부하직원들이 서로 앞지르기 위해 경쟁하는 동시에 서로 잘 어울릴 수 있도록 갈등을 잘 관리해야 한다는 걸 기억해야 한다. 리더로서 이런 부분을 잘 관리할 수 있다면 모든 팀들이 조화를 이뤄 높은 성과를 달성할 것이며 조직 구성원 대부분이 그를 이제까지 만난 사람들 가운데 최고의 관리자였다고 칭찬할 것이다(축구감독 호세 무리뉴가 이러한 리더상을 잘 보여준다). 일개 직원에서 리더로 역할이 바뀌면 스스로의 힘이 아닌 팀을 통해 성취하는 방법을 익혀야 하며 부하와 경쟁하지 않고 협력하는 방법 또한 배워야 한다. (라이벌 팀이나 라이벌 조직을) '앞지르기' 위해서는 (팀원들과 서로) '어울리기'의 가치가 필요한 것이다.

'권력' 가치를 중요하게 생각하는 리더들도 '인정' 가치형 리더들과 무척 비슷하다. 존경받는 것보다 경쟁에서 이기고 다른 이들을 통제하는 것에 더 초점을 맞춘다는 것만 제외하면 말이다. 즉, 남을 관리하고 싶어하며 집단의 대장이 되고 싶어하는 사람이라면 권력 가치를 충족시키고 싶은 욕구가 있다고 보면 될 것이다. 그런 욕구를 가진 사람이라면 남에게 통제권을 넘기기가 쉽지 않을 것이다. 권력에 대한 욕구가 강한 리더들은 대개 강한 성격의 소유자이며 뛰어난 경쟁력을 갖추고 있음은 물론, 놀라운 선견지명 능력도 갖고 있는 경우가 많다. 문제는 자신과 비슷한, 즉 권력욕이 큰 타인과 자주 충돌한다는 점이다. 블라디미르 푸틴Vladimir Putin을 떠올리면 더 쉽게 이해할 수 있을 것이다. 많은 정치 분석가들은 거칠고 강력한 리더로부터 오랜 시간 지배를 받아온(처음에는 황제, 그 다음은 공산주의 독재자들이) 러시아 사람들이 본능적으로 강한 리더를 원하는 것으로 분석했다.

'금전' 가치를 중요하게 생각하는 리더들은 이익과 매출 중심의 조직문화를 만든다. 이런 리더들은 절약과 원가 통제를 미덕으로 삼으며 매출관리와 기업관리 컨설팅 분야에서 일하기에 이상적인 인재들이다. 이들은 기업가정신과 예민한 기회포착력으로 기업에 큰 이익이 되는 재무성과를 가져다 줄 능력이 있는 직원들을 중요하게 생각한다. 또한 이 유형의 리더들은 일반적으로 열심히 일하는 사람들이며 실용적일 뿐만 아니라 항상 시장 트렌드를 주시하며 금융 정보를 빠르게 이해한다. 더불어 직접 나서는 일이 많으며 과업지향형task-oriented이고 핵심에 집중하는 경향이 있다. 아마존 CEO 제프 베조스Jeff Bezos는 개성이 뚜렷한 리더이며 금전 가치를 중요시하는 리더의 가장 전형적인 예다. 베조스는 아마존을 런칭하기 전 금융계의 신동으로 이미 널리 알려져 있었다. 아마존을 창업한 뒤 그가 손댄 프로젝트마다 황금시장이 됐고, 결국 아마존은 연 매출 1조 달러를 기록하는 IT 업계의 진정한 거인으로 거듭났다. 어떤 사람들은 아마존을 '인터넷 버전 월마트'라 부른다. 금전 가치를 중요시하는 기업 문화의 중심에는 '돈에 대한 신중함'이 자리잡고 있다.

'어울리기'의 가치

'쾌락주의' 가치를 중요하게 생각하는 리더들 대부분은 직원들이 즐기며 일하기를 바라기 때문에 재미를 추구하는 문화를 만들고자 한다. 물론 열심히 일하면 절대 안 된다는 의미는 아니다. 쾌락주의 가치와 금전 가치는 관리자뿐만 아니라 조직문화 안에서도 공존하는 경우가 많기는 하지만 금전 가치가 '남을 앞지름' 가치와 관련이 있다면 쾌락주의는 반대로 '남과 어울림' 가치와 관련이 있다. 쾌락주의적 문화를 가진 회사라면 다 함께 재미를 추구하는 것, 자극을 탐색하는 것, 흥밋거리를 찾는 것을 권장할 뿐만 아니라 거기에 대한 보상까지 줄 것이다. 유능한 정치적 리더의 사례로는 꽝이지만, 비즈니스 리더십의 관점에서는 훌륭한 실비오 베를루스코니Silvio Berlusconi를 예로 들어보자.

그는 총 80억 달러에 달하는 개인 순자산을 축적했을 정도로 사업적인 재능에는 의심의 여지가 없고, 더 중요하게도 그가 쾌락주의형 리더라는 사실은 그의 비판자들도 부정하기 어려울 것이다. TV나 의회연설에서 보여준 유머러스한 모습부터 '붕가붕가' 섹스파티까지 베를루스코니만큼 심각함과는 거리가 먼 정치인은 없었다(트럼프가 등장하기 전까지는). 사실 모든 사람들이 재미있게 일하고 싶고 유쾌한 일만 하고 싶어하지만 그런 직장은 드물다. 쾌락주의 가치를 그다지 중요하게 생각하지 않는 사람이라면 재미없는 직장에서도 행복하게 일할 수 있을 것이다. 애초에 직장이라는 곳에서 무언가 즐길거리를 찾지 않을 것이기 때문이다.

한편 '소속감' 가치를 중요하게 생각하는 사람들은 직장이 사회적 삶을 풍요롭게 해줄 것이며 다양한 인맥을 형성할 기회를 제공해줄 거라 기대한다. 마찬가지로 소속감에 대한 욕구가 큰 리더들은 사교적인 업무환경을 조성해서 더 남들과 어울리기 좋아하며 인맥을 잘 관리하는 사람들에게 보상을 내릴 것이다. 그래서 소속감을 중요하게 생각하는 사람들은 영업과 고객서비스, 홍보, 연예계 관련 업무에 더 잘 맞는다. 반면 독립적인 업무환경을 필요로 하며 다른 사람과 함께 일하는 것이 일에 방해가 되는 직업에는 맞지 않는다. 오프라 윈프리는 TV 토크쇼 진행자에 딱 맞는 카리스마와 놀라운 대인관계 관리 기술을 갖춘 전형적 예다.

'이타주의' 가치를 중요하게 생각하는 리더들은 다른 사람들을 돕고 싶어하며 세상의 변화를 이끌어낼 잠재력을 지닌 프로젝트에 몰두한다. 그리고 도움을 필요로 하는 사람들의 삶을 개선하는 데 앞장서고 싶어한다. 그런 리더들은 진실되지 못한 행동을 일삼는 자들을 비난하고 윤리적이며 친사회적으로 행동하는 사람들이 보상받을 수 있는 문화를 조직에 스며들게 한다. 이타주의적 리더들은 스스로가 직원들에게 본보기가 되고 직원들은 그런 리더를 따라 일하며 '좋은 일^{doing good}'을 하고자 하는 욕구를 충족한다. 역으로 이타주의적 직원들은 업무환경과 고용인, 리더들이 이기적이며 윤리적이지 못한 행동을 할 때 인식적 불협화음을 경험하게 되고 더 도덕적이며 윤리적인 직장으로 이직함으로써 이 불협화음에 강하게 대응할 것이다. 카톨릭 교회의 수장인 교황 프란치스코^{Papa Francisco}는 이타주의적 가치의 화신이라 할 수 있다.

'남과 어울림' 집단의 마지막 가치는 전통이다. 전통적 가치를 잘 보여주는 리더들은 권위, 규칙, 절차를 존중하며 엄격하게 지키고자 한다. 그들은 현재를 소중하게 생각하며 옳고 그름에 대한 명확한 신념을 가지고 있다. 동시에 단정적 사고와 명백한 원칙에 따라 행동하며 상대성이나 모호함을 피하려는 경향이 있다. 그런 리더는 일반적으로 사회적 관계가 잘 정리된 예절에 순응해야 하는 업무환경을 조성한다. 그리고 누구나 따라야 할 엄격하며 격식을 차린 업무환경을 만들려고 한다. 진보적이며 관습에 얽매이지 않는 리더들과는 정반대다. 전통을 중요시 하는 리더들은 모든 면에 있어 예측 가능함, 정해진 규칙 내에서 행동함, 규칙적 루틴에 기반한 행동 등을 선호한다. 이런 리더들이 품격과 평판을 아주 중요하게 생각하며 이를 직원 성과의 높은 평가기준으로 삼는다는 점은 조직이 얻을 수 있는 가장 큰 이득이기도 하다. 전통 추구 리더의 본질을 잘 설명해주는 오랜 격언이 있다. "일할 가치가 있는 직업이라면 제대로 할 가치도 있다." 전통을 중요하게 생각하는 리더의 대표적 예는 유명 셰프 고든 램지^{Gordon Ramsay}다. 그는 군대식으로 주방을 운영하며 일관된 품질을 유지할 수 있도록 엄격한 규칙을 적용한다.

'의미 찾기'의 가치

'안전'을 중요하게 생각하는 리더들은 항상 주의 깊게 행동하며 팀 내에서 생길 수 있는 위험요소를 최대한 피하도록 장려한다. 이들은 세부사항들을 미리 검토하여 잠재적 문제점을 파악하고, 최악의 사태에 대비하는 습관이 있다. 레닌^{Lenin}에게 영향 받은 것이 분명한 유명한 독일 속담이 있다. "신뢰는 좋은 것이고 관리감독은 더 좋은 것이다." 안전을 중요하게 생각하는 리더들의 가치를 잘 요약해주는 말이다. 영어에도 비슷한 속담이 있다. "안전하게 하는 것이 후회하는 것보다 낫다." 이런 리더들은 안전과 불확실성 최소화를 지향하는 조직문화를 확산시킨다. 그리고 모험적인 위험을 감수하지 않으며 미래를 예측할 수 없는 변화를 좋아하지 않는다. 일부 직원들의 즉흥적이며 자발적 행동은 그들에게 불안으로 다가올 가능성이 크다. 싱가포르를 개국하고 오랫동안 통치해온 리콴유^{李光耀}는 이런 가치를 잘 구현했다. 그가 세운 정책들로 인해 싱가포르는 세상에서 가장 역동적이며 기업가 경제가 활발한 곳이 되었지만, 그 기반에는 주의 깊게 계산된 하향식 기획, 그리고 불확실성을 줄이기 위한 강박에 가까운 노력이 있었다.

    '미학'을 중요하게 생각하는 리더들은 아이디어와 혁신의 문화를 장려한다. 그리고 신제품을 만들어내는 데 재미를 느낄 수 있는 업무 환경을 만들며 때로는 본질적인 부분보다 스타일을 더 중요하게 생각하기도 할 것이다. 이들은 직관에 이끌리며 사실보다 느낌에 더 높은 우선순위를 두기도 한다. 또한 예측하기 힘들고 별나며 절차에는 흥미가 없고 실용성도 떨어지는 경향이 있다. 글로벌 엔터테인먼트 기업 버진^{Virgin}의 창립자 리처드 브랜슨^{Richard Branson}은 이런 가치를 잘 구현한 예다. 브랜슨은 아이디어가 넘치는 리더다. 이미 진행 중인 사업을 잘 운영하여 더 키우는 것보다 새로운 벤처 사업을 여는 데 더 관심이 많다(실제로 이미 시작한 사업들은 다른 사람들에게 맡기고 있다). 그는 항상 직관에 따라 행동한다. 일에 대한 그의 접근 방식은 대부분 아이디어와 실험, 혁신으로 대변된다. 그리고 버진 브랜드는 모든 서비스와 제품에서 그의 미학을 반영한다. 스티브 잡스도 마찬가지다. 역사적으로 미적 감각의 불모지였던 IT 분야에 미학을 주입했다. 애플 이전의 IT 산업에는 스타일이란 것이 없었다. 잡스는 공학도였지만 신화와 같은 비전을 좇는 모험을 감행했으며 누구보다 디자인에 집착했다. 이를 통해 애플은 결국 모두가 선호하는 명품 브랜드가 됐고 역사상 가장 성공한 회사 가운데 하나로 거듭났다.

반면 '과학' 가치를 높게 평가하는 리더들은 지식을 추구하는 자세를 소중히 한다. 그리고 직관보다 데이터와 논리적 사고에 기반한 아이디어의 가치를 높게 평가하는 업무환경을 조성한다. 그들은 과학적 진보를 업무에 적용하고 있으며 객관적이면서 사실에 근거한 의사결정을 내린다. 그들의 경영 스타일은 차갑고 분석적이며 정치에는 무관심하다. 물론 인간이 완벽하게 객관적으로만 생각하고 행동하는 것은 불가능하다. 이는 '과학' 가치를 중요하게 생각하는 사람들의 약점이 될 수 있다. 논리를 과대평가하고 데이터와 지식이 모든 문제를 해결해줄 거라는 잘못된 믿음 때문에 오히려 자신의 주관적 의견과 편견으로부터 자유로울 수 없게 되어 버릴 수 있는 것이다. 구글의 창립자인 세르게이 브린^{Sergey Brin}과 래리 페이지^{Larry Page}는 이런 가치를 추구하는 경영자의 전형적 예다. 구글을 만약 사람으로 의인화한다면, 그는 IT 괴짜^{geek} 그 자체. 즉, 똑똑하지만 사람보다 기술에 더 관심이 많은 사람, 너무나 추상적이라 일반인들은 그다지 관심 없는 복잡한 문제를 풀고 싶어하는 호기심의 소유자, 과학의 힘과 논리가 세상을 바꿀 것이라 믿는 사람이라고 묘사할 수 있을 것이다. 그들이 추구하는 가치는 회사 운영의 주요 원칙(저 너머에 항상 새로운 정보가 더 많이 있다)과 비전(세상의 모든 정보를 체계화한다)에 반영된다. 이렇게 구글 창업자들과 같이 과학의 가치를 중요하게 생각하는 리더들은 정보를 지식으로 전환하여 성공의 밑거름으로 만들고 있다.

문화의 의미

개인이 중요하게 생각하는 가치를 해석하기 위한 모형을 만드는 것은 유용하지만, 그 개인을 둘러싼 환경 또한 고려하지 않으면 거의 무용지물에 가깝다. 사실 어떤 개인에 대한 자료수집profiling은 기껏해야 일의 절반밖에 안 된다. 나머지 절반은 각 항목의 전후 맥락을 모두 파악하는 것이다. 직업과 업무의 성격과 특징을 제외하면 어떤 사람의 개인적인 가치가 충족되는 데 가장 결정적인 역할을 하는 것은 바로 그가 속한 조직의 면면이다. 회사와 면접자는 첫데이트에서 만난 커플과 같다. 서로 잘 맞는지 알아보려면 서로 질문을 해야지 한 사람만 질문을 해서는 제대로 된 판단을 내릴 수 없다. 마찬가지로 무엇이 직원을 일하게 만드는지 아는 것만으로는 충분치 못하다. 조직이 무엇을 해줄 수 있는지도 중요한 것이다.

특정 업무에 대한 자료수집을 할 때 산업/조직 전문 심리학자들은 아래와 같이 정의된 조직문화의 개념에 주의를 기울였다.

> 직원들이 회사 내에서 취해야 할 행동의 가이드라인으로 삼을 (은 연 중 느껴지는) 가치와 신념. 직원들은 이제까지 살아온 개인사, 신화, 사회경험, 직접 관찰한 성공 사례(특히 리더들의 행동) 등에 기반하여 위와 같은 추론을 내리며 스스로 성공을 장려함.

문화가 중요한 이유는 업무환경에 의해 제공되는 심리적 보상의 형태에 관한 정보를 제공해줄 뿐만 아니라 보상의 형태가 개인의 가치, 욕구, 동기와 잘 맞는지도 알 수 있게 해주기 때문이다. 조직문화 개념은 새로운 것이 아니다. 약 100년 전 프랭크 파슨스Frank Parsons가 직업흥미vocational interest에 관해서 쓴 책의 한 대목을 살펴보자.

노동자의 적성 및 능력과 맞지 않는 직업은 비효율성을 초래할 수 있으며 열정도 생기지 않을 뿐만 아니라 혐오감을 느끼게 할 수도 있고 더 나아가 급여를 떨어뜨리는 주범이 된다. 반면 노동자의 본성과 조화를 이룬 직업은 열정을 샘솟게 하고 일에 대한 사랑을 느끼게 하며 높은 경제적 가치, 즉 우수한 제품과 효율적 서비스, 높은 급여로 이어진다.

또한 영향력 있는 심리학자 에드가 샤인Edgar Schein은 문화가 어떻게 형성되며 그 목적은 무엇인지, 어떻게 전파되는지 설명했다. 특히 샤인은 모든 집단들에게는 세상을 인식하는 저마다의 추론이나 원칙이 있으며 그것을 바탕으로 세상과 상호작용하면서 발전한다는 사실에 주목했다. 조직 그 자체는 단지 큰 집단에 불과하지만 조직문화가 구성원들에게 어떤 행동에 대한 암시적 추론을 줌으로써 그 조직의 성격을 특징 짓는다는 것이다. 조직문화에 대한 여러 정의 가운데 하나를 예로 들어보자. '외부 환경에 적응하고자 하는 목표를 달성하기 위한 조직 전략, 목표, 수단 등을 결정하는 기본 추론이다.' 이런 추론은 시간이 지나며 조금식 진화하지만 한번 굳어지면 꽤 안정적이며 일관적이다. 그리고 조직 내의 모든 업무행태와 일상적 규칙을 이해할 수 있게 해준다.

지난 20년간 학계는 문화를 이해하며 이를 측정하고, 더불어 측정방식을 발전시키기 위해 노력해왔다. 그 결과 문화에는 여러 단계가 존재한다는 것이 밝혀졌다. 어떤 단계는 측정하는 것이 간편한 반면, 어떤 단계는 측정하는 데 어려움을 겪고 있다. 샤인은 문화에는 세 가지 측면이 존재한다고 주장하였으며 각 측면은 세 개의 동심원으로 설명될 수 있다고 했다.

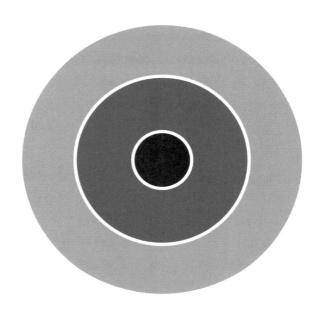

<그림 4> 샤인이 주장한 문화의 세 가지 측면.
가장 바깥쪽 원은 인공적으로 만들어진 문화, 중간 원은 지지되고 있는 문화,
그리고 가장 안쪽 원은 근원적 추론들이다.

샤인 보인

　가장 바깥 원은 인공적으로 만들어진 문화를 뜻하며 습관과 언어, 드레스코드, 도시전설 등을 포함한다. 바깥 원의 특징들은 조직을 처음 방문한 외부인들도 쉽게 관찰할 수 있는데 행동을 통해 그 사람이 추구하는 가치와 성격을 파악할 수 있기 때문이다. 그러나 근원에 깔린 원인을 직접 관찰하기 어려우므로 애매모호해 보이거나 오해를 살 수도 있다. 두 번째, 중간 원은 지지되고 있는 가치를 뜻한다. 관리자들과 리더들이 강조하는 '명시된 문화규범'이 이에 포함된다. 즉, 조직의 미션을 나타내며 조직이 추구하는 이상적인 자아를 보여주기 위해 만들어졌다. 세 번째, 가장 안쪽 원은 근원적 추론들을 뜻한다. 조직 속의 삶이나 조직에서 이뤄지는 비밀스러운 일들을 나타내는, 눈

에 잘 띄진 않지만 가장 영향력이 큰 단계다. 즉, 조직 안에서 일어나는 사회적 상호작용의 기저에 있는 규칙이기 때문에 조직의 진정한 모습이라고 할 수 있다. 리더는 아니지만 조직의 대외적인 이미지를 맡은 직원들은 상대로 심층면접을 진행할 때면 이 '근원적 추론들' 단계에 대해 꼭 평가해야 한다.

다양한 메타분석이 '조직문화가 개인의 가치와 어떻게 연결되어 있는가?'하는 질문에 대해 검토했다. 예상할 수 있듯이 어떤 문화는 다른 가치들보다 궁합이 더 잘 맞는 특정 가치가 있기 마련이다. 예를 들어보자. 기존 절차와 잘 만들어진 규칙에 따라 행동하기를 기대하는 조직문화는 전통과 안전의 가치를 중요하게 생각하는 직원들에게 더 맞았다. 뚜렷한 조직 목표, 즉 매출과 수익 증가를 달성하는 직원들에게 보상을 내리는 시장적 조직문화는 금전과 인정의 가치를 중요하게 생각하는 직원들과 더 맞았다. 혁신과 변화에 집중하며 격식에 얽매이지 않는 '특별임시^{adhocracy}' 조직문화는 낮은 안전 가치와 높은 미적 가치를 추구하는 직원들에게 더 맞았다. 협력과 충성심을 장려하는 씨족 문화는 쾌락주의와 소속감 가치를 중요하게 생각하는 직원들과 더 맞았다.

안 좋은 소식은 대부분의 조직들이 스스로의 문화를 평가하는 데 미숙하다는 점이다. 핵심문화라고 내놓는 것의 수준은 인사팀에게 전해 들은 극소량의 정보로 마케팅팀이나 홍보팀이 즉흥적으로 만들어낸 브레인스토밍의 산물인 경우가 많다. 조직이나 기업 웹사이트를 보면 특정 핵심가치들이 반복되어 나온다. 그 회사들이 실제로 어떤 문화를 가지고 있다기보다 어떤 문화를 가지고 싶다거나 어떤 가치를 추구하고 싶다는 점을 알리고 있을 뿐이다. 예를 들어 그들은 혁신과 다양성, 사회적 책임을 중요하게 생각하는 문화를 가지고 있다고 홍보하고 있지만 직원들에게 실제로 그런 속성이 조직문화에 반영되고 있냐고 묻는다면 대부분 냉소적으로 반응하거나 놀라면서 전혀 다른 얘기를 할 것이 뻔하다. 리더들의 관점, 혹은 '이렇게 되었으면 좋겠다'고 단순히 생각하는 것들과 직원들이 실제로 느끼는 조직문화 사이에는 괴리가 크다. 어떤 학자들은 이런 조직의 '분위기'를 '문화의 주관적 경험'이라고 했다. 여기서 분위기는 '사람들이 일하며 겪는 서로와 관련된 경험들의 묶음에 부여하는 의미'라 정의할 수 있다. 직원들은 직장 안에서 안전함, 공정함, 고객서비스, 혁신의 분위기를 실제로 읽을 수 있을까? 이 질문은 조직의 핵심적인 문제에 대한 직원들의 인식을 조사하는 과정에서 반드시 물어야 할 조건일 것이다.

조직들이 스스로의 문화를 효과적으로 측정할 수 없다면 그런 문화가 어떻게 시작되었는지 찾기 힘들 것이다. 나와 동료들은 일반 조직에서뿐만 아니라 국가적인 차원에서 문화의 기원을 설명하기 위해서 진화론적 개념체계를 사용할 수 있다고 제안해왔다. 즉, 문화는 엘리트들이 중요하게 생각하는 가치들의 산물이라 개념화할 수 있다는 것이다. 작은 집단들이 큰 조직으로 전환되는 경우 창립자의 가치가 그 조직의 문화적 DNA가 된다. 그리고 조직이 성숙할수록 리더들이 중요하고 생각하는 가치에 따라 공식적이거나 비공식적인 상호규칙들이 형성되며, 결국 지배적 인물들이 공유하는 가치들이 조직문화에 스며들어 리더들이 부하직원들에게 의미를 전달하는 것이 가능해진다. 국가도 다를 바 없다. 사람들 사이에서 지켜야 할 규칙으로 제공된 법, 관습, 사회적 예절 등은 그 나라에서 힘과 영향력을 축적해온 사람들이 만들어낸 산물이다. 지배자, 지주, 귀족, 종교인, 군인, 지식인 등은 모두 스스로 중요하다고 생각하는 가치를 주입하여 자기 나라의 문화를 조금씩 바꿔나간다. 그들의 유산은 게임의 법칙을 새롭게 바꾼 것이다. 그리고 다음 세대의 리더들은 또 다시 자신이 추구하는 신념에 따라 조금씩 게임의 법칙을 바꿔나갈 것이다. 문화는 고정된 것이 아니라 오히려 역동적이다. 그리고 진화를 멈추지 않는다.

업무몰입에 대한 재고

조직의 크기에 관계 없이, 그리고 어떤 조직문화를 가졌든지 간에 직원들이 업무에 몰입할 수 있도록 잘 관리하지 않으면 성과를 거두기 힘들다. HR 세계에서 한창 각광 받고 있는 이 '업무몰입'이라는 개념은 성과의 원동력이자 직원과 고용주 모두에게 실질적인 혜택을 가져다주는 결정적인 측정값이기 때문에 한때의 유행으로 끝나지 않을 것이다. 그런데 문제는 이 주제에 대한 인기가 높다보니 정보로서 가치가 없거나 실제 개념을 희석시키는 의견들이 난무하고 있다는 점이다. 따라서 우리는 근원으로 회귀, 즉 기본으로 돌아가서 업무몰입에 대해 재고찰해 볼 필요가 있다.

업무몰입의 개념은 25년 전 미국의 사회학자 윌리엄 칸^{William Kahn}의 이제는 고전이 된 논문에서 처음 소개되었다. 칸에게 업무몰입의 본질은 일에 대한 강한 심리학적 정체성으로 파악되었다. 더 구체적으로 칸은 어떤 일을 하나의 역할놀이^{role-playing}로 보았던 것이다. 사람들은 일을 할 때 직원이나 관리자, 리더, CEO 등 특정 역할을 맡게 된다. 살면서 남편이나 부인, 친구, 학생, 부모 등의 역할을 맡게 되듯 말이다. 달리 말해 삶은 기본적으로 역할놀이이며 인간은 살면서 여러 가지 역할을 맡게 된다는 것을 의미한다.

또한 칸은 사람들이 일에 몰입하면 역할에 너무 빠져든 나머지 역할 자체를 잊게 된다고 했다. 인간은 그 역할과 하나가 되어 자기가 맡아서 해야할 일과 자신 사이의 심리적 거리를 점점 좁히게 된다. 마치 자기 자신의 다른 역할들은 중요하지 않은 것처럼 자신이 몰두한 직업으로 완전히 자기 자신을 정의하게 되는 것이다. 따라서 업무몰입은 인위적이며 일에 불과 했던 역할을 의미있고 가치를 충족시켜주며 실존적인 경험을 하게 해주는 활동으로 바꿔준다. 마르틴 하이데거가 사람들이 일에 숨겨진 의미를 찾아내고 그 일의 목표와 자기 자신을 일체화하는 과정으로 제시한 '숙달^{mastery}'의 개념도 이와 비슷하다 하겠다. 또한 긍정 심리학을 처음 연구한 사람들은 일을 심도 있게 즐기는 몰입과 집중의 상태를 '플로우^{flow}(역주: 한국의 출판물들에서는 이 단어 차체를 '몰입'이라 번역하고 있음)'라 정의했다. 플로우 상태가 되면 시간 감각을 잊고 창의력을 마음껏 펼치게 된다. 플로우는 의심할 여지 없이 극한의 업무몰입 상태를 나타내는 징후라 할 수 있다.

업무몰입의 원인에 대한 수많은 연구가 진행됐으며 이제는 이론뿐만 아니라 실무의 관점에서도 중요하게 여겨진다. 업무몰입의 동인을 파악할 수 있다면 동인을 조종하여 원하는 대로 결과를 도출하는 것도 가능해질 것이다. 업무몰입의 원인은 두 가지다. 첫 번째는 '상황적 이유'로 직무자원, 피드백, 리더십이 여기에 포함되고 리더십이 나머지 두 가지를 지원해준다. 즉, 리더들은 직원들에게 정직하고 건설적인 성과 관련 피드백을 제공하며 이에 필요한 직무자원을 제공하여 직원들이 자기 능력을 펼칠 수 있게 도와준다. 그런데 여기서 주목해야 할 점은 업무몰입이 성과를 이끄는 것과 마찬가지로 성과 또한 업무몰입을 이끈다는 점이다. 즉, 어떤 직원이 자신의 기대와 야망에 맞는, 혹은 그 이상의 성과를 거두게 되면 그 직원은 자부심을 느끼고 자기 일에 더 큰 의미를 두면서 점점 업무몰입도가 높아질 것이다. 이는 앞서 소개된 것처럼 자신이 중요하다고 생각하는 가치들과 잘 맞는 일을 하면 나타나는 현상임이 분명하다.

업무몰입의 두 번째 원인은 '개인적 이유'다. 더 외향적인 성격의 소유자이거나 감정적으로 더 안정적이며 성실한 사람이라면, 그리고 더 유쾌한 성격에 새로운 경험에 열린 마음을 가지고 있다면 업무에 더 몰입하기 쉬울 것이다. 안타까운 점은 해마다 실시되는 직장 환경 설문조사를 포함한 모든 업무몰입도 측정 방식들이 몰입의 수준에 따라 나타나는 다양한 기질적 정보들을 무시해버린다는 점, 그리고 업무몰입을 단순히 상황적 요소로만 추론해버린다는 점이다. 그러나 다음의 예시들처럼 상황만으로 업무몰입도를 판단해버린다면 정확한 결과를 얻을 수 없다. 평소부터 비관적이었던 사람은 영화나 식당, 직장에 대해 평가할 때 자기 기준에서는 흡족했음에도 좀처럼 좋은 평점을 주지 않는다. 냉소적이며 부정적인 사람은 상황이 좋더라도 몰입도가 낮은 반면, 정서적으로 현명하고 긍정적이며, 조금 순진한 면도 없지 않아 있지만 태생부터 낙천적인 사람은 자기 자신에 대한 기준이 낮고 쉽게 만족해버림으로써 일단은 업무에 더 몰입하는 것처럼 보일 수 있다. 또한 우리 주변에는 항상 무슨 영화를 보건, 무엇을 먹건 무조건 추천하는 낙천이지만 절대 믿지 못할 친구들도 있다. 한 마디로 업무몰입도 점수에서 10점 만점에 똑같이 7점을 받은 사람들이 있다고 하더라도 각자의 점수를 서로 다르게 해석해야 한다. 그 중에서 누군가는 점수보다 더 업무에 몰입해 있을 수도 있고, 또 누군가는 사표제출 일보직전일 수도 있기 때문이다.

개인적 요소들도 서로 다른 경로로 업무몰입도에 영향을 미친다. 첫 번째 경로는 위 예시에서도 알 수 있듯이 사람들이 사건을 해석하는 방식에 영향을 주는 것이다. 즉, 같은 조직이나 팀에 속한 두 사람이 성격 차이 때문에 조직문화와 직업을 서로 다른 관점에서 바라볼 수 있을 것이다. 두 번째 경로는 업무에 접근하는 방법과 성과를 거두는 방식에 영향을 주는 것이다. 예를 들어 더 외향적인 사람들은 직장에서 더 넓고 강한 인맥을 구축하여 더 많은 직무자원(앞서 보았듯이 업무몰입의 상황적 원인)을 확보한다. 호기심이 많은 직원들은 공부에 더 많은 시간을 할애하거나 전문성을 갖추는 데 투자하면서 자신의 직업을 더 흥미롭게 만든다. 업무몰입도에 영향을 미치는 개인적 요소의 세 번째 경로는 동료, 보고서, 상사를 통해서다. 더 안정적이며 차분하고 감정적으로 현명한 사람일수록 같이 일하는 보람이 더 있다. 함께 일하는 사람들은 이들로 인해 업무에 더 몰입할 수 있음은 물론 일 자체가 몰입하기 더 쉬워진다. 사람과 상황을 서로 다른 독립적인 요소라 여

4장: 몰입하는 직원에 대해서

기는 경향이 있지만 사실 둘은 서로 뒤얽혀 상호작용을 한다. 같은 상황이 사람의 성격에 따라 서로 다른 영향을 주기도 하고, 서로 다른 사람이므로 같은 상황을 다르게 해석하기도 하며, 사람의 성격에 따라 아예 상황 자체를 자기식대로 만들어버리는 경우도 생긴다.

일반적인 믿음과는 달리, 리더들이 항상 따뜻하고 이해심이 많아야 하는 것은 아니다. 물론 사회성과 배려심은 플러스 요인이긴 하지만 리더는 직원들이 더 높은 수준의 성과를 거둘 수 있게 밀어붙여야 하며 책임감을 부여하고 성취하는 문화를 조성해서 전략을 수행하고 비전을 달성하는 데 더 몰두할 수도 있다. 알렉산더 대왕Alexandros the Great이나 율리시스 그랜트Ulysses S. Grant 등 역사적으로 성공을 거둔 군사령관들이나 알렉스 퍼거슨 경Sir Alex Ferguson, 팻 라일리Pat Riley 같은 최고의 스포츠팀 수장들에 대해 생각해보자. 이들은 부하들을 거칠게 다루고 높은 성과 기준을 부과했다. 낮은 성과를 거두면 벌을 주고 진정 큰 성과를 거둔 사람에게는 보상을 내렸으며 재능이 있다고 판단되면 바로 발탁했다. 위대한 리더들은 그런 식으로 자신의 재능뿐만 아니라 다른 이들의 재능을 발전시키는 데 있어서도 탁월한 능력을 발휘한다.

CHAPTER
5

재능 개발하기

이번 장은 재능 키우기의 수준과 방법들을 검토한다. 사람은 바뀔 수 있다는 이야기를 많이들 하지만 대부분 바뀌지 않는다. 변화하기 위해서는 자각, 노력, 끈질김이 모두 필요하기 때문이다. 극한의 상황을 경험할 일이 없는 사람들은 어린 시절의 모습 그대로거나 조금 더 과장된 모습이 될 뿐이다. 그러나 타인이 개입하여 코칭을 제공할 수 있다면 업무성과와 재능을 발전시키는 촉매가 되어 긍정적 결과를 낳을 수 있을 것이다. 특히 코칭은 내가 잘하는 강점에만 집중하는 것이 아니라 약점도 극복할 수 있게 도와 능력을 증대시키며 더 나은 성과를 거둘 수 있게 해준다. 이 장에서는 효과적인 코칭은 상당 부분 평판관리에 관한 것으로 동료와 관리자들이 해당 직원과 그의 능력을 더 호의적으로 인지할 수 있도록 돕는다는 것도 보여줄 것이다.

☆　☆　☆

리더들에게 초점을 맞춘 경영자 코칭산업의 규모가 점점 더 커지고 있다. 리더들이 가진 잠재력이 얼마나 되건 더 발전하려는 진지함이 없다면 위대해질 수 없다. 리더가 가질 수 있는 최악의 자질은 '코칭을 받을 수 없는 성격'이다. 부정적 피드백을 받아들이지 못하거나 실수를 직시할 수 없는 사람들에게서 발견되는 특징이다.

> 일 년의 번영을 원하면 농사를 짓고
> 십 년의 번영을 원하면 나무를 키우고
> 백 년의 번영을 원하면 사람을 키워라.
> –중국 속담

　기업들은 인재를 물색하는 일보다 직원들을 훈련시키는 데 더 큰 돈을 쓴다. 애초에 제대로 된 인재를 확보하면 훈련과 개발 비용도 적게 들 텐데 말이다. 인재를 찾는 데 실패한 대가로 훈련과 개발이 꼭 필요하게 된 것이다! 이런 현상은 바뀔 수 있는가? (그리고 실제로 바뀐다면) 변화에 필요한 요소는 무엇일까? 앞서 말했지만 변화를 이끌어내기 위해서는 정확한 피드백과 자각, 변화하려는 의지, 끈기와 인내 등이 필요하다. 본성에 대항하기 위해서다. 안타까운 사실은 이런 요소들을 알고 있음에도 불구하고 변화를 이뤄내는 것은 여전히 어렵다는 점이다.

　다른 심리학적인 자질들과 마찬가지로 재능 역시 발달 경험의 결과다. 하지만 똑같은 경험을 한다고 해서 모두가 똑같은 변화를 경험하는 것은 아니다. 어떤 이들은 똑같은 사건이나 기회에 노출되어도 다른 이들보다 더 많은 변화를 경험하며 재능을 획득한다. 이는 생물학적 성향과도 일맥상통하는 부분이다. 따라서 타고남과 훈련 둘 가운데 하나가 아니라 둘의 조합으로 재능이 더 개발되는 것이다. 학자들은 아래와 같이 지적한다.

한 사람의 태도나 특성을 두고 유전 탓인지 살아온 환경 탓인지 묻는다면 질문 자체가 잘못된 것이다. 이런 질문은 지하실 천정에서 물이 떨어지는 이유가 건물 기초 자재에 금이 생겨서 그런 것인지, 아니면 바깥에 있는 물 때문인지 궁금해하는 것과 같다. 유전도 환경적 요소이며 어떻게 보면 환경의 효과도 유전적이라고 할 수 있다. 왜냐하면 유전적 성향은 환경에서 비롯되며 마찬가지로 환경 또한 생물학적 변화와 그 과정의 영향을 받기 때문이다.

달리 말해 재능에 물리적인 제약과 심리적 제약이 모두 작용한다면, 그리고 어린 시절 나타난 재능의 징후가 의지만으로는 바뀔 수 없다면, 모든 사람들이 똑같이 높은 성과를 낼 가능성은 거의 없을 것이다. 그리고 누구도 재능을 개발하려고 달려들지 않을 것이다. 나이가 들면서 생기는 제약도 사람마다 다르긴 하지만 성과에 분명한 영향을 미친다. 그렇다면 연습과 훈련이 낄 자리는 없단 말인가? 아니다. 연습과 훈련이 위와 같은 개인차(심지어 최상위 엘리트들 사이에도 성과의 차이는 있다)를 설명할 수 없다 해도, 한 사람의 인생 전체를 통틀어 봤을 때 연습과 훈련은 분명히 재능의 변화에 영향을 끼친다.

예를 들어 어떤 형태의 재능이든 그 핵심요소인 '지능'은 나이가 들어가면서 겪게되는 적절한 자극 없이는 결코 개발되지 않는다. 아기를 지하에 가둬두고 어떠한 지적 자극도 받을 수 없게 차단한다고 생각해보자. 그 아기가 제대로 성장할 수 있겠는가? 그런데 지능의 경우 어릴 적에 측정된 수치만 봐도 성인이 됐을 때 어느 정도의 지능을 가지고 있을지 거의 정확하게 예측 가능하다. 예를 들어, 어떤 사람의 지능을 6살에 측정했다면 18살의 지능은 어느 정도가 될지 예측할 수 있는데, 이는 지적 수준이 6살일 때와 18살일 때 같다는 뜻이 아니라 유년기와 청소년기의 연령별 지능 순위가 놀랍도록 그대로 유지된다는 뜻이다. 이런 논리는 지능뿐만 아니라 재능의 다른 요소들에도 적용가능하다. 한 사람과 동년배 집단 사이에 눈에 띄는 소질의 차이가 존재한다면 오랜 시간이 지나도 여전히 그 사람은 남들보다 뛰어난 소질을 보여줄 가능성이 크다.

니체^{Nietzsche}는 "모든 재능은 투쟁을 통해 발현된다"고 했다. 분야를 막론하고 재능을 더 갈고 닦으려는 노력과 의지는 성공의 촉매로 작용할 수 있다. 그래서 우리는 누군가가 특별한 노력 없이 원래 가진 재능만으로 탁월한 성취를 이뤄냈다고 생각하는 걸 주저하게 된다. 그것이 불가능한 일이 아님에도 말이다.

사람이 변할 수 있나요? 정말 그럴 수 있어요?

심리학계에서 가장 흔히 나오는 질문 가운데 하나는 "사람이 진정 변할 수 있는가?"이다. 하지만 '변할 수 있는가?'보다 중요한 것은 '실제로 변하기는 하는가?'이다. 이 질문에 답변할 수 없다면 인간의 자질을 개선하기 위해 설계된 재능개발 관련 개입에 대해 논할 가치가 없어진다.

코칭 및 훈련 프로그램과 같은 변화를 위한 개입은 그다지 자연스럽지는 않다. 개입이란 이제까지 유지하던 습관을 단번에 버리고 더 효율적인 행동패턴으로 갈아타게 만드는 인위적인 시도이기 때문이다. 예를 들어 더 창의적이며 생산적이면서 카리스마까지 갖추고 싶은 사람도 있을 것이고 변덕스럽고 충동적이며 불안해 하는 성격으로부터 벗어나고 싶은 사람도 있을 것이다. 이런 변화를 이끌어내려는 시도에서 사람들이 지금까지 해오던 것을 그대로 '자연스럽게'하게 내버려두면 아무것도 시작되지 않을 것이다. 먼저 스스로 어느 정도까지 변화할 수 있는지 검토하는 것부터 시도해보자. 이 과정을 통해 우리는 과연 개입 없이 스스로도 개선할 수 있는지, 아니면 개입이 꼭 필요한지 알게 될 것이다. 스스로 할 수 있다면 외부의 개입에 돈을 낭비할 필요가 없지 않겠는가.

지능의 변화

전체 직업에 걸쳐 드러나는 재능의 일반적인 특징을 고려해 볼 때 한 개인의 지능수준이 어떤 변화를 거치는지 파악하는 것이 대단히 중요하다. 이런 주제는 수백 편의 논문을 통해 이미 연구되었으며, 수많은 자료들을 통해 한 개인의 지능 순위는 전 생애에 걸쳐 균일하다는 것이 증명됐다. 연구결과에 따르면 청소년기를 지나면 IQ 테스트 점수의 종형곡선 상에서 눈에 띄는 변화를 일으키는 사람은 극소수였으며 테스트를 다시 치르더라도 첫 번째 테스트 점수와 두 번째 테스트 점수 사이의 상관계수가 0.90 수준인 것으로 나타났다. 즉 테스트를 다시 시도해도 점수가 비슷하다는 뜻이며 실제로 점수가 바뀌었더라도 이는 능력의 변화 때문이 아니라 측정상의 오류일 가능성이 크다. 사실 어린 시절 내내 집중적인 학습을 받은 학생도 지식수준은 높아질 수 있지만 IQ점수 순위는 거의 요지부동이었으며 오히려 순위 변화는 노년기에 많이 발견됐다. 그러나 그마저도 60살 이후 시작되는 인지력 감퇴로 개인차가 생기기 때문이다.

물론 똑같은 시험을 여러 번 치는 훈련을 받는다면 점수는 올라간다. 연습이 표준편차에 미치는 영향력은 대체로 0.25 수준인데 이는 단지 반복해서 치르는 특정 시험에만 국한된 것일 뿐이어서 실제 능력이 향상됐다기보다는 그저 시험 보는 기술이 조금 는 것에 불과하다. 이를테면 전 세계적으로 인기를 누렸던 닌텐도의 '두뇌트레이닝'이란 게임에 며칠만 할애하면 더 높은 점수를 받을 수는 있겠지만 그 게임 속의 퍼즐이나 인지능력 테스트를 반복한다고 해서 당신이 실제로 영리해지는 것은 아니다. 실제로 온라인 두뇌훈련 게임 공급업체 루모시티^{Lumosity}는 게임을 통해 학교와 직장에서 더 나은 성과를 거두게 해줄 수 있다고 홍보했지만 결국 이를 입증하지 못하고 유저들을 오도한 혐의로 고소당했으며 합의금 2백만 달러를 지급한 사례가 있다.

지식이나 전문성 등 지능의 일부 측면들은 학습의 영향을 받는 것이 확실하다. 이 또한 개인의 의지와 동기부여의 정도에 달려있지만 말이다. 이렇게 구체화된 지능의 측면들은 노년기에도 개발이 가능한 반면, 지능의 측면들 가운데 프로세스와 관련된 기능(유동적 지능 등)은 나이가 들면서 더 나아지지 않거나 퇴화하고 만다. 그런 면에서 인간의 지능은 컴퓨터와도 비슷하다. 나이가 들수록 더 많은 정보와 파일, 지식을 저장하고 있기 때문에 더 현명해지지만 운영능력과 동시업무처리 능력은 떨어진다는 점에서 그렇다. 또한 한 사람의 논리적 사고능력과 문제해결 능력의 속도는 기억용량에 크게 의존하는데 이는 컴퓨터의 운영능력(RAM 메모리 크기 및/또는 처리속도)과도 비슷하다. 또 한 가지 주목할 점은 호기심, 열린 사고방식, 자기훈련 능력과 같은 성인의 지식습득 결정요인들은 대부분 타고나는 것으로 발전시키기 어렵다는 것이다.

성격의 변화

다음은 시간의 흘러도 변하지 않는 '성격의 안정성'과 시간의 흐름에 따라 변하는 '성격의 다양성'에 대해 알아보자. 성격은 사람들이 생각하는 일반적 행태와 감정, 사고방식 등을 모두 포함한다. 성격의 안정성이란 어떤 사건이나 변화의 개입에도 변치 않는 성격 변화의 상한선을 의미한다(여기에서 과연 상한선이 어디까지인가 하는 난제가 등장한다). 반면 성격의 다양성을 측정하는 가장 정확한 방법은 실제로 누군가의 성격을 개선해주는 것이다. 젊은 아돌프 히틀러^{Adolf Hitler}를 이타주의자로, 급사했던 엘비스 프레슬리^{Elvis Presley}를 건강지상주의자로, 희대의 사기꾼

버니 매도프Bernie Madoff를 솔직한 사람으로 만들 수 있었다면 이 세상이 겪어야 했던 수많은 아픔을 피해갈 수 있었을지도 모른다. 어떤 이들은 성격이 변치 않는 것이라고 한다. 다른 사람들과 구별되는 그 사람만의 본성과 자질을 나타내는 특징이기 때문이다. 코칭업계에서 잘 알려진 말이 있다. "누군가의 성격은 바꿀 수 없지만 행동은 바꿀 수 있다." 그런데 성격이라는 것이 누군가의 행동을 모두 합쳐 내린 결론이라고 한다면 행동을 바꾸는 것이 결국 성격을 바꾸는 것이 아니겠는가?

최근 연구결과에 따르면, 흥미롭게도 대부분의 사람들은 자기 성격을 바꾸고 싶어한다. 노력 없이도 가능하다면 더욱 그러기를 원하고 있다. 90% 이상이 자신의 성격 가운데 적어도 한 가지 측면이라도 개선하고 싶어한다. 더 외향적으로 변하고 싶다거나, 감정의 기복을 줄이고 싶다거나, 쾌활한 성격을 가지고 싶다거나, 새로운 경험을 하는 데 있어 열린 마음을 갖고 싶다거나 등등. 특히 미국 사람들은 외향적이고 쾌활한 생격에 대한 동경이 강해서 이 부분에 대해 낮은 평가를 받으면 굉장히 압박을 받는 경향이 있다. 『콰이어트Quiet』의 작가 수전 케인Susan Cain이 내향성을 옹호했다는 이유만으로 베스트셀러 작가가 된 것은 아마도 이런 미국적인 분위기에 딴지를 걸었기 때문일 것이다. 그녀의 '조용한 혁명'은 그래서 유독 미국에서만 용기 있는 행동으로 여겨지는 동시에 논쟁거리가 된다. 자기개발 산업은 미국에서만 100억 달러 규모로 성장했고 대부분 의지력과 희망을 강조한다. 그리고 더 많은 재능을 가지라고 설득하며 더 바람직한 삶을 살 것을 권한다. 그러나 과연 사람이 (많이, 또는 적게라도) 바뀔 수 있을까?

성격은 크게 바뀌지도 않지만 아예 안 바뀌는 것도 아니다. 한 사람의 일생을 통틀어 일어나는 몇몇 변화들 중에서 가장 큰 부분을 차지하는 변화는 아무래도 나이와 관련된 것들이다. 예를 들어 20세에서 40세 사이에는 사회성과 성실성이 더 두드러지고 정서적으로도 더 안정되어 있다. 그리고 대부분이 청소년기에 더 외향적이며 새로운 경험에 대한 열린 마음을 갖고 있다. 하지만 두 가지 능력 모두 나이가 들면서 감소한다. 본질적으로 우리는 나이가 들면서 점점 더 재미없는 사람이 되어 간다. 심리학적으로, 그리고 완곡하게 말하면 성숙해진다고 할 수도 있겠다. 덧붙여 30살부터는 성격의 변화가 거의 없고 50살이 넘으면 아주 안정된 성격을 가지게 된다.

특히 놀라운 점은, 극한의 경험을 하더라도 성격이 크게 변하지 않는다는 것이다. 로또 당첨자들에 대한 연구결과에 따르면 당첨 발표를 듣고 처음 느꼈던 희열이 지나가면 원래 자기 자신으로, 즉 긍정적인 사람은 긍정적인 사람으로, 부정적인 사람은 부정적인 사람으로 돌아가는 것으로 나타났다. 예를 들어 항상 기분이 나쁜 사람이 로또에 당첨되면 몇 주간은 행복할 수 있지만 조금 지나면 원래 성격대로, 즉 항상 기분 나쁜 상태로 돌아가게 된다. 마찬가지로 항상 낙천적이며 긍정적인 사람들이 친척의 죽음이나 실직, 이혼 등 큰일을 겪는 경우에도 원래 성격으로 돌아오는 데 그리 오래 걸리지 않는다. 한마디로, 살면서 얻는 경험이 행동에 영향을 미치기는 하겠지만, 우리의 성격 자체가 그런 경험에 대응하는 방식을 결정하기 때문에 근본적인 성격의 변화를 이끌어내기는 힘들다.

우리는 어떤 사람의 성격을 파악하는 것만으로 65년의 수명 동안 이뤄낼 수 있는 성공, 45년 동안 가질 정치적 태도, (3살부터) 17년간 가질 정신병, 60년간 겪을 신체 건강 위협 요소 등을 예측할 수 있는데, 이런 맥락으로 그 사람의 수입보다는 그 사람의 성격과 유전적 기질을 통해 더 정확하게 그 사람의 행복도를 예측할 수도 있다. 우리는 매일 수많은 종류의 선택을 한다. 그리고 다람쥐나 물고기와는 달리 행동의 잠재적 레퍼토리 가운데 원하는 것을 선택할 자유가 있지만 거의 예측된 대로 행동하고 만다. 때로는 합리적이지 않아 보이는 행동조차 예측 가능하다. 유전적 관련성과 심리학적 속성(능력, 가치, 성격) 사이의 유사성을 계량화한 연구결과에 따르면 일생을 통해 나타나는 성격

안정성의 개인차에는 유전적인 요인이 있는 것으로 나타났다. 하지만 동시에 그 다양성의 약 50%는 환경적 요인 때문인 것으로 나타났다. 그렇다면 성격의 변화를 초래하는 유전적/환경적 요인에는 어떤 것이 있는지, 그리고 어떻게 영향을 미치는지 알아보자.

주목해야 할 점은 아주 강한 유전적 특성조차 우리의 선택과 경험에 의해 영향을 받는다는 것이다. 예를 들어 유전과 성인 몸무게 사이의 상관계수는 0.80이다. 개인 간 몸무게 차이의 80%가 유전 때문이라는 뜻이다. 아주 높은 상관계수이긴 하지만 누구나 적게 먹거나 운동을 더 많이 해서 유전적으로 결정된 몸무게를 바꿀 수도 있다. 문제는 대부분이 그렇게 하지 않는 다는 점이고 그렇게 한다고 하더라도 변화된 몸무게를 유지하는 데 어려움을 겪는다(이 또한 유전 때문이다).

성격에 영향을 미치는 환경의 변화는 대개 젊은 시절 발생하므로 그것을 고치려면 타임머신이 필요하다(영화『백투더퓨처』를 생각해보자). 사람들은 대부분 본성 nature 과 일치하는 행동을 하도록 스스로를 양육 nurture 하고 이미 존재하는 잠재력을 더 강하게 만들고자 한다. 즉, 야망이 큰 사람은 경쟁하기 좋은 직업을 찾게되고 자기 직업의 경쟁이 더 치열해지면 해질수록 결과적으로 더 큰 야망을 품게된다. 또 다른 예로 외향적인 사람들은 인맥관리와 대인관계를 위한 소통기술이 필요한 직업을 고를 것이고 그런 직업에 적응하다 보면 외향성이 더 발전될 것이다. 이처럼 재능과 관련된 특성을 포함한 모든 개인적 자질들은 본성과 양육 모두에 영향을 받지만 결국 같은 방향으로 흘러가게 된다. 양육은 이미 가진 특성을 더 강하게 만들어준다. 그래서 사람이 변하면 변할수록 더 자기다워지는 것이다. 대체로 나이가 들면 젊은 시절보다 더 확장된 버전의 자신으로 바뀐다.

일반적으로 사람들은 '사람이 변했다'라는 말을 과대평가하는 경향이 있다. 물론 사람은 변할 수 있다. 하지만 원래 하던 대로 행동하면 거의 변하지 않는다. 학창시절 친구들을 오랜만에 만나면 성격이나 하는 행동은 바뀌지 않았는데 몸만 변한 것을 직접 보았을 것이다. 더 나이가 들고 뚱뚱하며 대머리가 됐지만 성격, 가치, 지능 등은 변치 않아 마치 시간이 흐르지 않은 것처럼 보일 수도 있다. 따라서 직장에서 실제로 변화를 이끌어내고 싶다면 업무개발 개입이 필수적이다. 스스로 변할 수 없다면 도움이나 지원이 꼭 필요하다. 다음에는 개입, 특히 코칭 프로그램의 효과를 평가하고자 한다.

코칭이라는 정글로의 여정

코칭 프로그램은 조직 내에서 인재를 개발하려는 가장 일반적 시도라고 할 수 있으며 특히 리더들에게 인기가 많다. 코칭 개입의 효과에 대한 과학적 증거가 점점 더 많아지고 있다고는 하지만 논문 결과만 가지고 실제 직장에서 일어나는 일들을 추론하는 것은 힘들다. 코칭 실무의 본질은 변화무쌍한 반면, 코칭 세션을 시작한다며 문을 닫는 순간 그 안에서 무슨 일이 일어나는지는 아무도 알 수 없기 때문이다. 그래서 코칭의 세계를 정글이라 말하는 사람들도 있다. 유능한 코치 1명당 자질이 전혀 없는 코치가 12명 정도의 비율로 존재하는 게 현실이다. 그들에게 과학에 근거한 세심한 같은 것은 없다. 단지 고객이 순진해서 먹고 살고 있다. 그럼에도 불구하고 지난 20년간 코칭 실무의 인기는 전 세계적으로 증가하고 있다. 코칭산업은 이제 매년 20억 달러 이상을 벌어들이고 있는 대형사업이며 몇 년 전과 비교하면 두 배 이상 성장했다.

코칭이라는 말의 뜻은 무엇일까? 한 가지 정의는 '비임상(심리적으로 건강한) 고객들이 개인적 삶이나 직장 내의 삶에서 좋은 경험을 할 수 있게 해주며 목표를 달성할 수 있게 돕는 결과지향적이며 체계적인 절차'이다. 이 정의는 너무 포괄적이긴 하지만 코칭의 경계를 설명해주며 코칭이 아닌 것이 무엇인지 이해할 수 있게 도와준다. 즉, 임상적(심각한 심리문제가 있는) 상태의 치료, 병리적 상태, 체계적이지 않거나 결과지향적이지 않은 절차, 코치가 고객 목표달성에 관심이 없는 경우는 코칭이라 할 수 없다. 코칭과 임상실무 사이의 차이는 매우 중요하다. 코치들이 조직에 적응하지 못하는 직원들의 행동을 파악하여 고쳐주려고 노력한다고 가정해 보자. 임상적 기준으로 봤을 때는 그런 행동이 전혀 비정상적이지 않은 것일 수도 있다. 다음 장에서도 설명하겠지만 코칭 개입의 대상이 되는 대부분의 잠재적 탈선이나 역기능 행동들은 정신병으로 분류되기 위한 조건들에 미달되기 때문이다. 또한 코칭의 대상이 되는 행동들은 통계학적으로 봤을 때 특이할 정도로 높은 수치의 정신적 장애를 나타내는 것도 아니며 당장 일하는 능력과 사회적 관계 유지를 '완전히' 파탄내는 것도 아니기 때문이다.

수많은 코칭 실무가 사회성이나 대인관계 관리능력, 소프트스킬 등 EQ(감성지능)를 강화하려는 경향이 있다. 그런 면을 강화해주면 '함께 일하면 더 보람된 사람'으로 인식될 수 있기 때문이며 실제로 직장에서의 업무능력과 취업할 수 있는 능력 모두 개선될 수 있다. 예를 들어 누군가로부터 "성질 좀 죽이세요"라는 이야기를 들으면 화가 나는 상황에서도 다른 사람의 상황에 대해 공감하고 감정이입하는 모습을 보이든가 화를 내기 전에 다른 사람의 이야기를 좀 더 들어보려는 모습을 보여야 한다. 과연 코칭을 통해 이런 부분을 이룰 수 있는 가능성은 얼마나 될까? 한 사람이 취할 수 있는 행동이 0에서 100 사이라고 치면 코칭이 끼어들었을 때 25까지는 쉽게 올려줄 것이다. 이 주제에 대한 연구결과에 따르면 코칭으로 인해 동기부여와 업무협조, 자기성찰, 행복감 등이 증가한 것으로 나타났다. 코칭 성과에 대한 평가가 자가평가였기 때문에 과대 측정되었을 가능성도 크다. 하지만 독립적으로 진행된 46개의 분석에 따르면 코칭을 받은 사람들 가운데 70%가 평균집단보다 더 큰 성과를 거둘 것으로 기대된다고 한다. 즉,

코칭이 평균적으로 업무성과 추진력을 20% 정도 올려준다는 것이다. 자가평가가 아닌, 감독관의 업무평가 같은 더 신빙성 있는 지표들에 의하면 이 같은 결과는 더욱 두드러진다.

스트레스 관리 프로그램의 영향력을 검토한 논문에서는 코칭의 효과가 표준편차 1포인트를 넘어선 것으로 나타났다. 이는 코칭을 받은 사람들의 85% 이상이 통제집단 평균보다 더 높은 성과를 거둘 것으로 기대된다는 뜻이다. 다른 사람의 감정을 이해하고 느끼는 생물학적 특성, 공감 능력도 어느 정도는 훈련으로 갖출 수 있다. 신경심리학에서는 적절한 코칭만 받을 수 있다면 더 친사회적이면서 남을 더 이해하고 연민을 느낄 수 있게 된다고 말한다. 코칭을 받으면 업무결과가 개선되는 동시에 그 외 다른 것들도 개선되는데 더 높은 수준의 행복, 신체 및 정신 건강, 개선된 사회생활 능력 및 결혼생활, 코르티솔^{cortisol}(스트레스를 받으면 생기는 호르몬) 분비량을 억제 등을 예로 들 수 있다. 이런 연구결과는 심리치료가 자기성찰 능력 향상, 또는 대인관계 관리능력 향상과 관련된 표준편차를 0.85까지 개선시킨다고 밝힌 메타분석 자료들과도 일관성을 보여준다.

이런 고무적인 결과에도 불구하고 두 가지 오류를 염두에 두어야 한다.

첫 번째, 코칭 실무들 간의 상당한 이질성 때문에 포괄적 검토를 진행한 논문들에 나오는 평균효과에 큰 의미를 두는 것은 좋지 않을 수도 있다. 마치 사과와 오렌지를 비교하는 것처럼 전혀 효과가 없는 코칭과 아주 효과가 높은 코칭이 뒤섞인 극단적 결과물의 평균일 가능성이 크다. 영국의 정치가 벤자민 디즈레일리^{Benjamin Disraeli}는 다음과 같이 날카롭게 지적한 바 있다. "어떤 사람은 빵을 한 조각 먹었고, 어떤 이는 먹지 않았다. 통계란 우리에게 둘이 각자 빵을 반 조각씩 먹었다고 알려주는 과학이다." 성공적인 이론도 있고 그렇지 않은 이론도 있을 것이며, 누구는 따라했더니 성공하는 반면 어떤 사람은 따라해봤자 실패할 것이다. 어떤 이론이나 방법론이 더 효과가 있는지 평가한 연구는 아직 충분치 않지만 이제까지 등장한 코칭 가운데 가장 성공적이었던 방식은 인지적 행동체계 이론에 기반한 코칭으로 알려져 있다. 인지적 행동체계 패러다임에 따르면 문제적 행동들은 합리적이지 못하거나 생산적이지 못한 잘못된 믿음으로 인해 발생된다. 따라서 코칭을 통해 기본체계 자체를 바로 잡을 수 있다면 좀 더 생산적인 활동에 매진할 수 있게 된다. 더불어 현실을 재해석할 수 있게 되고 심리적 유연성, 즉 기분 나쁜 상황을 (피하지 않고) 받아들여 머릿속에서 처리하는 능력도 개선된다. 반면 자부심과 확신을 강화해준다며 광고하는 코칭은 거의 효과가 없으며 그다지 생산적이지 못한 것으로 나타났다.

두 번째 주의할 점은 코칭에 관한 과학적 연구들은 높은 기준으로 정확하게 실행된 사례들에서 발견된 효과들을 보고하는 경향이 있기 때문에 실제 세상의 코칭이 과학적 연구 속의 사례들만큼 효과적일 거라고 기대하는 것은 과도한 낙관론이라는 것이다.

코칭은 근본적으로 순수 과학에 어느 정도의 실무 기술이 섞여 있는 형태다. 과학적 평가도구는 이론적으로 정교한 데이터를 제공하여 코칭의 효과에 신뢰성을 더해주지만, 진단하고 예측하는 단계에서 실제 개발과 변화를 만들어 내는 기술적 측면도 반드시 제자리를 차지할 수 있도록 공간을 마련해 주어야 한다. 코칭의 성공여부는 코치의 재능과 장인정신에 크게 의존할 수밖에 없다.

연구결과에 따르면 코치의 성격적 특성과 행동패턴이 어떤 코칭 방법론보다 더 중요한 것으로 나타났다. 따라서 코칭의 성공을 예측해보고 싶다면 일단 담당 코치의 성격을 잘 파악해야 한다. 여러 종류의 성격평가들이 이미 코칭에 널리 이용되고 있지만 코치가 의뢰인의 성격을 평가하는 일방적인 방식이었지 의뢰인이 코치를 평가하는 경

인재 무한성

우는 없었다. 그러나 이제 바뀔 때가 왔다. 의뢰인이 코치의 잠재력에 대한 성격평가를 사전에 집행하여 그 코치와 함께 할지, 말지를 결정하는 시대가 온 것이다. 더 나아가 코치가 자신의 학위와 경험에 대해 광고할 때 자신의 성격(장점과 단점 모두)도 함께 적어두면 그 광고는 한층 더 신뢰감이 느껴질 것이며 고객들은 자신과 코치가 잘 맞을지, 그리고 코칭의 효과를 어느 정도 볼 수 있을지 예상할 수 있게 될 것이다. 이는 심리치료사의 성격이 치료 방법론보다 더 중요한 경우가 많다는 임상심리학 연구결과들과도 일맥상통한다. 아직 코치의 성격에 대해 검토한 연구는 충분치 않지만 임상심리학에서 나온 결과와 마찬가지로 코치와 고객의 유대가 강할수록 고객이 더 발전할 것이라는 점은 명백하다.

어떤 사람은 다른 사람보다 더 쉽게 코칭할 수 있는 반면, 최고의 코치와 최고의 코칭 방법론을 가져와도 어떤 이들에게는 통하지 않을 수 있다는 점에도 주목해야 한다(도널드 트럼프를 훈련시킨다고 상상해보라). 오만하지 않고 타인을 배려하며 자신을 돌아볼 줄 아는 사람이라면 코칭에 더 적극적으로 임할 것이며 더 많은 피드백을 받으려 할 것이다. 타인의 시선을 중요하게 생각하는 사람들, 타인을 실망시키지 않으려고 노력하는 사람들은 특히 변화에 대한 의욕이 더 높다. 코칭의 시작 단계에서 의뢰인의 이런 훈련적합성을 평가할 수 있다면 코칭 효과를 더 높일 수 있을 것이다. 그런데 현실은 훈련적합성이 높은 사람들조차 마음의 문을 쉽게 열지 못한다는 점이다. 아마도 스스로의 의지가 아닌 회사에서 잡은 스케줄에 따라 코칭에 임하는 경우가 대부분이기 때문일 것이다. 혹시 "전구 하나를 갈기 위해서는 몇 명의 심리학자가 필요하지?"로 시작하는 오래된 농담을 들어본 적이 있는가? 그에 대한 나의 답은 이렇다. "한 명만 있으면 된다. 그 전구가 바뀌는 걸 진짜로 원하고 있다면 말이다."

리더들에 대한 코칭과 개발

　　직장에서 필요한 재능을 개발하기 위한 시도는 모두 나름대로의 가치가 있다. 하지만 그 중에서 좀 더 중요한 시도는 리더들에 대한 코칭이다. 리더들은 프로세스와 성과 등 스스로 통제할 수 있는 요소가 많으며 리더들이 개선되면 파급효과가 조직에 퍼져 결과적으로 직원 전체가 개선의 효과를 볼 수 있기 때문이다. 반면 말단 직원들이나 기술직 종사자들에게 코칭을 제공하면 대부분 개인의 성과만 개선되는 경향이 있다. 따라서 리더들을 개발하는 데 불평등할 정도로 점점 더 많은 돈을 쓰게 되는 것은 전혀 놀라운 일이 아니다. 미국에서는 임원들을 대상으로 코칭을 제공하는 전문강사가 2002년에 1만 명에서 2007년에는 5만 명, 그리고 지금은 10만 명으로 불었다. 영국에서도 비슷한 증가현상이 일어났으며 코칭 전문강사들의 국제 네트워크인 국제코치연맹International Coach Federation은 회원수가 1999년 1천 5백여 명에서 현재 2만 5천여 명으로 늘었다고 보고했다.

　　리더들을 위한 가장 보편적인 코칭 방식은 리더와 코치의 일대일 세션이며 주로 고위급 임원들이 이런 코칭을 받는다. 임원코칭은 원래 재능이 풍부한 리더들이 겪고 있는 특정 문제들을 해결할 수 있도록 돕는 데 초점을 맞추었지만 최근 들어서는 성찰과 학습을 통해 변화를 이끌어내며 궁극적으로 개인과 조직 전체의 성공에 기여하는 것으로 그 범위가 꽤 많이 확장됐다. 리더들 대부분은 누군가로부터 피드백을 받기 힘든 상황이며 개선을 이끌어낼 수 있는 단 하나의 방법이 자신이 가진 잠재력과 자신의 성과를 직시하는 것이기 때문에 특히 코칭의 역할이 중요해진다. 연구결과에 따르면 코칭을 통한 자기성찰과 차후의 업무성과 개선은 상관관계를 가지는 것으로 나타났다.

　　임원 코칭의 대상은 다양한 카테고리를 가지고 있지만 크게 다음과 같은 네 집단으로 나눌 수 있다.

a. **회사에게 가치는 있지만 탈선의 위험이 있는 사람들.** 다음 장에도 나오지만 회사가 보유한 최고의 인재들이 때로는 회사가 보유한 가장 큰 문제이기도 함. 20%의 직원들이 80%의 성과를 내는 것처럼 20%의 직원들이 80%의 문제를 일으키기도 함. 어떤 면에서 최고의 성과를 내는 핵심인재와 비슷한 점이 있음. 따라서 가장 가치 있는 인재들이 지속적으로 최고의 능력을 발휘할 수 있도록 확실히 해두기 위해서는 야기될 수 있는 문제들을 피할 방법을 강구해야 함. 즉, 코칭을 통해 '성격의 어두운 면들'을 개선할 수 있도록 도움을 받아야 함(다음 장에서 더 자세히 다룰 것이다).

b. **높은 잠재력.** 이전에 대단한 성과를 거두었기에 미래에 더 큰 기여를 할 것으로 예상되는 사람들을 뜻함. 아직 리더의 역할을 맡고 있지 않지만 그 정도의 잠재력을 지니고 있음. 다듬어지지 않은 다이아몬드와 비견됨. 과거 성과가 아닌 실제 잠재력에 대한 평가(예를 들어 정신력측정 등을 통해서)로 향후 목적지가 정해짐. 이들은 이전엔 자기 성과만 관리하면 됐지만 앞으로 부하직원들을 효율적으로 관리해야 할 관리자나 리더가 되어야 하고 그러기 위해서는 대인관계 기술 개발이 필수적이기 때문에 임원코칭의 주요 대상자들임. 실리콘밸리와 월스트리트, 프로스포츠 무대에서 위대한 성과를 거둔 사람들이 좋은 리더가 되는 데는 실패한 경우가 많음. 코칭을 통한 훈련과 리더십 기술 개발로 개선이 가능함. 글로벌 기업 GE는 1년에 10억 달러가 넘는 금액을 투자해 엘리트 직원들을 훈련시키고 개발 프로그램을 이수하도록 함. 노바티스와 HSBC도 높은 잠재력을 지닌 직원들을 외부 개발 프로그램에 참가시킴. 단순히 훈련만 시키려고 보내는 것이 아니라 조직의 잠재적 리더들과 강한 유대관계 및 네트워크를 형성하기 위함임.

c. **새로 고용되거나 이제 막 승진한 사람들.** 새로운 업무를 하려

면 적응기간이 필요함. 새로운 기술을 익히고 새로운 경험을 쌓아 나가야 함. 코칭은 새로운 역할에 필요한 특정 기술이 무엇인지 포착하고 개발해줌으로써 적응과정에 드는 시간을 줄이는 데 도움을 줌. 많은 회사들이 '확장성 업무'(능력개발을 위해 직원들에게 내주는 과제)나 '불의 세례'(직원들의 능력을 극대화시키기 위한 어려운 과제)의 중요성에 대해 말하고 있음. P&G는 새로 들어온 사람들이나 새로운 직책을 맡은 사람들이 신속하게 경험을 쌓으며 업무 역량을 개발할 수 있도록 어려운 과제들을 던져 줌. 그 중에서도 가장 어려운 과제는 해외파견으로 어린 관리자들이 큰 사업을 운영하며 겪는 업무의 복잡성과 현실을 미리 이해하고 더 나아가 광범위한 종류의 문제들을 처리할 수 있는 전문가로 거듭날 수 있는 계기가 됨. 해외파견만큼이나 어려운 업무를 뽑으라면 외딴 마을에 들어가서 사업을 시작하게 만들거나(힌두스탄 유니레버가 선호하는 방식), 거의 망한 사업을 다시 일으키게 만드는 일임.

d. **해외파견직.** 사업이 점점 커지고 국제화되면서 재능의 세계도 10년 전이나 20년 전보다 훨씬 더 많이 연결되어 있음. 더 많은 사람이 국경을 넘어 유동적으로 일하며 더 많은 직원들이 해외로 파견되고 있음. 코칭을 잘 활용하면 해외파견에 대비해 글로벌 마인드를 개발할 수 있으며 새로운 문화에 대비할 수도 있음. 대기업은 여러 국가들의 다양한 문화 속으로 스며들어 정착해야 하기 때문에 파견직원들의 업무가 그만큼 더 중요함. 예를 들어 IBM 아르헨티나는 IBM 미국 본사의 복제품이 아니고, 마이크로소프트 영국지사는 문화적으로 중국지사와 완전히 다른 기업임. 파견될 직원들이 문화적 변화에 대비할 수 있도록 코칭 훈련을 제공하면 현지 적응 능력뿐만 아니라 파견에 따른 개인적인 문제들에 있어서도 대비할 수 있음. 예를 들어 파견직원은 가족을 떠나 혼자 살게 될 수도 있고 정치 및 사회

적으로 안정되지 않은 곳에서 사는 것에 적응해야 할 수도 있기 때문임(예: UN직원이 오스트리아 비엔나에서 콩고 킨샤사로, 딜로이트^{Deloitte} 관리자가 런던에서 마닐라로 파견될 때).

조직들은 리더들에 대한 일대일 코칭도 중요하게 생각하지만 직원 전체를 대상으로 코칭을 진행하여 리더들의 잠재력을 높이고 코칭 효과를 증대시키기도 한다. 연구결과에 따르면 리더들의 지식 전문성을 강화하기 위해 설계된 코칭은 표준편차를 평균 1포인트 이상 증가시킬 만큼 효과적인 것으로 나타났다. 이는 코칭이 학습, 성과, 유효행동 간의 상관계수를 0.60 이상으로 증가시킨다는 메타분석 결과와도 일맥상통한다. 비록 리더들이 매일 해결해야 하는 문제들에 대한 정의가 힘들고 예측하기도 힘든 면이 있지만 대부분의 코칭 프로그램은 이미 널리 알려진 문제들에 효과적으로 접근하기 위한 의사소통 방식들도 구성되어 있어 그 효과를 증진시키고자 하고 있다.

이렇게 리더들의 발전에 기여할 수 있는 프로그램들이 지속적으로 개발되고 있으며, 리더십 개발 산업이 수십억 달러의 가치를 가지고 있다는 사실에도 불구하고, 리더십 프로그램의 효과에 대한 의심은 어느 때보다 높으며 그 신뢰도는 점점 떨어지고 있는 추세다. 정교하게 설계된 과학적 코칭 프로그램들의 실제 효과에도 불구하고 이런 현상이 계속되는 것은 프로그램을 고안해낸 과학자들의 성과들이 실제 세상 속으로 충분히 전달되지 못했기 때문이다. 따라서 우리는 과학에 기반한 방법론으로 뛰어난 리더들을 개발해낸 혁신적인 다국적 기업들의 사례를 적극적으로 알릴 필요가 있다. 예를 들어 P&G는 그 내부에 스타급 리더들을 보유하고 있을 뿐만 아니라, 멕 휘트먼^{Meg Whitman}(현재 HP 근무), 스콧 쿡^{Scott Cook}(현재 인튜잇 근무), 짐 맥너니^{Jim McNerney}(현재 보잉 근무) 등과 같은 걸출한 '졸업생'들까지 배출해냈다.

코칭을 시작하며 고려해야 할 사항 가운데 하나는 현재 상황과 목표 사이의 차이를 명확히 하는 것, 그리고 '코칭을 받는 사람'이 누구인지 파악하는 것이다. 사실 실제로 코칭을 받는 사람과 그 코칭을 의뢰한 사람은 종종 확연하게 구분되지 않는다. 코치들 대부분은 코칭을 직접 받는 사람들이 의뢰인인 것으로 간주하고 행동하지만 직접 코칭을 받는 사람에게 좋은 것이 항상 조직의 이익과 부합되지는 않는다. 때로는 '코칭을 받는 사람'에게는 뛰어난 커리어 경험을 제공하지만 그 '코칭을 의뢰한 사람'(상사, 고위급 관리자 등)'에게는 해악을 주는 경우까지 발생한다(미국 드라마 『소프라노』의 주인공 토니 소프라노가 더 성공한 마피아가 되기 위해 자신의 심리치료사를 이용하는 에피소드를 떠올려 보자). 따라서 이상적인 코치라면 직접 '코칭을 받는 사람'은 물론 '코칭의 의뢰인'과 조직 내 이해관계자들 모두(인사팀, 동료, 부하직원 등등)에게도 혜택을 돌려줄 수 있도록 시도해야 한다. 현실 세계에서는 그것이 불가능할지라도!

강점 기반 코칭

수많은 코칭 방법 가운데 지난 15년간 가장 돋보인 패러다임은 '강점 접근법'이다. 정의도 다양하고 코치에 따라 접근법도 다르지만 한 마디로 요약하자면 '단점을 무시하면 행동의 변화를 더 잘 이끌어낼 수 있다'는 것이다. 달리 말하면, '약점에 대해 걱정하지 말고 이미 잘 하고 있는 것을 더 발전시켜야 한다'라고 표현할 수 있겠다.

강점 기반 코칭은 인사 담당자들과 인재관리 전문가들 사이에서 엄청난 인기를 끌고 있다. '강점 코칭strengths coaching'이란 단어는 구글 검색에서만 거의 5천만 히트를 기록했고 실제로 검색해보면 코칭 서비스를 제공하는 웹사이트로 이어지거나 강점 코칭의 효과를 본 사람들이 쓴 찬양글들이 쏟아져 나온다. 아마존에도 강점 코칭 관련 서적이 8천여 권이나 있다. 그 가운데 갤럽에서 나온『스트렝스파인더Strengths Finder』는 매년 1천 6백만 명에 달하는 직원들과 포춘 500Fortune 500에 속하는 거의 모든 기업들이 활용하고 있을 정도로 큰 호응을 얻었다. 더나아가 어떤 조직들은 성과평가 보고서에서 부정적인 피드백을 아예없애는 방안을 준비 중이거나 '약점'이라는 단어는 금기시하고 '기회'나'도전 과제' 등의 단어로 대체할 계획을 하고 있다. 인사 실무자들 대부분은 여전히 강점 코칭 맹신자로 남아있겠지만, 증거와 과학의 가치를중요하게 생각하는 실무자들은 강점 코칭을 그다지 신뢰하지 않고 있다. 바로 다음의 다섯 가지 이유들 때문이다.

첫 번째, 강점 기반 코칭에 대한 과학적 근거가 없다. 즉 약점을고려하지 않았을 때 코칭이 더 효과를 볼 수 있다는 증거를 제시한 신뢰할 만한 논문이 없다. 그런 증거자료가 아직 나오지 않았다고 해서강점 기반 코칭이 거짓이란 뜻은 아니다. 하지만 '실수를 저질러 부정적 피드백을 받으면 다음에는 같은 실수를 반복하지 않아 성과가 개선될 수 있다'는 기존의 학계 연구결과와 상충된다는 점에 주목해야한다. 강점 코칭의 지지자들은 실수를 통해 배울 수 있다는 기존의 훈련 및 개발 프로그램의 효과를 무시한다. 이번 장에서 제시된 바와 같이 과학적 메타분석 결과에 따르면 기존의 검증된 프로그램들을 활용하면 직원들의 바람직한 행동과 관련된 표준편차가 1포인트 이상 증가된다. 이에 반해 강점 기반 코칭이 현재 내세울 수 있는 건 실무자의자기평가나 강점 기반 코칭 제공자의 허황된 약속들 뿐이다. 사실 리더들이 더 큰 영향력을 행사하기 위해서는 이미 가지고 있는 강점에만 의존하기보다 새로운 강점을 개발해야 한다.

두 번째, 강점 기반 코칭이 경쟁력, 재능, 그리고 경력을 위한 나만의 무기를 발견할 수 있게 도와준다고 주장하는 실무자들조차도 실제로 어느 정도의 능력을 갖춰야 남들보다 뛰어난 것인지 알 수 있는 기준점을 제시하지 못하고 있다. 강점 코칭에서는 한 사람의 최고 강점이 다른 사람에 비해 크건 작건 중요하지 않다. 자기 자신의 최고 강점만을 바라보는 전제에 기반하기 때문이다. 다시 말해 그들이 주장하는 강점은 개인 최고성과를 낼 수 있는 자질로 정의될 수 있지만 누군가의 최고성과는 전체 인구의 평균성과와 크게 다르지 않거나 오히려 평균이하인 경우가 많다는 점이 문제다. 여기 성실함도 떨어지고 창의성과 사회성은 그보다 더 떨어지는 사람이 있다고 상상해보자. 나머지 2가지보다 성실성이 조금 더 낫다고 해서 그 사람의 강점을 성실성이라고 할 수 있을까? 결코 그렇지 않다. 그 사람은 그냥 불성실하고 창의성과 사회성도 없는 사람일 뿐이다. 이 사람에게 조금이라도 도움이 되려면 그나마 성실함이 그의 강점이라고 거짓말을 하는 것보다는 세 가지 영역에서 모두 부진하다는 진실을 보여줘야만 한다. 따라서 누군가의 강점이나 재능의 일부 영역을 진지하게 평가해야 한다면 일반적 기준에 의거한 사실을 알려줘야 한다. '개인 최고성과'처럼 비교 대상에 대한 기준이 명확하지 않은 피드백은 있으나 마나다.

세 번째, 강점 코칭은 모든 사람들이 나름의 잠재력을 보유하고 있고 재능도 있기 때문에, 모든 직원들을 개발 대상으로 선발할 가치가 있다고 주장한다. 하지만 최고의 성과를 거두는 소수 핵심인재들이 나머지 직원들보다 몇 배나 더 많은 가치를 생산하고 있다는 사실을 고려해보자. 조직들이 모든 직원들의 재능을 다 개발하기 위해 돈을 쓰는 것은 오히려 무분별한 행위다. 다시 말해 가장 큰 투자수익률을 얻어내려면 최고의 성과를 거두는 사람들이나 높은 잠재력을 가진 직원들만 선별하여 개발 프로그램에 참여시켜야 한다. 그 외 다른 직원들의 '개인 최고성과' 강점을 개발해봤자 조직에 미치는 영향은 미미할 것이다. 자원이 제한된 지금 이 세상 속에 존재하는 회사들은 제한된 학습기회와 개발 예산을 매출, 이익, 성과의 80%를 책임지는 20%의 인재들에게 걸어야 한다.

네 번째, 모든 것은 적당한 게 좋다. 단 한가지 예외가 있다면 적당함 그 자체다(즉, 적당함은 아무리 강조해도 지나치지 않다!). 아무리 긍정적인 자질들이라도 너무 많이 드러나면 부정적 효과를 초래한다. 심리학자들은 "과도한 긍정효과too much of a good thing effect"라고 표현하기도 하는데 이 말의 뜻은 강점에만 너무 집중하면 잠재적 능력이 약점으로 바뀔 수도 있다는 것이다. 예를 들어 작은 것에 너무 집중하면 비생산적인 완벽주의를 추구하게 되거나 무슨 일을 해도 질질 끌며 시간만 보내는 강박 증상을 보일 수도 있다. 또한 개인 최고성과를 갱신한 뒤에 생긴 자신감은 오만과 무모한 위험부담, 거만한 태도 등으로 이어질 수 있다. 야망은 탐욕으로, 상상력은 기이한 행동으로 표출되기도 한다. 자신이 지닌 뚜렷한 강점만을 부각시키면서 유해한 성향을 등한시한 대가로 탈선의 길을 걷는 리더들은 또 얼마나 많던가! 포춘 100대 회사들 가운데 거의 절반이 생산적이지 못하거나 윤리적이지 못한 운영활동에 관여하고 있는 것으로 추측된다는 기사는 대외적으로 경쟁력 있어 보이는 리더들의 이면을 고스란히 보여준다.

다섯 번째, 애초에 강점 기반 코칭은 실수와 실패 등 부정적 사건들을 통해 깨달음을 얻고 개선방안을 모색할 수 있다는 전통적 개발이론에 대한 반대급부로 시작됐으나 오늘날에는 오히려 주류가 완전히 뒤바뀌어 있다. 긍정 심리학과 강점 코칭의 인기가 입증하듯 요즘은 모든 초점이 긍정에 맞춰져 있는 것이다. 하지만 이런 관점은 직장인들 대부분이 경험하고 있는 경영실무와는 극명하게 다르다. 제프리 페퍼는 아래와 같이 말했다.

회사 안에는 리더들을 불신하는 직원들로 가득하며 그런 이유 때문에 리더들은 아주 빠른 속도로 직장을 잃고 있다. 리더십 개발 산업은 성공적인 리더들을 배출해내는 일에 실패해왔으며 지금 이 순간에도 실패를 거듭하고 있다.

그러므로 현실과 동떨어진 의견을 제시하며 약점을 무시하고 더 나아가 잠재적 결점을 축소하려는 패러다임을 인재개발 체계로 받아들인다는 것은 지적 책임감을 상실한 것이다. 자기개발 산업의 포로가 되어버린 리더십 논문들과 마찬가지로 강점 코칭도 논리적으로 설명하지 못할 낙관주의만을 물씬 풍기고 있다. 볼테르^{Voltaire}의 소설 『캉디드^{Candide}』에 적힌 글귀 하나가 떠오른다. "낙관주의는 모든 것이 최악인데 이를 최고라 주장하는 고집이다."

자기성찰과 평판관리

좋은 코칭의 가장 일반적 기능은 코칭을 받는 사람의 자기성찰 능력을 키워준다는 점이다. 자기성찰의 정의는 다양하지만 일반적으로는 자기 강점과 한계를 아는 것, 더 자세히 말하자면 타인에게 영향력을 미칠 수 있는 지식을 강화하기 위한 행동이라 할 수 있다(물론 논란의 여지가 있는 주장이다). 이런 견해는 타인의 시선을 통해 우리 자신의 정체성과 존재 의미를 찾는 것으로 보는 대인관계에 대한 사회심리학의 전통적인 관점에 그 근거를 두고 있다. 즉, 자기관점은 타신의 시선에 의해 형성되고, 타인의 시선은 나의 행동들에 의해 형성되며, 결국 자아는 나의 평판의 거울이 되는 것이다. 내가 내 자신에 대해 잘 알고 있다면 다른 사람이 나에 대해 어떻게 생각하는지도 잘 알 수 있다. 왜냐하면 다른 사람이 내 행동을 나보다 더 잘 관찰할 수 있기 때문이다. 이런 관점을 지지하는 연구결과들에 따르면 자신에 대한 스스로의 묘사가 타인의 그것과 비슷하면 비슷할수록 리더들은 더 큰 영향력을 가지는 것으로 나타났다. 반면 제프 블래터^{Sepp Blatter}(전 피파회장)와 크리스티나 페르난데스^{Cristina Fernandez}(전 아르헨티나 대통령), 토니 블레어^{Tony Blair}(전 영국수상) 등 자기기만에 빠진 리더들은 다른 사람들로부터 개선을 이끌어낼 가치 있는 피드백을 받기 힘들 것이다. 이 예시들이 극단적으로 보일지도 모르지만 타인이 자신을 어떻게 보고 있는지 잘 모르는 사람이 많고 특히 높은 자리에 오를수록 그렇게 된다는 건 분명한 사실이다. 똑똑하고 의욕 넘치는 사람들이 자기 자신의 행동을 객관적으로 평가하는 데 실패하는 경우가 많다는 사실이 놀랍기만 하다.

사람들은 대체로 자기 능력에 대해 잘 모른다. 그리고 자신이 낼 수 있는 성과를 과대평가 하기도 한다. 더 나아가 자기성찰의 주요지표인 자가측정 EQ와 타인이 측정한 EQ 사이의 상관계수는, IQ 및 그 외 능력들에 대한 자가측정과 타인측정치의 상관계수보다 낮았다. 자기성찰 능력을 높이기 위해서는 많은 요소들의 개발이 필요하지만 가장 중요한 것은 정확한 피드백이다. 이 때문에 코칭을 '체계화된 피드백을 통한 능력개발'이라 정의하기도 한다. 코칭의 효과는 정확한 피드백이 더 자주 제공될수록 더 강해진다. 계량화된 대규모 연구결과를 보면, 실제 업무 환경에서 30%에 달하는 코칭이 오히려 성과를 더 떨어뜨리고 있는 상황에서도 피드백을 동반한 코칭은 성과에 관한 표준편차의 거의 절반을 책임지고 있다고 한다. 이렇게 피드백은 한 사람의 자기성찰 능력을 강화하며 강점과 약점에 대한 더 많은 통찰력을 얻게 해주는 중요한 열쇠지만 피드백이 정확하지 못할 때, 특히 사람들에게 듣고 싶은 이야기만 해줄 때는 득보다 손해가 더 클 것이다.

안타깝게도 우리는 태생적으로 직장이나 삶의 다른 부분에서 피드백을 굳이 찾으려들지 않는다. 첫 번째 이유는 우리가 그다지 뛰어나지도 않은 자기인식 능력을 스스로 과대평가하는 경향이 있기 때문이다. 두 번째 이유는 대부분의 문화권(특히 서구문화)에서 피드백을 요구하는 행위 자체가 약점을 알리는 징후로 보일 수 있기 때문이다. 이런 문화에서는 오히려 피드백을 요구하지 않는 것이 자기성과에 대해 확신하는 모습으로 보여져 외관상으로만 능력 있는 사람이 좋은 자리를 꿰차게 되는 경우도 많다.

　　물론 다른 사람들보다 마음 편하게 피드백을 받아들이는 사람들도 있다. 이는 업무 피드백을 받고 싶어하는 의지가 사람마다 차이를 보이기 때문인데 더 나이가 많고 이제까지 쌓은 업적과 경험이 풍부한 사람들은 피드백을 요청할 가능성이 적은 반면, 호기심이 많고 마음이 여리며 학습하고자 하는 동기가 부여된 사람들, 또는 자기 자신에 대해 엄격한 사람들일수록 자신의 성과를 평가해달라고 요청할 가능성이 크다. 더불어 사람에 따라 자기성찰 능력에도 차이가 있어서 어떤 사람들은 타인이 자신을 어떻게 보는지, 그리고 자신이 타인에게 어떻게 영향을 미치는지 본능적으로 더 잘 이해하고 있다.

　　코칭을 도입한 후, 그 효과를 측정해보는 조직들은 전체 15% 이하 수준이지만 사실은 코칭을 도입하는 것만큼 효과를 평가하는 일도 중요하다. 성격평가와 다면평가 등 과학적으로 입증된 평가방법을 도입해 코칭의 결과를 측정했을 때 더 높은 성과를 거둘 수 있다는 연구 결과도 나와 있을 정도다. 글로벌 기업들에서 근무하는 1천 361명의 관리자들을 대상으로 대조실험을 진행한 결과, 코칭 세션을 마친 뒤 성격평가나 다면평가 평가를 받은 관리자들은 스스로 해결하기 어려운 일들을 앞두고 전문가의 조언을 구하려는 경향이 증가했으며 1년 정도가 지난 뒤에는 이에 따른 성과 개선을 이루는 것으로 나타났다. 또 한 가지 좋은 소식은 모든 산업분야에서 일반적으로 이용되고 있는 다면평가만큼 자기성찰 능력을 증가시켜줄 수 있는 프로그램은 없다는 것이다. 당신의 행동이 다른 사람들에게 어떤 영향을 미치는지 알고 싶다면, 여러 다른 사람들의 관점을 검토하는 것보다 더 좋은 방법은 없다(이왕이면 익명으로). 예를 들어 트립어드바이저, IMDb, 아마존 등과 같은 사이트에 남겨진 후기들을 보면 평가내용 자체보다 유난히 많은 사람들이 후기를 남긴 것에 더 이목이 집중되는 경우가 있다. 즉, 많은 사람들이 똑같은 대상에 대해 어떤 문제를 제기하면 실제로 어떤 일이 일어나고 있을 가능성이 높기 때문에 타인의 경고를 무시하는 것은 현명하지 못한 일이다. 한편, 남들에 비해 자기 자신의 행동을 검열하려는 강한 본성이 있는 사람들은 다면평가에서 비교적 낮은 점수를 받는 것으로 나타났다. 다면평가는 평가대상이 실제로 느끼고 있는 것을 감추려고 하거나 면접관을 속이려고 시도해봤자 평가결과에 영향을 미치지 못하도록 설계되어 있기 때문이다.

다면평가 피드백은 변화를 위한 코칭을 받았을 경우 그 효과를 측정할 수 있는 아주 가치 있는 프로그램이기도 하다. 다면평가는 일과 관련된 행동패턴들에 집중되어 있고 특히 그 중 몇몇 행동패턴들은 코칭과 재능개발이 발전시키고자 하는 주요 목표들이다. 해당 행동패턴들의 변화를 측정할 수 있는 효과적인 방법은 다면평가를 다시 한번 진행하는 것이다. 물론 같은 성격평가를 또 다시 진행하는 것이 일반적이지는 않고 과학적으로 정교하게 만들어진 평가방식은 5년 이후의 재측정, 혹은 생활환경이 완전히 뒤바뀌는 극한의 환경에 떨어지지 않는 한, 여러 번 반복해서 진행한다고 해서 평가결과가 쉽게 바뀌지는 않는다. 그럼에도 불구하고 코칭과 재능개발 프로그램들을 통해 앞서 말한 주요 행동패턴들의 변화를 이끌어낼 수 있다면 다면평가 결과에도 충분히 반영될 것이다. 즉, 다면평가를 체중계로 본다면, 똑같은 체중계로 한 사람의 몸무게 변화를 측정하는 것과 같다. 코칭이나 행동변화 프로그램의 역할 가운데 하나는 이전의 성격평가 결과를 무의미하게 만드는 것이다. 코칭의 효과로 인해 더 큰 성과를 거둘 수 있다면, 이전에 치른 성격평가 결과로 측정된 미래성과 예측도 의미가 없어지기 때문이다. 원래 성격대로라면 거둘 수 없었던 성과지만 변화하려는 노력이 이미 자리 잡은 습관과 본성을 뛰어넘은 것이다.

다음 페이지에 나오는 <그림 5>는 효과적인 코칭 프로그램을 위해 피드백을 어떻게 극대화할 수 있는지 보여주고 있다. 비록 유사 모형들이 많지만, 이 모형은 내가 운영하는 회사에서 직접 개발한 체계에 기반하고 있다.

　<그림 5>의 순환 과정에서 나타나듯, 변화의 프로세스는 의식 형성에서 시작된다. 성과와 잠재력에 관한 피드백을 제공하는 다면분석과 유효한 성격평가를 통해 사람들은 자기관과 타인의 시선 사이에 존재하는 사각지대를 알 수 있게 되며, 이상과 실제를 구분할 수 있게 된다. '코칭coaching'이라는 단어가 원래는 '마차carriage'를 뜻하기도 했다는 것은 결코 우연이 아닐 것이다. 지금 있는 곳에서 자신이 원하는 곳으로 갈 수 있게 만드는 것이 코칭의 주요 목표이기 때문이다.

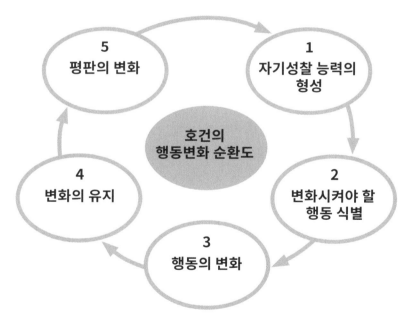

<그림 5> 호건 어세스먼트 시스템즈의 개발 체계

　프로세스 두 번째 단계는 개선해야 할 행동패턴을 선정하는 것이다. 이 단계는 적절한 목표를 수립하고 자신의 목표를 회사가 원하는 성과목표에 일치시키는 것과 관련이 있다. 본질적으로 직장에서 더

효율적으로 일하기 위해 (아니면 더 만족하기 위해) 변화시켜야 할 행동이 무엇인지 확인하는 과정이 필요하다. 세 번째 단계는 실제 변화다. 새로운 행동패턴을 시작하며 이전 패턴을 중단하는 것, 그리고 좋지 않은 습관들을 효율적 습관으로 바꾸는 작업이다. 사람들은 이룰 수 없는 목표를 잡고 싶은 유혹에 빠지기는 쉬운 반면 이미 굳어진 습관은 바꾸기가 힘들다. 그러므로 새로운 습관을 정착시키기 위해서는 엄청난 시간과 에너지가 드는 것이 당연하다. 가장 효과적인 방법은 몇몇 주요 행동패턴에 집중해서 변화를 이끌어내는 데 전념하는 것으로, 이는 성격 전체를 이식하려고드는 것보다 더 큰 보상을 받을 수 있을 것이다. 네 번째 단계가 가장 어렵다. 변화를 오랫동안 유지하는 것 말이다. 보통 새해에 세운 목표는 한 달 안에 무너진다. 그러므로 변화를 유지하는 데 성공하는 희귀한 사람들은 큰 보상을 받게 될 것이다. 즉, 프로세스 다섯 번째 단계인 평판 개선에 다다르게 되는 것이다. 이 다섯 번째 단계는 이전 단계들을 모두 수행했기 때문에 얻을 수 있는 결과물이다. 마지막 단계에 대한 평가는 프로세스를 시작하고 최소 9개월 뒤(일반적으로 12개월 뒤) 다시 평가받음으로써 실제로 변화를 유지하고 있음을 검증 받는다. 검증을 통해 타인의 시선으로 봤을 때도 눈에 띄는 변화가 일어났는지 확인할 수 있게 되고, 또한 타인의 관점을 이해함으로써 다시 자기성찰 능력을 높일 수 있는 선순환이 이뤄진다.

그러므로 좋은 평판을 얻는 것은 코칭과 직원 개발 프로그램의 궁극적 목표라 할 수 있다. 효과적인 코칭은 그 사람이 자신의 경력을 하나의 브랜드로 꾸미고 개발시키도록 돕는다. 이런 개념은 어느 정도 직관에 어긋나기는 하지만 코칭이 한 사람의 '진정한 자아'를 변화시킬 수 있게 도와줘야 한다는 일반적 믿음 때문에 평판은 점점 더 실제로 존재하는 결과론적 변수로 취급되고 있다. 성격을 나타내는 징후들은 대부분 보는 사람의 관점에 따라 다르게 해석된다. 위대한 뮤지션 데이빗 보위David Bowie는 "나는 가장 많은 사람들이 내가 어떤 사람이라고 생각하는 그 정도 존재에 불과하다"고 했다. 다른 사람들이 내가 어떤 사람이라고 생각하는 것이 내 스스로 어떤 사람이라고 생각하는 것보다 우리 인생에 더 중대한 영향을 끼친다. 다른 사람들이 가지는 견해가 정확하지 않더라도 그 중요성은 여전하다. 우리는 다른 사람들이 가진 관점에 기반하여 고용되며 승진하고 퇴직하게 되니까.

다시 말해 스스로 어떻게 생각하는지는 그렇게 중요하지 않다. 가장 중요한 것은 다른 사람들이 당신을 보는 시선이다. 당신 스스로 생각하는 자기 자신이 다른 사람들이 생각하는 것과 완전히 다르다면, 당신의 자기관은 거의 가치가 없다. 역사적으로 중요한 인물들 가운데 자기 자신에 대하여 제대로 인식하지 못한 이들이 어떤 짓을 해왔는지 떠올려보자. 히틀러, 스탈린, 이디 아민 등 잔인한 독재자들은 대부분 자기 자신에 대해 긍정적인 견해를 가지고 있었다. 심지어 자신이 더 나은 세상을 만들어가기 위해 노력하고 있고, 스스로를 이타적이며 도덕적인 리더들이라 여겼다는 사실은 더욱 놀랍기만 하다.

다음 장에서도 다루겠지만, 직원들의 약점들(또는 개발기회)을 눈여겨 보지 않는 조직들은 결국 대가를 치르게 될 것이다. 총명함은 대개 '불량자산'과 공존한다. 도미닉 스트로스칸^{Dominique Strauss-Kahn}(성추문에 휩싸인 IMF 전 총재)과 오스카 피스토리우스^{Oscar Pistorius}(여자친구를 살해한 유명 장애인 육상선수), 빌 클린턴^{Bill Clinton}(르윈스키 스캔들의 주인공이었던 전 미국 대통령)은 자신의 분야에 있어서는 엄청난 재능을 가진 사람들이지만 스스로 가진 성격의 어두운 면에 대해서 신경쓰지 않았던 죗값을 톡톡히 치렀거나 치르고 있다. 하지만 조직문화가 정치적이며 오염되어 있을수록 그런 사람들은 언제든지 다시 성공할 것이다. 마치 박테리아가 오염된 환경을 더 좋아하는 것처럼. 그러나 그들의 성공은 집단이나 조직의 행복을 희생 시키면서 얻은 것이라는 점을 잊어선 안 된다.

CHAPTER
6

재능의 어두운 면

이번 장에서는 재능의 어두운 면을 들여다본다. 긍정적인 자질들과 늘 공존하는 바람직하지도 않고 비생산적인 기질들은, 왜 엄청난 능력과 전문성을 갖춘 사람들이 좋은 커리어에서 탈선하고 마는지 설명해 준다. 더불어 다른 직원들을 괴롭히며 업무성과를 빼앗고 진실되지 못한 행동들, 즉 CWB를 보여주면서 이런 행동을 예측할 수 있게 해주는 성격의 어두운 면에 대해서도 소개할 것이다. 특히 '어둠의 3인방'라 불리는 나르시시즘형, 권모술수형, 사이코패스형은 이미 광범위하게 연구되었으며 직장에서 흔히 볼 수 있는 일반적 현상이 됐다. 이런 성격을 가진 (그리고 다른 문제들도 가진) 사람들이 리더의 자리에 앉아 있으면 사태는 더 심각하다. 하지만 앞서 말했듯 이런 일은 직장에서 흔히 일어난다. 성격의 어두운 면으로 다른 사람들을 희생시키면서 개인적인 성취를 이루는 사람들은 어떤 조직에서든지 존재하기 때문이다.

☆　☆　☆

재능보다 더 좋은 자질은 없다. 그래서 재능을 주제로 한 논의들 절대 다수가 재능의 밝은 면만 다루고 있지만 재능에는 어두운 면도 존재한다. 그 어떤 재능 모형도 개인의 결점에 대한 항목을 누락시킨 채 완벽해질 수는 없다. 어두운 면은 누구나 가지고 있다. 대부분의 사람들이 최소 2~3개 정도의 탈선 요소를 갖고 있으며 이는 전체인구의 약 15%가 성격상의 문제로 심리치료를 필요로 하는 것과 마찬가지로 엄연한 사실이다. 어두운 면의 신호는 어느 회사든, 어떤 직급이든 나타날 수 있으며 최고경영자들도 예외는 아니다.

주목해야 할 두 가지 의견들이 있다. 첫 번째, 가장 재능 있다고 평가받는 사람들조차 약간의 문제들을 안고 있다. '재능의 부작용'이라고 표현할 수 있는 이런 현상은 어떤 사람 안에는 장점과 단점이 공존하고 있으며, 특히 극단적으로 강한 장점은 오히려 달갑지 않은 기질의 씨앗이 될 수도 있음을 보여준다. 예를 들어 자신감이 넘치는 사람들은 다른 사람의 사기를 꺾을 뿐만 아니라 자기 자신에 대한 왜곡된 이미지를 가지고 있을 가능성이 크다. 아주 창의적인 사람들은 디테일에 주의를 기울이지 않을 가능성이 높고 한 가지 아이디어에 충분히 시간을 들이지 않은 채 다음 단계로 뛰어넘으려는 경향이 있다. 또한 사교술에 능수능란한 사람은 다른 사람들을 마음대로 조종하려는 유혹에 빠지기 쉽다. 주목해야 할 두 번째 의견은 같은 자질이라도 어떤 일을 할 때는 장점이 되지만 다른 일을 할 때는 단점이 될 수도 있다는 것이다. 예를 들어 위험을 감수할 수 있는 정신력은 처음 사업을 시작하는 기업가에게는 장점이지만 보건안전 담당관에게는 단점이다. 창의성은 광고 카피라이터에게는 장점이지만 회계사에게는 단점이다. 외향성은 영업사원이 가질 수 있는 가장 큰 장점이지만 도서관 사서가 가진다면 일에 싫증을 불러일으키며 방해만 될 것이다. 이런 점들이 다소 사소해 보이거나 지나치게 단순화된 예시처럼 보일 수도 있을 것이다. 하지만 재능의 어떤 특성이 모든 점에서 유용하며 어떤 경우에라도 부정적이지 않다고 말하는 게 더 지나친 단순화다. 특히 한 가지 특성이 과하게 나타날 때 더 그렇다.

　　앞서 말했듯 때로는 재능의 어두운 면이 개인에게 성공을 가져다 주기도 한다. 그런 경우 다른 이들(동료, 부하, 조직 그 자체)의 희생이 따른다. 예를 들어 기만은 부정직한 사람이 남을 앞지르도록 만들며, 탐욕은 이기적인 사람을 더 높은 자리에 오를 수 있게 해준다. 하지만 그런 개인적 이득은 조직, 또는 사회 전체에 큰 피해를 끼치게 되므로 사회 전체적인 관점에서 보았을 때 진실되고, 재능 있으며, 남을 배려하는 사람들이 리더십을 발휘하고 성공해야 혜택의 총합이 더 커진다. 자신감이 넘치는 사람이 승진 기회를 잡을 확률이 크지만 실은 어떤 업무에서 지속적으로 중요한 영향을 미치는 것은 자신감이 아니라 전문성이다. 즉, 어두운 면을 활용해 얻은 단기적 성공은 집단 전체의 장기적 성과감소에 의해 상쇄된다. 부패한 조직문화라면 어두운 면으로 인해 발생한 성과에 대해 보상할 뿐만 아니라 건전하지 못한 성격의 소유자들이 활개치고 다니게 허용할 수도 있다. 2012년 부패한 바클레이즈^{Barclays} 은행의 리보(LIBOR; 런던 은행 간 거래금리) 조작 스캔들이 이런 현상을 대변한다.

　　실무를 진행하며 재능의 어두운 면을 평가해야만 하는 중요한 이유들 가운데 하나는 조직 내에서 퍼져나가고 있는 CWB의 파급력 때문이다. 규칙을 마음대로 바꾸고 근무시간 중에 인터넷 서핑을 즐기며 다른 직원들을 괴롭히고 성과를 빼앗는 등의 윤리적이지 못하며 반사회적 업무행태는 전체 경제에 수십억 달러 규모의 비용을 발생시킨다. 엔론^{Enron}과 월드컴^{WorldCom}의 분식회계 스캔들을 떠올려보자. 이들은 분식회계를 시작한 첫 해에만 400억 달러를 횡령했다. 이 금액은 미국 국토안보예산과 맞먹는 금액이다. 2008년 금융위기도 마찬가지다. 비윤리적인 은행가들과 그들에게 세뇌된 정부의 거짓말과 조작, 허위진술 등이 금융위기를 야기시켰고 25조 달러의 비용을 발생시켰다.

재능의 밝은 면이 직장에서의 성공과 업무성과 증가 등을 예측할 수 있게 해주는 반면 어두운 면은 실패와 탈선을 예고한다. 최근 발표된 연구결과는 아래와 같은 점을 지적했다.

> 낙관주의, 진실성, 자기 자신에 대한 진정성 등은 건강과 행복을 가져다주지만 권모술수, 나르시시즘, 사이코패스 등의 성격특징은 부정행위를 예견한다.

지난 수십 년 동안 연구가 진행되어 온 CWB는 '의도적으로 다른 직원들이나 조직에 피해를 입히려는 시도'라는 정의를 통해서도 알 수 있듯이 만연되었을 경우 굉장히 심각한 문제들을 발생시킨다.

사람들이 모여 사는 여느 사회생활과 마찬가지로 다른 사람들과 함께 일해야 하는 직장에서도 특정 규칙과 다른 이들에게 유익할 수 있는 행동강령에 순응해야 하며 이를 위해 개인적 흥미를 자제하고 희생이 필요할 때도 있다. 다른 사람과 함께 일할 수 있는 능력에는 자발적으로 친사회적 행동을 하는 것뿐만 아니라 이기적이며 반사회적으로 행동하려는 성향을 억제하는 것도 포함된다. CWB는 회사 내의 사회적 화합을 위협하고 동료들 간 협력관계를 위태롭게 만든다. 따라서 CWB는 조직시민행동의 정반대 개념이라고 할 수 있는데, 상황에 따라 두 가지 징후가 동시에 나타날 수도 있다. 즉, 훌륭한 수준의 조직시민행동을 보여주면서도 동시에 CWB를 보여주는 사람도 있고, 간혹 어떤 사람에게서는 둘 다 찾을 수 없는 경우도 있다.

CWB는 이미 널리 퍼져있으며 이제는 업무성과를 평가하는 데 있어서도 꼭 고려되어야 할 주요 요소로 인식되고 있다. 이것이 직원들과 조직 활동에 미치는 영향이 중대해졌기 때문인데, 예를 들어 공격성, 일탈, 정치적 보복 등의 행위는 직원들의 사기와 생산성을 떨어뜨린다. 마찬가지로 폭언과 신체적 희롱, 괴롭힘, 사이버 폭력, 절도 등은 직원들의 의욕을 꺾고 조직이 자원을 낭비하게 만듦으로써 성과에 악영향을 미친다. 한편, 성과에 악영향을 미치는 행동을 모두 비생산적 행동으로 간주해야 한다는 사람들도 있다. 즉, 전후사정에 의해 어쩔 수 없이 성과에 악영향을 미치는 경우조차도 의도적으로 조직에 피해를 주는 성격의 어두운 면처럼 개인적 특성에서 비롯된 것은 마찬가지라는 것이다.

행동이란 상황과 개인적 자질들이 함께 빚어낸 기능이다. 예를 들어 공격적인 성격의 소유자는 조금만 스트레스나 압박을 받아도 함께 일하는 동료에게 쉽게 화를 낼 것이다. 하지만 냉정하고 사회성이 좋은 사람은 누군가에게 화를 내려면 공격적인 성향의 사람보다 훨씬 더 강하게 스트레스나 압박을 받는 상황이 요구된다. 즉, 성격은 특정 상황이 발생하면 어떻게 행동할 거라는 '가상 시나리오' 같은 것이다. CWB를 줄이고 싶은 조직들은 문제가 있는 직원들을 걸러내야 할 뿐만 아니라 조직문화 속에 스며든 독소 또한 중화시켜야만 한다. 그러기 위해서는 우선 각각의 직원들이 가진 어두운 면을 주의 깊게 관찰해야 한다. 아무리 재능의 뛰어난 직원이라도 어두운 면을 통제하지 못한다면 CWB를 저질러 조만간 동료들과 조직에 해를 끼치게 될 것이다.

리더가 성격의 어두운 면을 가지고 있다면 이로 인해 초래될 부정적 결과의 규모는 더 커질 수밖에 없다. 리더는 더 많은 사람들에게 영향력을 미칠 수 있으며 리더들의 행동과 의사결정 능력, 중요하게 생각하는 가치 등이 조직문화를 형성하기 때문이다. 만약 직원 한 명이 일탈 행위를 저지르면 단지 소수의 사람들만 영향을 받고, 조직문화 자체가 완전히 부패하지 않았다면 그 한 사람만 징계하거나 쫓아냄으로써 사태가 일단락될 것이다. 하지만 리더가 폭언을 하거나, 비이성적으로 행동하거나, 공격적이거나, 부정직한 행동을 일삼는다면 리더에 대한 좋지 않은 평판이 조직 전체로 퍼지는 동시에 부하직원의 업무방식에도 스며들 수 있다. 공포와 좌절, 탄압의 조직문화는 직원들 사이에 퍼져나가며 원래 그렇지 않았던 사람들도 비슷한 행동을 하도록 부추기게 된다.

더 자세히 살펴본 어두운 면

재능의 어두운 면을 정의하는 다양한 개념들 중에서 바람직하지 못하고 반사회적이고 비기능적인 개인의 '성격'에 초점을 맞춰보자. 이런 성격은 본성에서 나오며 대개 안정적인 개인적 특성들 사이에서 공존하고 있다. 이는 어두운 면이 단 한 번으로 끝나거나 가끔 발생하는 문제적 행동이 아니라 대인관계에서 되풀이되는 문제를 일으킬 수 있다는 것을 의미한다. 어두운 면을 설명하는 데 있어 가장 포괄적이며 권위 있는 분류기준을 제공한 것은 조이스 호건^{Joyce Hogan}과 로버트 호건^{Robert Hogan}이다. 이 두 명의 심리학자들은 채용심사에 성격평가를 처음으로 도입한 이 분야의 개척자들이다. 이들이 만든 모형은 직장인들 가운데 준임상적인, 즉 정신병원에 가야할 정도는 아니지만 성격장애를 가진 이들이 있다는 것을 전제로 깔고 있다. 성격장애와 같은 비기능적 자질은 타인과 건전한 대인관계를 형성하고 유지하는 능력을 약하게 만들기 때문에 결과적으로 해당 직원을 성공에서 멀어지게 만든다. 호건 모형은 사람들이 스트레스를 많이 받는 상황에 놓이거나 자기성찰 능력이 떨어지는 상황에서 어떻게 대응하게 되는지 예측할 수 있게 해준다. 사실 어두운 면은 환경의 변화를 맞이 했을 때 사람들이 취하는 대응방식의 일종이라 할 수 있다. 여기서 말하는 환경의 변화란 다른 사람의 행동이나 요구를 뜻한다.

성격의 어두운 면이 행동에 영향을 미치는 상황은 두 가지다. 첫 번째, 사람들이 압박을 받을 때 인지적 능력이 고갈되기 시작하면 타인의 시선에 신경 쓸 수 있는 에너지가 점점 떨어지며 자신의 평판을 관리하지 못하는 지경에 이른다. 두 번째, 너무 편할 때 긴장을 풀게 되면 스스로에 대한 사회적 통제력이 떨어지게 된다. 이런 상황에서 사람들은 본연의 '자기 자신'으로 돌아갈 수밖에 없다. 친한 친구들이나 친척들과 함께 있을 때 이런 모습을 보이는 경우가 많다. 하지만 첫 데이트나 면접 등 타인에게 좋은 인상을 남기고 싶을 때는 어두운 성격이 잘 드러나지 않는다. 사람들은 이런 상황에 놓이면 자신의 행동을 주의 깊게 감시하며 사회적 능력을 최대한 발휘해 예의를 지키고 바람직하지 못한 행동과 반사회적 경향을 최대한 억제한다. 면접 때 나올 수 있는 일반적 질문들에 대해 생각해보자. '당신의 가장 큰 장점은 무엇인가?, 왜 이 직장에서 일하고 싶은가?, 5년 후에 당신은 어떤 모습이 되어 있을 것 같나?' 이런 질문들은 성격의 어두운 면을 억제하고 가장 호감 가며 대단한 모습을 보여달라는 요청과 다름 없다. 심지어 가장 큰 단점을 말해보라는 질문을 받으면 실제로 존재하는 단점을 드러내기보다 그 안에서 긍정적인 면을 찾아 알려주고 싶어한다. 그래서인지 가장 많이 하는 대답이 "제가 완벽주의자라서"이거나 "자랑을 잘 못해요" 정도다.

따라서 면접이나 짧은 만남으로는 어두운 면을 찾기 힘들다. 오히려 나르시시스트가 면접에 강하고, 사이코패스의 광기는 재능으로 위장되기 쉽다. 특히 면접관이 지원자의 사교술에 마음을 뺏기게 되면 그들의 불쾌한 모습이나 일에 지장을 줄 것 같은 본성은 완전하게 감춰진다. 하지만 그들은 곧 보상과 비용의 가치에 대해 평가하는 그들만의 관점, 책임을 기피하며 호혜를 나눠주지 않으려는 태도, 타인에 대한 감정적 헌신 부족 등을 드러내면서 조직 내의 대인관계에 실질적인 악영향을 미치게 된다. 다행스러운 점은 면접 외에 다른 방법으로 어두운 면을 발견할 수 있다는 것이다. 과학적으로 입증된 성격 평가 프로그램을 이용하면 응시자가 숨기려고 해도 임상적인 증상과 비임상적인 증상을 모두 찾아낼 수 있다. 이미 수백 건의 연구가 진행되었으며 그 결과 심리측정으로 도출된 성격의 어두운 면과 업무성과

인재의 역량

간의 중대한 상관관계가 검증되었다. 최근에는 특정 업무에 지원한 사람들이 아니라 일반적인 상황에서 좀 더 폭넓은 인구를 대상으로 성격의 어두운 면을 평가할 수 있는 프로그램들도 속속 등장하고 있다. 그중 하나는 언어 분석 소프트웨어로 사람들이 페이스북이나 트위터 등 SNS를 이용하며 쓰는 단어들의 빈도와 형태에 기반해 어두운 면을 추론해낸다. 예를 들어 나르시시스트들은 '나는'이나 '나를', '내 것'(I, me, mine) 등 자기 자신을 나타내는 단어들을 많이 쓰는 경향이 있다. 사이코패스 성향을 가진 사람들은 욕을 하거나 부정적 발언을 일삼고 타인에 대한 모욕과 악성 댓글을 남길 가능성이 높다. 집착이 강한 사람들은 맞춤법을 거의 틀리지 않으며 '완벽'과 '올바른'(complete, correct) 같은 단어를 더 많이 쓰는 것으로 나타났다.

여러 어두운 면들 가운데 특히 주목 받고 있는 특성들은 나르시시즘, 사이코패스, 권모술수, 이 세 가지다. 흔히 '어둠의 삼인방'으로 불리는 이 특징들을 하나 이상 품고 있는 사람들은 다른 사람들보다 더 냉담하고 이기적이며 대인관계에 있어서 악의적 모습을 보일 가능성이 크다. 또한 직장에서뿐만 아니라 개인적인 인간관계에 있어서도 사람들을 교묘히 이용하거나 자기 뜻대로 조종하려는 경향이 있다. 이제 어둠의 삼인방을 직접 대면할 시간이다.

나르시시즘: 직장에서 보여지는 특권의식과 과대망상증

어두운 면 가운데 가장 광범위하게 논의되는 주제는 나르시시즘으로 그 이유는 두 가지다. 첫 번째, 신입사원과 최고위급 임원을 가릴 것 없이 나르시시즘은 모든 조직과 직장에 널리 퍼져있다. 두 번째, 나르시시즘의 영향력은 복합적인 양상을 보인다. 즉, 나르시시즘은 직위나 성과, 어느 관점에서 보더라도 혜택과 결함 두 가지 모두와 관련되어 있다. 또한 나르시시즘에 대한 연구가 끊이지 않는 것은 그런 특징을 가진 사람들의 매력에 끌리기 때문이다. 나르시시스트들은 책이나 영화에서 주인공이나 영웅으로 묘사되는 경우가 대부분이다.

우리 시대의 가장 유명한 리더 가운데 한 명이었던 스티브 잡스를 떠올려보자. 비록 역사상 가장 성공한 회사들 가운데 하나를 만들어낸 공로를 인정받아 마땅하지만 성격 자체는 개탄스럽다. 정신과의사의 진단 없이도 다들 잡스가 정신적으로 문제가 있었다는 것을 알고 있다. 잡스는 자신의 성격 때문에 스스로도 커리어의 여러 단계에서 큰 비용을 치러야 했다. 수많은 심리학자들과 경영전문가들은 잡스의 성격 프로필이 '끔찍하다'고 표현했으며 그가 설립한 '애플'이라는 조직이 '역설' 그 자체라 평가했다. 잡스처럼 유해하며 효율적이지 못한 사람이 어떻게 최고의 사업체를 창립하고 이끌며 역사상 가장 존경 받는 브랜드를 만들어낼 수 있었을까? 잡스의 성격은 나르시시즘의 상징물이라고 할 만하다. 잡스를 도와 최초의 매킨토시 컴퓨터를 개발한 것으로 유명한 제프 러스킨^{Jef Raskin}의 말을 들어보자.

> "잡스는 끔찍한 관리자다. 나는 항상 스티브를 좋아했지만 함께 일하는 것은 불가능하다는 것을 깨달았다. 생각이 깊지도 않고 판단력이 그리 좋지도 않았다. 그리고 정당한 대우를 해준 적도 없었다."

러스킨의 말은 '부적응성'이라는 나르시시즘의 한 단면을 여실히 보여준다. 충동적이며 위험한 의사결정을 내리고 남을 하찮게 보는 잠재적 성향, 남의 성과와 공을 빼앗는 행위, 남들과 함께 일하기 힘든 성격 등이 나르시시즘의 특징이다. 잡스는 '현실왜곡장^{reality distortion field}'으로도 유명하다. 자기애라는 도구로 깎은 왜곡된 프리즘을 통해서만 세상을 바라봤던 것이다. 프로이트는 이런 나르시시즘의 특징을 '자아친화적 세계관'이라 표현했으며 이런 세계관을 가진 사람들은 모든 현상을 대할 때 자아를 부풀려 해석하는 경향이 있다고 했다. 그것이 현실과 완전히 동떨어진 길이라고 해도 말이다. 나르시시스트는 자기중심적 성향과 특권의식, 오만함 등으로 인해 자기 자신이 세상의 중심에 서 있으며 모든 것이 자신을 중심으로 돌아간다는 망상에 사로잡히게 된다. 실제로 존재하지 않는 가공의 재능은 나르시시스트의 과대망상 비전에 힘을 더해주며 급기야 다른 사람의 마음까지 사로잡아 추종자들을 만든다. 스티브 잡스와 베를루스코니, 도널드 트럼프는 이런 과대망상을 사람들이 생각할 수 있는 수준보다 더 크게 성공시킨 극소수의 사례들이다. 하지만 세상에는 실패한 나르시시스트들이 훨씬 많다(시트콤『더 오피스』의 마이클 스캇, 혹은 영국판의 데이빗 브렌트가 그 예다).

도널드 트럼프는 흥미로운 연구대상이다. 나르시시즘은 양날의 검일 수 있다는 점을 직접 보여주기 때문이다. 나르시시스트는 오만하며 무뚝뚝하고 공격적 성향을 지니는 등 바람직하지 못한 특징들을 보여주는 반면, 자신감에서 오는 매력으로 청중의 마음을 사로잡기도 하고 때로는 전문성이 있는 것처럼 연기하기도 한다. 『이코노미스트』는 한때 트럼프를 아래와 같이 묘사했었다.

> 트럼프는 영리하며 카리스마를 지닌 인물이다. 리얼리티 TV 프로그램에서 몇 년간 활약하며 충격적인 대중적 이미지를 구축했다. 하지만 TV에서 보여진 극한의 자기중심적 성격이 실제 성격인지 연기의 일부인지 여부는 아무도 모른다.

사람들은 역사적으로 나르시시스트를 숭배해 왔다. 나르시시즘에 대한 과학적 연구가 시작된 것은 19세기 말, 심리학 연구의 시초로 거슬러 올라간다. 나르시시즘이란 단어는 그리스 신화에 등장하는 잘 생긴 사냥꾼 나르시스의 이야기에서 유래됐다. 어느 날 그는 연못에 반사된 자신의 모습을 보고 자신과 사랑에 빠진다. 자기 얼굴에 반한 그는 그 자리를 뜨지 못하고 자신의 모습을 제외한 삶의 모든 것에 흥미를 잃고 만다. 결국 그는 수면 위 자신의 모습 속으로 빠져들어 고

독한 죽음을 맞이한다. 프로이트는 나르시시즘에 대한 방대한 연구 결과를 남겼으며 밝은 면과 어두운 면 모두에 대한 견해를 남겼다. 그에 따르면 나르시시즘의 수위가 높지 않다면 친사회적 행동으로 이어질 수 있으며 다른 사람들로부터 인정받고 존중받고 싶은 욕망을 채울 수 있을 것이다. 하지만 수위가 높다면 다른 사람들을 단순히 청중으로 인식하며 자기집착이 강해져 자기 자신 외에 다른 것은 볼 수 없게 된다. 프로이트는 병적인 상태에 이른 나르시시즘을 '자기성애'라 표현했다. 자기성애자는 자기예찬에 대한 욕구가 너무 강해서 자신의 '팬'이 아닌 다른 이들에게 아무 신경도 쓰지 못하는 사람이다. 즉, 자기성애는 자기예찬의 반사회적 형태라고 볼 수 있다.

임상적 수준이건 그렇지 않건 간에 나르시시즘의 징후들은 일반적으로 같다. 나르시시스트들은 자신이 중요한 사람이라는 사실에 과도하게 집착한다. 자신이 너무도 특별하고 다른 이들보다 중요하다는 믿음, 무조건적 성공에 대한 공상, 비난에 대한 과민반응, 특권의식, 타인에 대한 착취, 공감능력 부족 등이 나르시시즘의 징후다. 완벽한 세상이라면 이런 나르시시스트의 성향들이 커리어에 부정적 영향을 끼치겠지만 우리가 살고 있는 현실 세계는 나르시시스트가 활개칠 수 있는 환경을 제공한다. 메타분석 결과에 따르면 나르시시즘은 업무성과, 업무만족도, 조직시민행동 등과 아무런 상관관계를 가지지 않지만 특정 업무환경 하에서는 나르시시스트들이 더 탁월한 능력을 발휘하는 것으로 나타났다. 예를 들어 영업직은 장기적으로 인간관계를 만들어 나가는 것보다 짧은 시간에 좋은 인상을 풍길 수 있는 능력이 더 필요하기 때문에 나르시시스트들에게 유리하다. 또한 청중에게 깊은 인상을 남기는 동시에 환심을 사야하는 도전적인 과제나, 창의적인 사람들을 설득하는 일도 나르시시스트들에게 더 잘 맞는다. 더불어 나르시시스트가 일반인들보다 더 창의적이거나 현명한 것은 아니지만 창의력이 있는 것처럼 연기할 수 있으며 이런 능력을 활용하여 조직의 리더가 될 수 있는 것은 물론 정치인이나 기업의 CEO가 될 가능성도 높다(특히 미국에서).

하지만 대체로 나르시시즘은 부정행위와 남을 괴롭히는 행동, 거짓말, 지능범죄 등 부정적 업무결과와 높은 상관관계를 가지고 있다. 특히 나르시시즘과 CWB 사이에는 긍정적 상관관계가 일관되게 나타나므로 나르시시즘 관련 수치가 증가하면 할수록 동료들과 조직 자체에 더 큰 피해를 입히게 된다. 나르시시즘 분야의 연구를 주도하는 저명한 심리학자이자 영향력 있는 사상가인 오토 컨버그^{Otto Kernberg}는 이렇게 말했다. "나르시시스트는 남을 착취하는 정도가 아니라 남에게 기생하기도 한다. 나르시시스트는 때로 남을 통제하는 선을 넘어 소유할 수 있다고 생각하며 죄책감을 느끼지 않고 마음대로 착취할 수 있는 권리가 있다고 생각하기도 한다. 매력적이며 성실해 보이는 겉모습의 이면에는 차가움과 잔인함이 도사리고 있다." 나르시시스트를 분간하는 가장 확실한 방법은 어느 정도 시간을 두고 관찰하는 것이다. 어떤 사람이 나르시시스트라면 처음 만났을 때 보여지는 확신에 찬 매력적 모습은 시간이 지날수록 온데간데 없어지고 적대적으로 변하거나 차갑고 공격적인 성향을 띨 가능성이 높다.

나르시시스트들의 본 모습이 더 잘 드러나는 순간은 그들이 비난의 대상이 될 때다. 도전을 받거나 위협을 느끼면 그들은 폭력적으로 반응하며 자신을 비난한 사람들을 공격하고 폄하하기 시작한다. 특히 직장에는 낮은 업무성과에 대한 비판, 동료들과의 경쟁, 새로운 기술을 익히며 겪는 어려움, 프로젝트 실패 등, 자부심에 위협을 주는 잠재요인들이 가득하기 때문에 이러한 성향을 더 잘 관찰할 수 있다. 그리고 나르시시즘 수준이 높은 사람들은 위협에 극도로 예민하게 반응한다. 일반적으로 나르시시스트들은 단순히 화를 내는 수준을 넘어 공격적인 성향을 띠며 일반인들보다 더 빠르고 강렬하게 돌변한다. 그런 반사회적 행동들은 대개 잘 숨겨져 있고 외견상 친사회적 활동에 몰두하고 있을 때 더 잘 감춰지므로 나르시시스트들이 사회적 활동을 하고 있을 때는 꽤 이타적인 사람들로 보여질 수도 있다. 특히 자신의 평판을 높일 수 있거나 더 높은 사회적 지위를 누릴 수 있게 해주는 일을 할 수 있는 기회가 주어진다면 그들은 더 친사회적인 사람처럼 연기할 수도 있다. 빌 게이츠와 마크 주커버그, 워렌 버펫, 카를로스 슬림 등 유명인사들 모두가 '세상에서 가장 관대하며 인자한 사람'이라는 타이틀을 얻기 위해 경쟁하듯 선의를 실천하고 있다. 마치 록펠러와 카네기가 잘 나가던 시절에 비슷한 칭찬을 들으려고 경쟁하던 것처럼. 몇몇은 순수한 이타주의자들이 맞겠지만 그 중 수많은 이들이 관대함의 이면에 무자비했던 과거와 인색함, 병적 수준의 야망 등을 숨기고 있다. 그러므로 일부 경쟁적 자선활동은 나르시시즘의 위장 활동(아니면 그냥 나르시시즘)으로 볼 수 있다.

인재 양성

사이코패스: 직장 내에 도사리는 사회적 포식자

어둠의 삼인방 가운데 하나인 사이코패스는 아래와 같은 특징을 지니고 있다.

> 다른 이들의 상황이나 사회를 돌아가게 하는 메커니즘에 관심이 없다. 충동적이며 다른 이들에게 해를 끼치면서도 죄책감을 느끼거나 후회하지 않는다. (사이코패스는) 사람들 사이에서 보면 인상관리 능력이 뛰어날 뿐만 아니라 말주변이 좋고 카리스마까지 겸비하고 있다.

원래 사이코패스는 나르시시즘과 같이 임상적 특성으로 간주된다. 하지만 임상적이라 정의하기에는 수위가 낮은 사이코패스 성향이 우리 주변에 넓게 분포되어 있으며 특히 규모가 큰 조직 속에 더 많은 비율로 존재한다. '우리 안에 숨어 있는 포식자들The predators among us'이라는 유명 강연에서 로버트 헤어Robert Hare는 "모든 사이코패스가 감옥에 있는

게 아니다"라며 "몇몇은 임원회의실에 있다"고 했다. 직장 내에서 일어나는 폰지(불법 다단계 사기 수법)와 온라인 사기, 내부자거래, 부패, 횡령 등이 사이코패스의 소행일 수도 있다. 연구결과에 따르면 미국의 모든 직장을 통틀어서 완전한 사이코패스의 기준을 충족하는 사람들의 숫자가 3백만 명에 달하며 비임상적이거나 미묘한 수준의 사이코패스 기질을 가진 사람들까지 합치면 그 숫자가 기하급수적으로 늘어나는 것으로 나타났다.

직장 내 사이코패스에 대한 관심이 점점 더 높아져 가지만 이를 주제로 연구된 학계논문은 비교적 적다. 그리고 몇 안 되는 연구결과를 봐도 직장 내 사이코패스의 긍정적 영향과 부정적 영향이 과장된 경우가 많다. 예를 들어 사이코패스를 식별하기 위해 적용된 일부 다면평가들은 직장 내 사이코패스의 숫자를 과대 측정하여 거짓된 상관관계를 이끌어내고 말았다. 그러나 효과가 입증된 신뢰할 수 있는 심리학 프로그램들을 사용하면 사이코패스의 임상적인 수준과 비임상적 수준을 모두 평가할 수 있게 해주는 것은 물론 그에 따른 CWB의 범위도 예측할 수 있다는 점을 잊지 말아야 한다.

앞서 언급했지만 다면평가와 심리학적 평가, 객관적 성과평가의 결과들을 함께 검토한 공동 연구결과에 따르면 사이코패스는 전체인구에서 차지하는 비율보다 기업과 같은 조직 환경에서 더 많이 분포되어 있는 것으로 나타났다. 조직 내에서 사이코패스 성향은 긍정과 부정, 양면이 혼합되어 표출되는데 카리스마와 밖으로 드러난 모습(창의력, 훌륭한 전략적 사고, 소통능력)에서는 긍정적인 평가를, 책임감과 성과평가(팀플레이, 관리능력, 전체 성취도)에서는 부정적인 평가를 받는다. 또한 사이코패스들은 기업가가 되고 싶은 유혹에 이끌릴 가능성이 더 높다. 아이러니하게도 위험과 잠재적 실패를 감지할 수 있는 예민함이 떨어지기 때문이다.

다른 사람들의 감정에 맞대응하는 피실험자의 감정을 평가하는 연구에 따르면 사이코패스들은 다른 이들이 고통받을 때 긍정적 감정을 느끼며 다른 사람들이 고통받지 않을 때 부정적 감정을 느끼는 것으로 나타났다. 사이코패스들은 일반인들보다 공감능력은 떨어지지만 업무를 감정적으로 대하지 않기 때문에 더 냉정한 의사결정을 내릴 수 있는 점에서 유리하다고 할 수 있다. 특히, 다른 사람들을 배려해야 하는 상황에서 사이코패스는 판단력과 냉정함을 흐리게 만들 수 있는 감정이 없기 때문에 오히려 더 정확한 판단을 할 수 있는 기회를 맞이하게 된다.

사이코패스들은 성과와는 관련 없는 활동으로 성공을 쟁취하려는 '출세지상주의자'가 되기 십상이다. 그런 사이코패스는 일을 떠넘기는 리더가 될 가능성이 높고 자유방임적 리더십 스타일을 구사하게 된다. 사이코패스 성향이 강한 리더가 이끄는 팀은 업무몰입도가 낮고 자신의 일에 만족하지 못하는 경우가 많은 것으로 나타났다. 즉, 사이코패스 개인은 스스로에게 동기를 부여하여 승진하고 출세할 수 있겠지만 그가 속한 사회와 조직은 그에 대한 대가를 치러야만 하는 것이다. 개인에게는 잠재적 혜택이 되지만 조직에게는 폐해가 되는 사이코패스 성향은 아래와 같이 정리될 수 있다.

사이코패스는 감정 및 죄책감의 결핍, 피상적 영향력, 다른 사람에 대한 통제, 미리 계획된 의도적이며 폭력적인 반사회적 행동패턴 등의 특징을 나타내는 성격장애의 일종이다. 사이코패스는 자신에 행동에 따른 엄청난 사회적 비용을 발생시킨다. 그 비용에는 문제적 행동으로 인해 직접적으로 발생한 재정적 피해, 실제로 아무 일도 하지 않기 때문에 발생하는 피해, 희생자들이 치러야 할 감정적 비용과 심리적 비용 모두가 포함된다.

인재양성

영화 『더 울프 오브 월스트리트 The Wolf of Wall Street 』에서 조던 벨포트 Jordan Belfort 역을 맡은 레오나르도 디카프리오는 사이코패스의 밝은 면과 어두운 면을 모두 잘 보여주었다. 카리스마 있고 위험을 감수할 줄 아는 모험가 벨포트는 고객들과 직원들 모두를 매혹시켰지만 도덕적 후회 따위는 하는 법이 없고 재력과 권력을 손에 쥘 수만 있다면 규칙은 물론 법까지 무시하려는 욕망에 휩싸인 사람이었다. 이런 특성은 알 카포네 Al Capone 와 파블로 에스코바 Pablo Escobar, 호아킨 구스만 'El Chapo' Guzmán 등 엄청난 압박 속에서도 냉정하고 계산적인 의사결정을 내릴 수 있었던 '성공한' 범죄자들에게서 공통적으로 나타난다. 수많은 헐리우드 영화들이 사이코패스 범죄자들에 대해 너무나도 잘 묘사했다는 사실은 그동안 우리가 사이코패스의 매력에 빠져 있음을 인정하는 꼴이다. 그들이 심각한 범죄를 저지르고도 한동안 잘 도망칠 수 있었던 이유가 거기에 있을지도 모른다(결국에는 잡히더라도 말이다).

권모술수: 정치적 역량의 어두운 면

어둠의 삼인방 세 번째 요소인 권모술수는 1970년대부터 광범위하게 연구되어 왔으며 경영관리와 조직심리학 분야뿐만 아니라 정치학 분야에서도 많이 다뤄졌다. 드라마 『하우스 오브 카드 House of Cards 』에 나오는 프란시스 언더우드는 권모술수형 인간의 완벽한 예시다. 약삭빠른 정치적 수완가 언더우드는 다른 사람들을 마음먹은 대로 다루고 속이면서도 전혀 죄책감을 느끼지 못하는 인물이다. 또한 냉소적이고 비윤리적이며 자신의 이익을 추구하는 것에만 관심이 있을 뿐, 다른 사람들의 감정에 공감하는 경우는 극히 제한적이다. 권모술수를 부리는 사람들은 엄격한 절차나 관료주의적 장벽이 높지 않고 분위기나 인맥, 인기에 편승하는 정치적 환경이나 형식적이지 않은 업무환경에서 더 큰 성공을 거둔다.

권모술수, 즉 마카아벨리즘machiavellianism은 『군주론ll principe』를 쓴 니콜로 마키아벨리Niccolò Machiavelli로부터 유래됐다. 정치적 권력의 축적을 돕기 위해 쓰여진 『군주론』에서 마키아벨리는 비록 누군가가 피해를 보더라도 신경쓰지 않고 자신의 목표를 성취하는 것에만 집중하는 영악하고 비윤리적인 군주(리더)상을 간결하면서도 설득력 있게 제시했다. 『군주론』의 가장 중요한 가르침은 아래와 같다.

- 모든 사람들은 겉모습만 보고 당신에 대해 판단할 것이며, 당신이 진정 어떤 사람인지 알 수 있는 사람은 거의 없다.

- 누군가를 다치게 해야 한다면 최대한 혹독해져라. 그가 복수 따위는 생각도 못 하도록.

- 인간이라는 존재는 일반적으로 변덕이 심하고 위선적이며 탐욕스럽다.

『군주론』을 포함한 어떤 저서에도 직접 나오지 않지만 마키아벨리의 가르침 가운데 가장 핵심적인 것은 "결과가 모든 수단을 해명해 준다"는 것이다. 이 말은 마키아벨리의 사상을 상징적으로 대변해 주며 권모술수에 능한 성격의 본질에 대해서도 잘 알려준다. 즉, 그들은 무자비하며 사려 깊지 못하고 다른 사람들에게 얼마나 큰 피해가 가건 신경쓰지 않는 것은 물론, 이용할 수 있는 것은 모두 이용하여 원하는 것을 성취하려 한다. 이제 권모술수와 사이코패스가 어느 정도 겹쳐 보일 것이다. 둘 모두 도덕적 기준과 공감능력의 결핍으로 특징지어지기 때문이다. 그런데 일반적으로 사이코패스를 아주 부정적으로 보는 반면 권모술수에 대해서는 잘 모르거나 오히려 권모술수 능력을 갖추면 사회생활을 능숙하게 할 수 있다고 생각하는 경향이 있다. 그런 면에서 권모술수는 사회성이 뒷받침되어야 효과적으로 기능하는 반면, 사회성이 뒷받침되지 않으면 남을 불쾌하게 만들고 사회적으로 아무런 효과도 얻을 수 없다.

그럼에도 권모술수에 능한 사람들은 사회적 교환의 주요 원칙들을 존중하지 않는 경향이 있다. 사회적 교환의 원칙은 여러 사람들이 함께 일할 수 있게 해주는 것을 넘어 어떤 집단이 높은 성과를 거두는 조직과 사회로 거듭날 수 있게 해주지만 이를 무시하는 권모술수형 인간들이 많아질수록 그 영향력은 퇴색될 수밖에 없다. 최근 학계 보고서들은 아래와 같이 지적한다.

사회적 교환 원칙을 위배하는 권모술수적 성향은 다른 사람들과의 유대관계를 약하게 만들며 일하고자 하는 관심을 떨어뜨리고 결과적으로 정치적 책략을 통해 개인만의 성공을 추구하는 분위기를 형성해 조직 전체의 성과를 떨어뜨리고 말 것이다.

그러므로 권모술수에 능한 사람들은 CWB를 저지를 가능성이 더 높아지고 동료들을 괴롭히며 배신할 것이다. 한 실험결과에 따르면 권모술수적 성향을 띠는 직원들은 삐뚤어진 윤리관을 가지고 있어서 도덕적 이탈과 부패, 반사회적 행동을 정당화하는 것으로 나타났다. 다시 말해 이들은 남들에게 피해를 입히고도 전혀 후회하지 않을 가능성이 높다.

어둠의 삼인방 너머에……

성격의 어두운 면에는 나르시시즘, 사이코패스, 권모술수만 있는 게 아니다. 호건이 조사한 '어둠의 면에 대한 보고서'에 따르면 11가지 업무이탈 요소가 존재한다. 이 업무이탈 요소들은 스트레스가 너무 커서 단점을 가리던 가면이 벗겨질 때, 혹은 외부자극이 너무 없어서 본모습이 그대로 드러나도록 방심할 때 명확해지는 반사회적이고 위해한 행동경향들을 압축하여 설명하고 있다. <표 2>를 보면 성격의 어두운 면들이 낮은 수치(긍정적 영향)를 보일 때와 높은 수치(부정적 영향)를 보일 때 각각 어떤 행동패턴을 보이는지 설명하고 있다. 이 11가지 업무이탈 요소들은 병리적 성격장애의 가벼운 징후들이라고 해석될 수도 있을 것이다.

<표 2> 호건이 제시한 성격의 '어두운 면'에 대한 모형

	낮은 수치	높은 수치
다른 사람들로부터 멀어지는 성격 ↓		
쉽게 화를 내는 성격 Excitability	압박 속에서도 냉정하며 한결같음. 차분함.	변덕스러움. 쉽게 실망함. 방향성을 잃음.
회의적인 성격 Scepticism	긍정적이며 끈기 있음. 협조적이며 신뢰할 수 있음.	냉소적이며 신뢰하기 힘듦. 쉽게 원한을 품음.
조심스러운 성격 Cautiousness	열린 마음을 가지고 있으며 따스하고 새로운 일을 시도하려는 의지를 보임. 결단력이 있음.	걱정이 많고 어려움을 피하려고 함. 속을 알 수 없음.
내성적인 성격 Reserve	사회적으로 더 몰입할 수 있으며 감성적임. 관계지향적임.	다른 사람들과 거리를 유지하며 사회성이 부족하고 다른 사람의 행동이나 의견에 관심이 없어 보임.
게으른 성격 Leisureliness	협조적이며 피드백을 받고 싶어 하고 자신의 감정을 잘 표현함.	수동적이며 공격적임. 짜증을 잘 내고 스스로 남들에게 인정받지 못한다고 느낌.
적을 만드는 성격 ↓		
대담한 성격 Baldness	잘난 체하지 않음. 자기성찰 능력이 뛰어나며 비난을 받아도 감정을 잘 다스림.	특권의식과 지나친 자신감을 가짐. 망상에 사로잡힌 채 과도한 경쟁심을 표출함.

인재 양성

짓궂은 성격 Mischievousness	진실하며 규칙을 잘 준수함. 신뢰할 수 있으며 모든 일에 협조적임.	위험을 감수하며 충동적임. 다른 사람들을 (자신의 매력에 빠지게 만들어) 조종함.
변덕스런 성격 Colourfulness	조용하며 자제력이 뛰어남. 업무 과제에 집중하며 나서지 않고 절제함.	쉽게 산만해짐. 호들갑스럽고 주목받는 것을 즐김.
공상이 많은 성격 Imagination	실무를 중요하게 생각함. 다른 사람들의 아이디어를 존중함. 현실적임.	특이한 취향을 가짐. 무엇에든 얽매이지 않으려 하며 한 가지 일을 잘 끝내지 못함.
다른 사람들에게 다가가는 성격 ↓		
근면한 성격 Diligence	느긋하며 너그러움. 융통성 있으며 항상 마감을 지킴.	한 가지 일에 집착하며 엄격함. 일을 너무 질질 끌며 모든 일을 과도하게 꼼꼼히 처리함.
순종적인 성격 Dutifulness	독립적이며 자급자족함. 정신력이 강함.	우유부단하며 남의 환심을 사려고 함. 지나치게 남을 기쁘게 하거나 따르려고 노력함.

호건의 모형은 직장에서 벌어지는 문제적 행동들을 예측하고 설명할 수 있는 포괄적 체계를 제공한다. 어떤 사람이 얼마나 유능하든지 간에 그 사람의 밝은 면 속에는 잠재적 파괴의 씨앗을 품고 있는 어두운 면 또한 도사리고 있다. 언급된 11가지 이탈요소들은 사람들이 어떻게 업무에서 이탈하며 실패하는지, 또한 인간관계를 맺고 유지하는 데 왜 어려움을 겪는지 정확히 나타내고 있다. <표2>에서 11가지 성격의 어두운 면을 크게 3가지로 분류한 것은 정신분석학자 카렌 호나이Karen Horney가 제시한 기능장애적 기질 모형과 일치한다. '다른 사람들로부터 멀어지는 성격'은 사회적 상호작용에서 멀어지는 성격들을 포함한다. 즉, 다른 사람들과의 관계를 발전시키고자 노력하지 않는 성향을 뜻한다. '적을 만드는 성격'은 타인에 대한 사회적 위협과 스스로에 대한 심리적 우월감, 자신의 매력 등을 이용하여 다른 사람들을

조종하려는 성향과 관련이 있다. 이 '적을 만드는 성격'은 '카리스마 집단'으로도 불린다. '다른 사람들에게 다가가는 성격'은 생산성을 상실할 정도로 남에게 순응하며 의존하는 것을 넘어 남을 기쁘게 하려거나 깊은 인상을 남기려고 지나치게 노력하는 건전하지 못한 열망과 관련이 있다.

한편 어둠의 삼인방이 호건 모형에서는 다른 명칭으로 나뉘어져 있음을 느꼈을 것이다. 대담한 성격은 나르시시즘을 나타내며, 짓궂은 성격은 사이코패스, 그리고 회의적인 성격과 짓궂은 성격이 함께 모여 권모술수형을 나타내고 있다. 엄밀히 말해 권모술수형 성격은 정치적 수완을 더한 사이코패스라고 불러도 좋을 것이다. <표 2>에서 낮은 수치는 장점으로, 높은 수치는 단점으로 제시하고 있지만 높은 수치의 장점과 낮은 수치의 단점도 존재한다(아래에서 더 자세히 설명하겠다). 남에게 피해를 입힐 수 있는 성격이 실제로 문제적 행동과 업무이탈로 이어질지는 결국 자기 자신에게 달렸다. 자신의 행동을 자각하고 스스로 감시하며 평판을 관리할 수 있다면 사람은 변할 수 있다. 가장 정상적이라고 평가받는 성인들도 최소 두 가지나 세 가지 탈선요소들을 가지고 있으며 한 가지도 가지지 않은 경우는 거의 없다. 하지만 11가지 탈선요소를 모두 가진 사람들도 찾기 힘들다. 탈선요소를 많이 가지고 있다고 해도 자신의 어두운 면을 잘 길들이고 탈선 요소들을 억제할 수 있다면 직장에서도 문제 없이 일할 수 있을 것이다.

여러 가지 어두운 면을 가지고 있으며 그 수치까지 높은 기업의 리더들이 높은 수준의 성과를 보여주는 경우 또한 드물지 않다. 더 나아가 이런 리더들이 지휘하는 팀들이 높은 업무몰입도와 수익성을 보여준다면 이것을 어떻게 이해해야 할까? 리더들이 가진 역기능적 잠재력과 현재 보여주는 기대 이상의 놀라운 성과들 사이의 괴리감은, 높은 다면평가 수치와 낮은 성격평가 결과 사이의 괴리감과 유사하다. 이런 리더들은 자기관리에 능숙하며 스트레스와 압박을 최대한 피하면서도 경계 수준을 높여 남에게 해를 입히는 일이나 비생산적인 활동으로부터 스스로를 멀어지게 한다. 호건 모형은 성격의 어두운 면을 재조명하며 리더들의 탈선요소를 식별하고 완화시키는 데 널리 이용되고 있으며, 특히 코칭과 인재개발 분야에서 효과를 발휘하고 있다. 하지만 일반적인 어두운 면에 대해서 알게 되었다고 해서 리더십의 어두운 부분까지 모두 섭렵한 것은 아니다. 그렇다면 리더십의 어두운 면에 대해서 우리가 알고 있는 것은 무엇인가?

리더십의 어두운 면

리더들이 가진 그들만의 어두운 면에 대한 연구도 광범위하게 진행되었다. 학계 내에서는 리더의 어두운 면을 '높은 성과를 거두는 팀을 구성하고 유지하는 리더의 능력을 저하시킬 수 있는 대인관계 전략의 결함'이라고 요약했다. 연구결과에 따르면 리더의 어두운 면을 파악하는 데 집중할수록 개발 프로그램의 효과는 더 커지는데 그 이유 가운데 하나는 리더들이 코칭과 개발 프로그램에 어떻게 대응할지 미리 예측할 수 있기 때문이다. 예를 들어 나르시시즘에 빠진 리더들은 성과를 객관적으로 판단할 수 있는 능력이 손상되어 있기 때문에 자기 자신에 대해 평가할 때 지나치게 관대하거나 높은 점수를 주고 만다. 때로는 자신에 대한 부정적인 평가가 객관적이라는 것을 알았을 때조차 자신이 열악한 상황 속에서도 선방했다는 식으로 해석해버린다. 따라서 나르시시스트 리더들은 개발 프로그램과 코칭의 기회가 주어지더라도 순응하지 않고 저항할 가능성이 더 높다.

나르시시스트 리더들에게는 선견지명이 있어 다른 사람들에게 영감을 불어넣어 줄 거라는 낙관적인 시선도 있지만 실제로는 충동적이며 위험한 의사결정으로 회사를 예측할 수 없는 위험한 방향으로 이끄는 경향이 있다. 이들은 대담하며 야망에 찬 비전을 이야기하는데 능숙하고, 이를 통해 사람들을 자기 주변으로 끌어들여 추종자들의 마음속에 그릇된 믿음을 형성시키고 만다. 나르시시스트 리더들의 카리스마는 순종적이고 자신감이 부족한 사람들에게 더 잘 먹힌다. 다시 말해 나르시시즘과 정반대 성격을 가진 사람들이 희생양이 된다는 것이다. 나르시시즘의 효과는 나르시시스트 리더와 순종적인 추종자들, 이를 방조하는 환경, 이렇게 세 가지 요소가 모두 모였을 때 진가를 발휘한다. 하지만 나르시시스트 리더들은 굳이 그런 환경에 놓이지 않더라도 평소 다른 사람들의 감정에 거의 관심이 없고 비윤리적 행동을 취할 가능성이 높다. 연구결과에 따르면 나르시시스트 리더들에 대해 아주 잘 아는 사람들일수록 일반적으로 그들의 진실성을 아주 낮게 평가하는 것으로 나타났다.

그나마 다행인 점은 나르시시스트 리더들이 자기 자신에 대해 아무리 높게 평가한다고 해도 다른 이들이 그들을 바라보는 관점은 그렇지 않다는 점이다. 나르시시스트들은 다른 이들이 자신에 대해 높게 평가하지 않더라도 스스로의 경쟁력에 높은 점수를 부여하는 경향을 보이며 동료들에게 더욱 반사회적 행태를 보여주곤 한다. 또한 그들은 부정적 피드백에 방어적으로 반응할 가능성이 더 높다. 스스로 부풀려 놓은 피상적 이미지와 충돌하기 때문이다. 나르시시스트를 구분하는 가장 좋은 방법은 그의 실제 재능을 의심해 보는 것이다. 자기 집착이 강하며 더 큰 망상에 휩싸인 리더라면 의심받는 것만으로도 엄청나게 화를 낼 것이다. 또한 CEO가 나르시시즘 성향이 강한 경우에는 강한 자아와 지나친 자부심 때문에 말도 안되는 거액의 돈으로 다른 기업의 인수를 추진하려 들 것이다.

이런 부정적 효과에도 불구하고 어두운 면을 잘 활용하는 사람들이 리더의 자리에 오르게 되는 것이 현실이다. 직장에서 성공을 거두기 힘들 거라 여겨지는 자질들이 오히려 긍정적으로 작용하는 사례는

인재 망상

얼마든지 있는데, 예를 들어 나르시시즘, 권모술수, 사이코패스의 대척점에 있는 '쾌활한 성격'의 표준편차가 한 단위 줄어들면 그 사람이 관리자로 근무하고 있을 가능성은 2.8% 올라가는 것으로 나타났다. 달리 말하면 다른 사람들을 좀 덜 챙기면 관리자로 선택 받을 가능성이 높아진다는 뜻이다. 이런 결과는 쾌활한 성격이 리더의 경영 효과와는 비례 관계에 있지만, 리더로 승진하는 것과는 반비례 관계에 있다는 점을 나타내며 대규모 메타분석 결과도 이러한 사실을 지지하고 있다. 어떤 연구결과에 따르면 어두운 면의 수치가 너무 높지 않고 적당한 수준이라면 리더의 경영 효과를 더 올려주는 것으로 나타나기도 했다. 예를 들어 아주 무뚝뚝한 부하직원들을 폭군처럼 부릴 수 있는 리더라면 그런 직원들을 데리고도 성과를 낼 수 있겠지만, 너무 유쾌하고 착한 리더는 낮은 성과를 거두는 직원이나 논쟁적인 이슈들을 어떻게 다뤄야할지 몰라서 우왕좌왕할 것이다.

변화의 리더십, 즉 선견지명이 있고 직원들을 따뜻하게 대해주면서도 영감을 불어넣어주는 카리스마까지 겸비한 리더십과 성격의 어두운 면을 연결시키려는 연구도 진행됐다. 변덕스러운 리더들은 다른 사람들에게 주목 받고 싶어서 신속하게 인간관계를 형성하는 능력을 발휘하는데 이런 별난 특성은 변화의 리더십과 비례 관계를 이룬다. 물론 장기적 안목에서 이런 리더들은 효과적인 팀을 구성하고 유지할 수 있는 능력이 부족하며 탈선 위험이 높기는 하다. 한편 내성적이거나 조심스러운 성격은 변화의 리더십과 반비례 관계에 있으며 의외로 짓궂은 성격의 리더들이 조직에 영감을 불어넣어줄 가능성이 높은 것으로 나타났다(호건 모형에서 짓궂은 성격은 사이코패스로 통한다).

어두운 면의 밝은 면

　　어두운 면의 특징들은 거의 바람직하지 못한 경우가 많지만 그렇다고 해서 항상 아무런 도움이 안 되는 것은 아니다. 어두운 면을 정상적인 성격에서 벗어난 정도의 차이라고 해석한다면 그것이 조절 가능하다는 결론에 다다를 수도 있다. 예를 들어 나르시시즘, 사이코패스, 권모술수, 이 어둠의 삼인방에도 명백한 진화론적 요소가 포함되어 있다. 즉, 어둠의 삼인방은 협력을 희생하여 스스로의 경쟁력을 끌어올리고, 전략적으로 상황을 조작하여 자신의 이익을 추구하도록 진화한 결과물일 수도 있다는 것이다. 장기적으로는 이타주의, 동정심, 협력이 집단 전체의 생존율을 높여주지만 단기적으로 봤을 땐 남을 속이고 영향력을 행사하며 타인의 행복보다는 나 자신의 행복에 집중하는 것이 자신에게는 더 이득이다. 물론 집단 안에서 생활하려면 규칙이 있어야 하고 그 규칙들을 모든 사람들이 지켜야만 사회가 제대로 돌아가겠지만 어떤 면에서 보면 모두가 지켜야 하는 규칙이란 그 규칙을 어기는 소수의 사람들에게 손쉽게 이득을 얻을 수 있는 기반이 되기도 한다.

　　내가 태어난 아르헨티나의 경우를 예로 들어보겠다. 아르헨티나 사람들은 똑똑하고 높은 교육 수준을 자랑한다. 하지만 건방지며 교활한 것으로도 유명하다. 이런 아르헨티나의 문화적 특징을 'viveza criolla'라고 한다. '세상물정에 밝고 규칙을 따르지 않는다'는 뜻이다 (직역하면 '크리올 사람들의 영악함'). 물론 개선의 여지가 있지만 이제 와서 모든 규칙을 다 지키며 살기에는 모두들 너무 영악해졌다. 국민들의 이런 태도는 끊임없는 사회적 문제를 야기시키고 있고 아르헨티나 경제는 1910년부터 곤두박질치고 있다. 반면 싱가포르 사람들은 '사회적 괴짜(social geeks; 현대사회에서는 오히려 보기 드문 현상이므로)'라고 불릴 정도로 내성적이며 열심히 공부하고 규칙을 존중하는 순응주의자들이며 어떤 면에서 상상력이 부족한 사람들로 보이기도 한다. 하지만 이런 집단주의 경향이 지난 50년간 싱가포르를 가장 번영하고 존경받는 나라로 만들었다. 싱가포르 사람들도 지나치게 조심스럽고, 지나치게 근면하며 내성적이라는 나름대로의 어두운 면을 가지고 있다. 그렇지만 그런 어두운 면을 억제할 수 있어서 잘 사는 나라가 됐고, 아르헨티나는 어두운 면을 통제하는 데 실패해서 이 모양이 됐다. 아르헨티나인 몇 명을 싱가포르로 데려온다 해도 싱가포르 전체를 부패한 나라로 만들 수는 없겠지만 그 몇 명의 아르헨티나인들은 개인적으로 규칙을 어겨가며 잘 먹고 잘 살 수 있을 것이다. 진화론적 심리학자들은 이런 현상을 '부정적 빈도의존적 선택negative frequency-dependence selection'이라고 한다. 비록 부정적이라 여겨지더라도 특정 환경에서 흔치 않은 특성을 지니고 있다면 그 특성의 장점에서 얻을 수 있는 이득은 증가된다. 예를 들어 탐욕스러운 사람들은 자신과 비슷한 사람들과 있을 때는 아무 능력도 발휘하지 못하지만 진실된 이타주의자들에게 둘러 쌓여 있을 때 훨씬 더 잘 나갈 것이다.

관리자의 성격을 평가하는 연구결과에 따르면 여러 탈선요소들이 실제로 직장에서의 성공과 비례 관계에 있는 것으로 나타났다. 예를 들어 나르시시즘은 한 사람을 리더십의 위치까지 끌어올려주는 데 중요한 역할을 한다. 나르시시즘의 두 가지 밝은 면은 다음과 같다. 첫 번째, 책임자가 되어 권력을 휘두를 수 있는 위치까지 오르고 싶다는 동기를 부여함으로써 권력에 대한 갈망을 솟구치게 한다. 두 번째, 나르시시즘은 그 사람을 훨씬 더 리더다워 보이게 만든다. 자만심과 지나친 자기신뢰가 오히려 보상의 대상이 되는 문화(대표적으로 미국)에서뿐만 아니라 이제는 전 세계적으로 나르시시즘을 리더의 한 덕목으로 보는 시선이 많아졌다. 말로는 겸손과 이타주의를 리더십의 핵심 요소라고들 하지만 속마음의 진실은 자기 자신에 대한 신뢰, 외향적 성격, 카리스마를 앞세우는 사람들이 더 리더에 어울린다고 생각한다. 그러나 이런 특성들은 어떤 사람을 리더처럼 보이게 할 수는 있어도 실제로 성과를 안겨주는 리더십으로 연결되지는 않는다.

이렇듯 나르시시스트들이 유능하게 보이는 것은 다른 사람들보다 많은 시간을 자기 자신에게, 그리고 자신을 홍보하는 데 쓰기 때문이다. 면접이나 짧은 만남을 통해 재능을 판단해야 할 상황에서 나르시시스트들의 능력은 더 빛난다. 자기기만에 빠져 있거나 자기 능력에 대한 망상에 빠져 있으면 자신이 다른 사람보다 더 유능한 척 속일 수 있기 때문이다. 또한 스스로도 자신의 결점에 대해 모르고 있으면 불안감을 전혀 내비치지 않을 수 있고 스스로 재능이 있다고 굳게 믿고 있으면 그만큼 다른 사람들을 믿게 만드는 것도 쉬워진다. 나르시시스트들에게 없는 재능을 있는 것처럼 보이는 일은 어려운 것이 아니다. 마치 실적 좋은 영업사원이 불량제품을 자기 회사가 만든 최고상품이라고 스스로 믿으면서 파는 것과 같다. 연구결과에 따르면 나르시시스트들이 일반인들보다 특별히 더 창의적이지는 않지만 더 창의적인 사람처럼 보이는 것은 훨씬 잘하는 것으로 나타났다. 요약해서 말하자면 자기 자신을 속이는 것은 다른 사람을 속이기 위한 효과적 전략이다. 그리고 나르시시스트들은 자기 자신을 아주 잘 속인다. 모두가 재능을 식별하는 능력과 자신감과 실제 실력을 구분할 수 있는 능력을 가지게 된다면 나르시시스트가 활개치는 일은 없을 것이다. 그러나 현실은 안타깝다. 우리는 모두 자기 자신을 속이는 사람들에게 너무 쉽게 속고 마는 것이다.

나르시시즘은 기업가정신에 있어서도 유리한 점이 있다. 특히 나르시시즘에 빠진 사람들은 기업가가 되고 싶은 의도를 가질 가능성이 높다. 비현실적이며 성공에 대해 지나치게 낙관적이기 때문이다. 많은 기업가들이 나르시시즘으로 인한 욕망에 동기를 부여 받으며 그들 모두가 차세대 워런 버펫이나 빌 게이츠, 에스티 로더 등이 되기를 희망한다. 이런 현실왜곡과 과대망상증의 조합이 얼마나 많은 사람들을 성공확률 1%도 안 되는 모험에 뛰어들게 만들었던가! 그런데 문제는 그 희박한 성공확률의 결실이 당사자들뿐만 아니라 사회 전체에 혜택을 줄 만큼 너무 거대하고 매력적이라는 점이다.

예를 들어 0.001%밖에 안 되는 실리콘밸리 기업가들로 인해 전 세계 사람들이 혜택을 누리기도 한다. 그들은 기업가정신을 품었고 결국 그 꿈을 이뤄냈으며 그들의 성과는 다른 많은 실패자들의 비용을 상쇄하고도 남는다. 글로벌 스타트업 기업과 자영업 활동에 관한 정보를 제공하는 GEM^{Global Entrepreneurship Monitor} 설문자료에 따르면 스스로 파악한 자기 자신의 재능이 기업가가 되고자 하는 의도의 주요 동인으로 나타났다. 그러므로 차세대 엘론 머스크나 제프 베조스가 될 수 있다는 믿음이 있다면 그들처럼 새로운 비즈니스를 창업하며 직면할 모든 위기를 감수해야 한다. 비록 그런 장엄한 망상은 대개 실패로 끝나지만 또 다른 이들을 위한 진보와 혁신의 토양이 된다는 점에서 무의미한 것은 아니다. 이것이 오만과 과도한 자신감으로 표현되는 나르시시즘의 밝은 면이다.

나르시시즘뿐만 아니라 다른 어두운 면도 상황에 따라 보상이 주어질 수도 있다. 이를테면 권모술수에 능한 사람들은 사회성을 가장할 수 있는 다양한 레퍼토리를 보유하고 있다. 또한 진정한 의도를 숨기고 다른 사람들과 같이 행동하는 척 연기하면서 타인을 조종하는 능력이 있다. '사회적 카멜레온^{Social Chameleons}'이라고도 불리는 그들은 자기 자신의 욕망을 추구하면서도 강력한 인맥을 형성하고 힘과 명성을 누린다. 이런 권모술수의 밝은 면은 높은 수준의 냉소와 타인에 대한 불신과 관련이 있으며, 특히 협상을 하거나 자신이나 조직에 해를 입히려고 권모술수를 부리는 사람들을 맞상대해야 하는 일을 할 때 유용하게 쓰인다. 즉, 권모술수형 인간을 또 다른 권모술수형 인간으로 막아내는 것이다. 예를 들어 권모술수적 기질이 있는 인사팀 직원과 인재관리 전문가는 짝퉁 서비스를 팔려고 나타난 영업사원이나 컨설턴트의 속임수에 절대 속지 않을 것이다. 반대로 권모술수 능력이 아주 낮은 사람들은 듣는 걸 다 믿으려 들 것이고 그 순진함 때문에 큰 대가를 치르게 될 수도 있다. 한편 권모술수 성향은 다른 어떤 어두운 면들보다 그것이 감춰졌을 때 가장 큰 이득을 볼 수 있는 성향이므로 다른 부정적인 성향을 가진 사람들을 도드라지게 만드는 의외의 효과를 거둘 수도 있다.

사이코패스도 긍정적인 면이 있다. 연구결과에 따르면 사이코패스는 공감능력이 낮아서 오히려 혜택을 보는 경우가 있다. 즉, 타인의 감정에 무관심하므로 더 무자비한 의사결정을 내릴 수 있고 사람보다는 회사의 이익에 우선순위를 둘 수 있다. 이런 점에 대해 학자들은 이렇게 말했다.

> 자기중심적 사이코패스는 사업을 경영하거나 기업에서 근무할 때 더 성공할 수 있다. 특히 합리적이며 냉정한 업무처리를 요구하는 직장, 다른 이들에게 해를 끼치더라도 성과에 지속적으로 집중하기를 요구하는 직장, 위험을 감수할 의지와 카리스마 있는 대인관계가 필요한 직장이라면 더 크게 성공할 수 있다.

한편 서로 다른 직업군에 퍼져 있는 성격의 어두운 면들을 분석해보면 과도한 근면성 같은 특징은 순종형과 과도한 공상형보다는 전반적으로 흔하게 퍼져있는 것으로 나타났다. 또한 특정 직업에서 다른 직업들에서보다 자주 드러나는 특성들도 분명하게 구분할 수 있었는데, 예를 들어 법무관련 직종은 쉽게 화내는 성격, 조심스러운 성격, 순종적인 성격과 관련성이 높았고, 영업관련 직종은 변덕스러운 성격과의 관련성은 높은 반면, 과도한 공상을 하는 성격과의 관련성은 낮았다.

이런 맥락에서 보면 분야에 따라 어떤 이들은 어두운 면의 결핍으로 불리한 상황에 처해질 수도 있을 것이다. 예를 들어 리더십에 대한 열망은 큰데 나르시시즘 수준은 아주 낮고, 아주 정치적이며 부패한 조직을 관리하고 있지만 권모술수 수준은 낮은 사람이 있다고 상상해보면 그런 상황들이 쉽게 그려질 것이다. 지금까지 살펴본 어두운 면들의 영향력은 복합적이며 어떤 직업에서는 부정적이고 또 어떤 직업에서는 긍정적일 수도 있다. 따라서 각각의 어두운 면이 미치는 영향력에 대해 잘 인지하고 장점과 함께 잘 활용한다면 더 적성에 맞는 직장에서 성공을 거둘 수 있을 것이다. 스스로의 한계와 능력을 깨닫지 못하는 것보다 불행한 일은 없다.

CHAPTER
7

재능의 미래

　　이번 장은 기술의 발전으로 인해 인재관리 실무가 어떻게 바뀔지 예상해보고 최근 새로 떠오르는 인재 식별법의 추세에 대해 논의할 것이다. 비록 직장 업무의 복잡성이 점점 증대된다는 말은 극도로 과장되는 경향이 있지만 세대에 따른 성격의 변화와 과학기술의 발전이 일상생활의 모든 면에 침투되고 있기 때문에 재능과 관련된 환경도 바뀔 가능성이 있다는 점은 분명하다. 특히 주의해야 할 점은 밀레니얼 세대의 급부상이다. 밀레니얼 세대에 속한 직원들은 어떤 직급에 있건 나르시시즘과 특권의식을 증가시키는 요인이 될 것이다(따라서 그 반대급부로 자기성찰, 특히 자신의 한계에 대한 인식이 그 어느 때보다 중요해진다). 동시에 호기심과 기업가정신 등의 자질은 비록 직장에 소속되어 있는 사람이라도 자기주도적 학습자와 가치창출자가 될 수 있게 만드는 중요한 역할을 할 것이다. 그리고 혁신을 주도하는 사람들, 헝그리 정신을 가진 사람들, 기회를 잘 활용하는 사람들, 겸손하며 자기비판적인 사람들에 대한 수요가 점차 증가할 것이다. 이번 장에서 논의될 마지막 변화는 필요할 때 부를 수 있는 '온디맨드on-demand' 인재의 세상이 온다는 점이다. 온디맨드 인재시장이 펼쳐지면 기업들은 과학기술을 활용하여 프로젝트에 꼭 필요한 사람만 불러다 쓰고 정규직으로 채용하지 않아도 된다. 그리고 사람들은 형식적인 채용이나 선발과정을 거치지 않고 있는 그대로 자신의 능력을 평가받게 될 것이다.

☆ ☆ ☆

재능의 미래가 가져다 줄 것은 무엇인가? 이 질문에 답하려면 세 가지 요소를 고려해야 한다. 이 세 가지 요소들은 앞으로 몇 년 안에 재능과 관련된 업무환경을 재구성할 가능성이 높다. 첫 번째는 밀레니얼 마인드다. Y세대(1982~2000년 사이에 태어난 세대; 밀레니얼 세대와 같은 의미)는 특히 더 큰 나르시시즘에 빠져있다는 연구결과가 도출되고 있으며 이런 사실이 기업에 미칠 영향에 대한 우려가 높다. 자기중심적이며 특권의식까지 지닌 직원들을 어떻게 관리할 수 있을까? 얼마 지나지 않으면 밀레니얼 세대가 모두 요직에 앉을 텐데 그들이 과연 다른 직원들을 잘 관리할 수 있을까? 두 번째는 자기성찰(더 나은 의사결정을 내리며 재능을 개발할 수 있게 도와주는 능력), 호기심(정보의 바다를 항해하며 학습하는 동물의 자세를 포기하지 않고 우리가 살고 있는 복잡한 세상의 문제들에 도전하여 해결할 수 있는 능력), 기업가정신(침체된 아이디어를 혁신적인 제품과 서비스로 바꾸며 위기를 기회로 이용할 수 있는 능력), 이렇게 세 가지 주요 업무능력의 중요성이 점점 증가한다는 점이다. 세 번째는 평판의 중요성이 점차 커져서 모든 직원들이 자신의 평판만큼만 가치를 인정 받게 될 것이라는 사실이다. 여기서 평판이란 누구나 볼 수 있게 공개된 재능과 능력 프로필을 의미한다. 모든 사람에 대한 신분정보가 법률적 문서로만 기록되는 것이 아니라 들고 다닐 수 있는 '재능여권talent passport'에 다 포함되어 있을 것이다. 지난 업무 성과와 이력, 미래지향적인 업무잠재력 점수 등이 모두 기록되어 있는 프로필을 누구나 볼 수 있는 세상이 온다고 상상해보자. 독립적인 기관에 소속된 재능심사관(사람이 아닐 수도 있다)이 재능과 지난 성과를 평가하는 기준에 따라 각각의 점수를 부여할 것이며 사람들은 이러한 점수를 소지하고 다닐 것이다. 재능평가 점수는 이베이^{eBay} 판매자 평가점수나 우버^{Uber} 운전사 평가점수와 비슷한 형식으로 작성될 것이며 특정직업에 한정되지 않고 광범위하게 사용될 것이다. 이런 변화들이 자리를 잡으려면 재능과 잠재력을 식별하는 새로운 과학기술이 필요하다. 과학기술과 인재 식별 프로그램이 올바로 융합될 수 있다면 꼭 필요한 인재를 채용할 수 있게 되어 생산성을 높이고 그 혜택이 모두에게 돌아갈 수 있게 될 것이다. 이에 따라 인재시장의 수요와 공급 격차는 점점 줄어들게 될 것이고 인재 식별 산업은 전에 없던 호황을 누릴 것이다. 다시 말해 우리는 이런 변화들이 자리를 잡고 채용시장을 더 효율적으로 만들어주기를 기대하고 있다.

복잡성에 관한 망상

저명한 양자물리학자 닐스 보어^{Niels Bohr}는 "예측하는 일이란 아주 어렵다. 특히 미래를 예측하는 일은 더 어렵다"고 했지만 말장난을 하자면, 맞추는 것이 어려울 뿐 예측하는 것은 그다지 어려울 게 없다. 그래서 나는 "미래를 예측하는 가장 좋은 방법은 미래를 만들어 가는 것"이라고 한 에이브러햄 링컨^{Abraham Lincoln}의 말을 더 좋아한다. 링컨의 발언을 떠올리며 '미래가 어떻게 될 수 있다'고 예측하기보다 '미래가 어떻게 되어야 한다'는 주장을 펼쳐보려고 한다. 이번 장의 40%는 예측이며 60%는 그에 대한 처방이다. 사실 어느 부분이 예측이고 어느 부분이 처방이라 구분하기는 쉽지 않지만, 미래에 대한 예측과 처방에 대한 아이디어들은 모두 과거와 현재 인재관리 실무를 통해 얻을 수 있다는 점을 잊어서는 안 된다.

'일의 미래'를 예측하겠다고 하면 과학기술의 발전과 세계화의 영향 때문에 세상이 너무 복잡해져서 예측이 불가능하다는 소리를 늘어놓는 사람들이 많다. 컨설턴트들과 사상적 구루들은 세상이 VUCA(volatile, uncertain, complex and ambiguous: 변덕스럽고 불확실하며 복잡하고 모호하다)하다고 이야기하는 것을 즐긴다. 그러나 직장인들의 경험상, 오늘날의 직업들이 1950년대나 1850년대, 심지어 기원전 500년보다 모든 면에서 VUCA하다는 주장은 근거가 희박하다. 물론 오늘날의 과학기술은 예전보다 더 복잡하지만 그 복잡한 과학기술이 경험 자체의 복잡성은 확연히 줄여주었다. 예를 들어 이메일은 과학기술적으로는 전통적 우편에 비해 복잡하지만, 그것의 이용자는 더 이상 우표를 사거나 우체국에 가야하는 수고 없이 간단하게 '편지'를 보낼 수 있게 되었다. 또한 모바일 데이트는 과학기술적으로 말하자면 나이트 클럽이나 술집보다 복잡한 방식으로 운영되지만 '틴더Tinder'를 이용하면 술집에서 직접 이성을 유혹하는 것보다 더 단순하고 확실하며, 개인에 더 특화된 방식으로 이성을 만날 수 있다. 즉, 만날 확률만 큰 게 아니라 정확하게 계량화된, 이상형에 가까운 상대를 만날 수 있는 것이다.

18세기에서 누군가 타임머신을 타고 현대로 왔다고 상상해보자. 그는 현대 업무환경에 적응하는 데 어려움을 겪겠지만 우리가 타임머신을 타고 18세기로 가면 그 사람보다 더 힘들지도 모른다. 육체적 중압감을 느낄 것이며 정보를 얻는 방식의 복잡함 때문에 패닉에 빠질 것이다(구글이나 위키피디아에 접속할 수 없다면 자신이 얼마나 무식하다고 느낄지 상상해보자). 또한 삶의 의미나 목적에 대해 생각할 겨를도 없을 것이 분명하다. 산업화된 직장에서 (상대적으로) 응석받이가 된 현대인들은 일과 삶의 균형을 충족시켜주지 않거나 삶의 의미를 부여해주지 못한다는 이유로 직장에서 일하는 것을 거부하기도 하기 때문이다.

사람들은 본래 올챙이 시절을 기억 못하는 개구리 같은 경향이 있다. '세상이 얼마나 복잡한지 모른다'는 이야기는 예전부터 주욱 들어왔던 풍월이고, 과학기술의 발전이 그다지 진행되지 않았을 때조차 사람들은 별다를 것 없는 지금의 환경이 가장 새롭고 이해하기 어렵다고 여기기 일쑤였다. 안타까운 점은 과거를 해석하는 데 실패하면 현재도 이해하지 못하고 미래도 예측하지 못한다는 점이다. 여기까지 어떻게 왔는지 모른다면 다음에 어떻게 될지도 알지 못할 것이다.

우리가 살고 있는 지금 이 세상이 아주 독특하며 복잡하고 도전적이라고 생각하면 기분이 좋아질 수는 있다. 바로 나르시시즘적인 안도감이다. 트래비스 증후군Travis syndrome이라 불리는 인지적 편견일 수도 있다. 트래비스 증후군은 과거와 비교해 현재의 의미를 과대평가하는 증상이다.

UN에 따르면 오늘날 전 세계적으로 2억 4천만 명의 이주민 노동자가 존재한다고 한다. 이들은 법적(또는 비합법적) 출생지를 떠나 다른 나라에서 일하고 있다. 숫자가 커 보일 수도 있지만 약 40억 명의 전 세계 노동자들 중 10% 미만에 해당될 뿐이다. 세계화가 최근에 일어난 것 같지만 사실은 그 역사가 길다. 그리스와 메소포타미아, 그리고 이집트와 로마 사이에서도 대규모 이동이 잦았다. 칭기즈칸과 몽골제국이 8세기 전에 아시아와 유럽에 진출한 이야기도 빼놓을 수 없다. 이 역사 속 지역들은 낙후된 생활환경에도 불구하고 오늘날의 거대도시보다 더 많은 이주자들을 끌어들였다. 당시 세계화된 도시들은 뉴욕, 런던, 홍콩 등 오늘날의 대도시보다 특히 더 'VUCA'스러웠다. 더 긴 거리를 더 오랜 시간 동안 여행해야 겨우 도달할 수 있었고, 어떤 사건들이 기다리고 있을지에 대한 지식도 적었다. 성공할 수 있는 가능성도 희박했고 생존율은 그보다도 더 낮았다. 오늘날의 상황만 생각해도 시리아 난민들의 향후 커리어 전망은 아이비리그 대학교 졸업생들보다 더 VUCA스럽지만 2~3세기 전 시리아 사람들과 비교해보면 지금이 그나마 낫다는 점은 분명하다. 조금이라도 더 나은 고등교육의 기회가 주어진다면 상황은 극적으로 나아질 수도 있다.

이렇듯 과학기술은 그 자체로는 복잡해졌지만 우리 삶에 있어서 더 많은 부분을 단순하고 예측가능하게 만들어줬다. 기차와 자동차의 원리는 복잡하지만 우리는 마차에 의존할 때보다 더 간편하게, 덜 복잡하게 이동할 수 있게 됐다. 우리는 이제 어떤 일을 실제로 시작하기 전에 제품과 서비스, 그리고 사람들과 관련된 정보에 접근할 수 있게 됐다. 현대인에게 있어 경험이란 일어나기 전에 상상할 수 있는 것이 되었다. 특히 인터넷 서핑을 몇 초만 해도 우리는 세상의 수많은 정보를 접할 수 있고, 거의 모든 정보는 추적이 가능할 뿐만 아니라 어마어마하게 축적된 데이터를 통해 어떤 사람이 어떤 행동을 할지 예측할 수 있는 경지에까지 다다랐다. 이런 복잡한 시스템들이 세상에 대한 우리의 적응력을 오히려 단순화시키고 있는 것이다.

쉴 틈 없이 일하는 지식인이자 구글의 엔지니어링 담당이사인 레이 커즈와일Ray Kurzweil은 과학기술의 발전이 인류 진화의 마지막 단계라고 말한다. 그의 주장에 따르면 인간의 생물학적 진화는 한계에 도달했으므로 이제는 과학기술과 하나로 융합되어야만 진화할 수 있다는 것이다. 우리의 조상들이 불의 발견, 그리고 수레바퀴의 발명으로 세상에 적응하는 능력을 키워왔듯이 우리는 디지털기술(와이파이, 인터넷, 컴퓨터, 스마트폰)과 함께 새로운 진화의 시대를 맞이하고 있으며 그 발전 속도는 이전에는 상상할 수도 없었을 만큼 빨라졌다. 이런 성과를 거둘 수 있게 된 주된 이유는 현재의 과학기술이 이전 시대보다 적은 노력을 들여도 같은 수준의 성과를 내거나, 같은 노력을 해도 더 큰 성과를 거둘 수 있게 만들어주고 있기 때문이다. 요약하면, 우리가 과학에 의존하지 않겠다고 선언하지 않는 이상, 우리는 점점 더 똑똑해지고 세상은 점점 더 단순해질 것이다. 반면, 모든 시스템이 정지되고 컴퓨터가 말을 듣지 않는다면 인간은 자신의 한계를 뼈저리게 느낄 것이며 이제껏 잊고 살았던 VUCA적 측면들이 더 확실히 보일 것이다.

밀레니얼 마인드

　　과학기술이 세상에 대한 우리의 적응력을 점점 더 주도하고 있고 인간과 인간 사이의 상호작용도 기계에 의해 가속도가 붙고 있지만 이런 상황 속에서도 업무의 정수는 여전히 사람들 간의 직접적인 상호작용으로 수렴된다. 그러므로 과학기술뿐만 아니라 사람들의 변화에 대해 평가하는 것 또한 이치에 맞다고 볼 수 있다. 이번 주제는 세대 변화에 따른 재능의 변화다. 더 구체적으로 말하자면 우리는 다음과 같은 질문들에 답해야 한다. 다음 세대의 직원들과 기업과의 관계는 '직업의 세계'에 어떤 영향을 미칠까? 기성세대와 신세대는 어떻게 함께 일할까? 신세대를 어떻게 관리해야 할까? 어떻게 업무에 몰입시킬 수 있을까? 신세대들은 앞으로 어떤 방식으로 일을 해나갈 것인가?

　　밀레니얼 세대는 다가올 10년 안에 대부분의 인력시장을 대표하는 주류세대가 될 것이다. 특히 다국적 기업의 경우에는 10년 안에 밀레니얼 세대가 전체 직원의 75%를 차지할 것이다. 그러다보니 밀레니얼 세대에 대한 논의가 도처에서 이루어지고 있지만 대부분 '요새 젊은이들은 어떻더라' 같은 직관적인 품평에 지나지 않아서 좀 더 데이터에 기반한 세대별 비교분석이 필요한 상황이다(예를 들어 현재의 20세는 1990년대, 1970년대, 1950년대의 20세와 어떻게 다른가에 대한 조사 등).

　　사실 세대 간 변화를 측정한다고 해도 생각했던 것보다 큰 차이는 없을 것이다. 인간은 단순히 세대를 한두 번 거듭한다고 변하지 않는다. 인류 진화가 2백만 년에 걸쳐 일어났다는 사실을 고려하면 100년이란 시간은 그다지 대수롭지 않다는 걸 금방 알아차릴 것이다. 심리학적 관점에서 봤을 때도 우리의 욕구와 행동은 이전 세대와 그다지 달라지지 않았고 행동에 따른 의미도 거의 달라지지 않았다. 원시사회의 수렵인들이 치르는 의식이 스냅챗과 링크드인으로 옮겨가긴 했지만 본질적인 차이는 거의 없다. 사람들과 잘 어울리고 싶으면서도 앞지르고 싶고, 또 의미를 찾고자 하는 욕망은 사람들을 한 곳에 모이게 만들었다. 그때도 그랬고 지금도 그렇듯 그런 욕망은 형태에 상관없이 계속된다.

이런 사실을 고려했을 때 지난 세기의 심리학자들이 나르시시즘과 관련된 태도와 가치관의 의미심장한 증가 추세를 예견했다는 사실은 놀랍기만 하다. 사회심리학자 진 트웬지Jean Twenge는 선배들의 이런 유산을 정리, 분석한 책『제너레이션 미Generation Me』로 나르시시즘 연구에 큰 획을 그었다. 이 책은 자기중심적이며 특권의식적 태도가 밀레니얼 세대에서 크게 증가했다고 보고했다. 밀레니얼 세대는 지금까지 존재했던 세대들 중에서 가장 나르시시즘 성향이 강하게 나타나는 세대다. 미국 대학생들을 대상으로 한 연구들에 따르면 현재 20대인 대학생들 가운데 15%가 나르시시즘 관련 성격장애 요건을 충족시키고 있거나 확연한 나르시시즘 증상을 보이는 것으로 나타났다. 명백한 자료를 찾기는 힘들지만 20년 전에는 5% 이하였던 것으로 추정된다. 1950년대에는 대학생들 가운데 12%만 자신이 '아주 중요한 사람'이라고 했는데 1980년대에는 그 비율이 80%로 증가했다. 트웬지의 데이터를 보면 1980년대와 2000년대 중반 사이에 나르시시즘 성향이 더 가파르게 증가했다. 특히 전통적으로 남성에 비해 나르시시즘 성향이 약했던 여성의 나르시시즘 성향이 그 기간에 크게 증가했다. 몇몇 저명한 심리학자들은 이제 나르시시즘을 심리적 장애가 아닌 성격의 일반적 특성으로 재정의하고 있을 정도다. 임상적 상태이거나 비정상적 성격이라고 하기에는 너무 일반적 현상이 되어버렸기 때문이다.

아직까지는 미국이 다른 나라들보다 나르시시즘 성향이 더 강하긴 하지만(헐리우드와 페이스북, 패리스 힐튼, 카니에 웨스트, 킴 카다시안을 낳은 나라가 아니었던가!), 특권의식과 자기중심적 성향은 이제 나라를 가리지 않고 광범위하게 퍼지고 있다. 중국에서 진행된 대규모 연구결과에 따르면

7장: 제능의 미래

밀레니얼 세대 이후부터는 세대를 거듭할수록 나르시시즘 성향이 더 강해지는 것으로 나타났고, 특히 더 부유하고 더 많이 교육받은 사람들이 밀집된 도심에 거주하는 가족들에게서 증가 현상이 더 확연했다. 물론 이런 현상은 단 한 명의 아이만 낳을 수 있는 중국 인구정책의 산물이라고 할 수 있다(1980년경에 처음 시행됐다). 외동들이 자기중심적이 되기 쉽다는 건 잘 알려진 바이기 때문이다. 같은 이유로, 개인주의적인 나라는 전체주의적인 나라보다 나르시시즘 성향이 더 강하게 나타났다. 이밖에도 밀레니얼 세대의 보편적 특징은 특권의식이 강하며 다른 사람들에게 관심이 없고 이전 세대들에 비해 응석받이로 키워졌다는 점이다.

이런 추세는 나이 변수, 혹은 집단효과('코호트 효과-cohort effects' ; 해당 집단이 다른 집단과 명백한 차이가 있을 때 나타나는 여러 변수들)의 영향을 제어했을 때도 같은 결과 값이 도출되었다. 이는 장년층보다 대학생들이나 청소년들의 나르시시즘 성향이 더 강하게 나타난다는 의미일 뿐만 아니라 밀레니얼 세대의 모든 연령대를 이전 세대가 같은 나이였을 때와 비교해도 나르시시즘 성향이 확연하다는 의미이다. 그렇다면 이제 우리의 핵심 질문은 다음과 같아야 한다. 밀레니얼 세대의 강한 나르시시즘 성향은 업무 및 인재관리에 어떤 영향을 미치는가? 우리 시대를 지배하는 세대의 대부분이 자신이 특별하며 위대한 존재가 될 운명이라고 믿고 있다는 사실이 의미하는 것은 무엇인가?

이 질문에 답하려면 "다른 사람들을 앞지르려는 이기적 욕망과 다른 사람들과 잘 어울리고자 하는 친사회적 욕망 사이에 존재하는 팽팽한 긴장을 잘 관리하는 것이 인류가 직면한 도전"이라 했던 프로이트의 개념으로 다시 돌아가야 한다. 프로이트의 견해에 따르면 "이런 긴장감은 개인이 풀어내기에는 너무나 큰 문제"이기 때문에 사람들은 리더십을 필요로 하게 된다. 더 나아가 프로이트는 리더의 근본적 역할이 개인주의적이며 자기중심적인 성향을 깨부수는 것이라고 주장했다. 그렇게 할 수만 있다면 다른 사람들을 앞지르고자 하는 마음이 다른 사람들과 어울리고자 하는 마음으로 바뀔 수 있으며, 원하는 바를 이루기 위해 먼저 다른 이들과 협력할 수 있어야 한다는 사실을 이해할 수 있게 된다. 그렇기 때문에 리더들은 자신을 추종하는 사람들이나 부하직원들의 나르시시즘 성향을 억제하고 더 협력할 수 있는 팀플레이어로 거듭나게 해야 하는 큰 책임을 맡고 있는 것이다. 분명한 것은 나르시시즘 성향이 강한 개인들이 늘어날수록 이런 목표는 달성되기 어렵다는 것이다. 자기만 알고, 다른 사람들의 성과를 인정할 수 없으며, 자기가 추정한 스스로의 위대함을 추구하는 자기중심적 직원들을 맡은 리더라면 이타적이며 다른 사람들의 권익을 고려해주는 직원들을 맡은 리더들보다 더 큰 도전에 직면하게 될 것이 뻔하다. 이렇듯 세대의 변화에 따른 나르시시즘의 증가는 여러 사람이 팀을 구성하여 함께 일하는 능력을 해칠 것이다. 인류문명의 주요성과가 모두 조직화된 팀들의 노력에 의한 결과라는 사실을 고려했을 때, 나르시시즘과 개인주의적 성향이 강한 사회의 미래 전망은 암울하기만 하다.

하지만 불행 중 다행인 것은 아래에 소개될 세 가지 주요 경쟁력이 직장에서 나르시시즘의 부정적 영향력을 완화해줄 수 있다는 것이다.

1. **자기성찰**: 평판(남들이 나를 바라보는 시선)을 정체성(우리가 자기 자신을 바라보는 시선)으로 바꿀 수 있는 능력

2. **호기심**: 정보를 지식으로 바꿀 수 있는 능력

3. **기업가정신**: 창의성을 혁신으로 바꿀 수 있는 능력. 조직과 기업에 몸담은 직원에게서 징후가 나타난다면 인트라프리너 (intrapreneurship), 즉 사내 기업가정신이 발현되었다고 할 수 있음.

자기성찰: 나르시시즘 중독의 해독제

자기성찰은 다른 사람들이 나를 어떻게 보는지 이해하는 능력으로 정의되며 누구에게나, 특히 리더에게 중요한 덕목으로 간주되어 왔다. 자기망상과 지나친 자기확신이 일상화된 지금의 세상에서는 자신의 한계를 이해하는 능력은 더욱 장점으로 대두되고 있다. 직장에서 더 성공할 수 있는 단 한 가지 방법은 내가 하는 행동이 다른 사람들에게 어떤 영향을 주는지 이해하는 것이다. 리더의 행동은 특히 회사 전반에 영향을 미치므로 자기성찰을 리더십의 중심축이라고 해도 지나친 말이 아니다. 반면, 자기 자신에 대한 집착이 더 강한 사람일수록 피드백을 부정적으로 받아들일 가능성이 크다. 너무 자기 자신의 생각에만 사로잡혀 있다 보니 실제 성과를 직시하는 것이 어렵기 때문이다.

일반적으로 관리자, 밀레니얼 세대, 남성 등이 나르시시즘 성향을 띨 가능성이 더 높고 자신의 지능과 창의력, 리더십 잠재력을 지나치게 높게 평가하는 경향이 있다. 따라서 인재개발 프로그램들은 자신의 한계를 잘 이해할 수 있게 만드는 서비스에 더 집중해야 한다. 현실자각보다 나르시시즘 중독에 더 잘 통하는 해독제는 없으며 자기성찰이 바로 그 역할을 한다. 연구결과에 따르면 자기성찰 능력이 더 큰 리더들, 특히 다면평과 결과 다른 사람들의 시선과 일치하는 자기관을 가진 리더들이 팀과 조직을 더 효율적으로 운영하는 것으로 나타났다. 또한 자기비판적인 리더들은 동료들이나 부하직원들로부터 자기성찰 능력이 높은 것으로 평가받는 반면, 자기성찰 능력이 부족한 리더들은 성격의 어두운 면을 확실히 드러내면서 팀과 조직을 파괴할 수 있다. 자기성찰은 곧 자신의 어두운 면을 인식하고 억제하는 능력이기도 하기 때문이다.

리더뿐만 아니라 신입사원도 마찬가지다. 메타분석 결과 신입사원의 자기평가 결과는 관리자의 평가와는 거의 상관관계가 없는 것으로 나타났다. 자기성과를 평가할 때 지나치게 관대하면 그 격차는 더 크게 벌어질 수밖에 없다. 상황을 더 악화시키는 것은 이렇게 스스로를 위대한 사람이라고 느끼는 망상이 대개 자기기만적이라서 대외적으로 자신감으로 비쳐지고 더 나아가 그 사람이 진짜 경쟁력을 갖춘 사람이라고 오해하게 만들기 십상이라는 점이다. 반대로 사람들이 자기비판적이며 자신의 한계를 깨닫고 있다면 일부러 경쟁력이 있는 사람처럼 굴 가능성(고의로든, 무심코든)이 낮고 조직이 적재적소에 알맞은 직원을 배치할 수 있게 도와준다. 이처럼 자기성찰은 직원 개인뿐만 아니라 소속 집단에도 이롭다. 직원들의 자기성찰 능력이 더 강해질수록 실제 경쟁력 수준과 원하는 수준의 경쟁력 차이를 인식할 가능성이 높아지며, 실제로 조직에 도움이 되는 재능을 개발하기 위한 노력에 나설 것이다. 물론 자기성찰 능력이 자기개발이나 재능의 습득으로 이어지지 못할 수도 있다. 예를 들어 너무나도 극심한 자기비판적 성향을 지닌 직원들은 오히려 스스로를 패배자로 인식하며 모든 자기개발을 포기할 수도 있다. 그럼에도 불구하고 자기성찰에 기반하지 않은 효과적인 자기개발 프로그램이란 건 상상하기 어렵다. 자기성찰만으로는 충분하지 않지만 개인의 재능을 높이는 데 있어서 자기성찰은 필수요소이기 때문이다. 최근 글로벌 기업의 중역들을 대상으로 진행된 코칭실무 관련 설문조사 결과에 따르면 여러 종류의 코칭 가운데 자기성찰 개발 프로그램의 수요가 가장 높고 가장 개발하고 싶은 경쟁력인 것으로 나타났다(사회성, 공감능력, 경청능력 개발을 앞섰다).

호기심: 헝그리 정신의 중요성

호기심이 많은 사람은 헝그리 정신도 함께 가지고 있다. 그들은 지식에 목말라 있고 자신이 알고 있는 것과 모르는 것 사이의 격차를 좁히고 싶은 강한 충동을 느낀다. 이들은 지식습득 능력의 한계와 실제 지식의 방대함 사이의 격차를 이해하고 있으며 심리학자들은 이러한 현상을 '메타인지(meta-cognition; 사고과정 자체에 대해 고찰하는 능력, 즉 자기가 아는 것이 무엇인지 알 수 있는 능력이다)'라고 부른다. 호기심이 많은 사람들은 자신이 어떤 것에 대해 모른다고 느낄 때 불편함을 느끼며 이 불편함이 더 많이 배우고, 더 많은 지식을 습득하고자 하는 동기를 일으킨다. 호기심은 자신이 알고 있는 지식과 세상에 펼쳐진 방대한 지식 사이의 격차를 좁히기 위해 정보를 지식으로 전환하는 능력이기도 하다. 호기심이 많은 사람들은 자신이 지닌 믿음과 상충되는 새로운 정보나 지식에 노출될 가능성이 더 높다. 그러므로 그들은 새로운 생각을 받아들이는 열린 마음의 소유자이며 자신의 믿음에 대해 의문을 품는 데 익숙하다. 이런 과정을 거치면 새로운 정보를 대할 때마다 지식으로 승화하는 자동순환적 자질(지식습득 > 의문제기 > 지식습득...)을 가지게 된다. 호기심은 더 많은 지식을 익힐 수 있게 만드는 자질이자 자신이 아는 것에 대해 스스로 의문을 제기할 수 있는 동기를 부여하기 때문에 전문성을 습득하기 위한 재능일 뿐만 아니라 직원들이 업무시간이나 여가시간에 무엇을 배울 수 있을지 알게 해주는 주요 예측지표다. 에릭 슈미트Eric Schmidt는 구글 채용전략의 핵심이 '학습하는 동물'을 뽑는 것이라고 했다. 세계 3대 회계법인 가운데 하나인 E&Y는 "면접관의 눈에 띄려면 전문적 지식을 선보여야 하는 것은 기본"이라며 "우리 회사의 지원자들은 의뢰인에게 더 깊은 수준의 통찰과 혁신을 제공하기 위해, 먼저 면접관에게 그 정도의 깊이가 있는 질문을 던질 수 있는 열정을 보여야 한다"고 강조한다.

진화론적 관점에서 호기심은 우수한 적응력과도 관련되어 있다. 호기심은 새로운 환경을 탐험해보고자 하는 인간의 욕구를 증가시키기 때문이다. 호기심에 가득 찬 직원들은 동료들보다 더 빨리 성공의 열쇠를 찾아내는 경향이 있다. 신경학적 관점에서 봤을 때 참신함이 가져오는 자극, 그리고 참신함이 익숙함으로 바뀌면서 오는 기쁨(안도

인재 양성

깜)이 합쳐질 때 호기심이 충족된다. '호기심이 고양이를 죽게 만든다'는 옛말은 호기심이 가져다주는 생존과 자손보존이라는 혜택을 고려해봤을 때 아무런 일관성을 갖지 못한다. 아메리카 검정곰^{American Black Bear}은 호기심 하나만으로 진화론적 라이벌들을 제치고 지금까지 살아남은 전형적 예다.

호기심의 시작은 인지하는 것이다. 새로운 자극을 더 원하는 것은 아기 때부터 시작된다. 어떤 아기들은 친숙하지 않은 물체나 낯선 사람 등 새로운 자극에 더 오랫동안 주의를 기울인다. 그런 아기들은 새로운 자극과 심리학적으로 긍정적인 연결고리를 형성하며 새로운 것을 대할 때마다 즐거워하게 된다. 유아기의 선호성향은 아동기를 지나 성인이 되어도 호기심이 충만한 사람으로 성장시킨다. 이는 호기심이 더 많은 사람이 더 큰 감각적 쾌락을 추구하고 아드레날린이 넘치는 경험을 즐기는 반면, 지루함을 견디기 힘들어하는 이유다. 두뇌 영상 연구결과에 따르면 호기심이 충만한 사람들은 지식을 습득하는 것을 상상하는 것만으로도 약에 취한 것과 같은 경험을 하는 것으로 나타났다. 그들의 뇌는 아직 해답을 찾지 못한 질문에 매달릴 때 더 흥분되어 가만히 있지 못하고 들썩거린다. 다시 말해 호기심이 충만한 사람들은 학습에 중독된 사람들이다.

심리학자들은 오랫동안 호기심이 어린이 지능개발의 중심축 역할을 한다고 주장해왔지만 우리 사회와 교육제도는 오히려 호기심을 억제해 왔다. 어른 대상의 지능개발이 대부분 보수적인 이유도 이미 아는 것과 당연히 받아들이고 있는 것들을 지키는 것을 목표로 하고 있기 때문이다. 그런 면에서 봤을 때 호기심이 풍부한 어른들은 호기심을 간직한 채 살아남은 어린이들이다.

복잡하고 지적 부담이 큰 문제들을 해결하기 위해 학습과 적응을 필요로 하는 현대 업무환경에서 호기심이 풍부한 인재를 확보하는 일은 매우 중요하다. 연구결과에 따르면 호기심은 학생들의 성적만 향상시키는 것이 아니라, 직장인의 경우에도 정보를 얻고자 하는 행동을 촉진함으로써 새롭고 도전적인 업무환경에 적응하는 것을 도와준다. 더욱이 호기심으로 가득 찬 직원은 성격과 지능 관련 수치가 기대에 미치지 못하더라도 다른 사람들보다 더 높은 수준의 성과를 거두는 것으로 나타났다. 전통적인 평가방법으로는 설명할 수 없지만 호기심이 직장에서의 성공으로 이어지는 독특하면서도 참신한 자질이라는 점이 입증된 것이다.

지식을 흡수하는 데 흥미가 있으며 도전적인 활동에 매진하고 싶어하는 직원들을 필요로 하는 회사가 있다면 호기심이 충만한 사람을 채용하면 된다. 호기심은 전문성을 습득할 수 있게 해주는 주요 요소일 뿐만 아니라 더 높은 수준의 업무몰입, 그리고 개인의 행복과도 관련되어 있다. 호기심이 많은 사람들은 본질적으로 동기부여 수준이 높고 복잡하고 도전적인 직무를 수행하며 삶의 의미를 찾을 수 있기 때문이다.

호기심이 주는 혜택에도 불구하고 지식을 찾아나서는 여정에는 대가가 따른다. 의사결정이 늦어진다는 점이다. 문제가 발생했을 때 빠른 해결책을 찾는 능력은 장기적 학습과 단기적 이득을 절충해서 나온 타협안이라고 볼 수 있다. 그러므로 빠른 사고, 즉 '무의식적인 생각'과 깊은 학구열 사이에는 본질적 갈등이 존재한다. 지금의 세상은 정보과부하 상태다. 그만큼 정보를 무시하는 것도 정보에 귀 기울이는 것만큼이나 중요한 능력이다. 그런 면에서 자신이 가진 정보를 가치 있는 지식으로 전환하려면, 공허하고 의미 없는 (그러나 중독성이 있는) 정보를 습득하려는 욕구를 억누를 수 있는 능력도 필수다.

오늘날 우리는 마음을 사로 잡는 광고와 스토리의 폭격을 받고 있다. 그런 컨텐츠는 우리의 배고픈 마음에 지적인 양식을 공급해줄 수 없음에도 밤이나 주말이 찾아 오면 『데일리 메일』^{Daily Mail} (연예인들의 파파라치 사진이 자주 등장하는 영국 일간지)을 읽거나 TV를 틀어 킴 카다시안이 출연하는 프로그램을 시청하고 싶은 유혹을 느낄 것이다. 대중문화와 쓰레기 프로그램은 괴테나 도스토예프스키의 책을 읽는 것보다 훨씬 더 감각적이다. 하지만 정제 설탕과 패스트푸드를 먹는 것과 같다. 우리의 진화론적 선조들은 음식 공급과잉의 세상에서 살지 않았으며 하루 종일 신체적 활동을 유지했다. 그들의 생존은 음식섭취를 최대화하고 소비는 최소화하려는 본능적 기질에 의해 가능했다. 비록 우리는 그런 기질을 물려받았지만 요즘처럼 음식이 넘쳐나고 신체 활동의 영역이 제한되어 있는 세상에서 더 이상 그런 기질은 적합하지 않다. 이제 자신의 건강을 보호하고 더 오래 생존하려면 본능에 거스르기 위한 자기 통제와 굳건한 의지가 필요하다. 마찬가지로 호기심을 잘 활용하면 우리로 하여금 더 영양가 있는 컨텐츠를 학습하게 만들 수 있다. 더 참신하고 영양가 있는 정보를 섭취하면서 감각적인 정보를 섭취하려는 본능적 기질은 거역하는 것이다. 지식으로 전환되지 않는 산만하고 오락적인 정보는 우리 마음의 패스트푸드다. 고등 동물일수록 정착하고 쉬기보다는 탐험하는 데 더 많은 시간을 보낸다. 호기심이 충만한 사회는 다른 사회보다 더 큰 성과를 거둘 것이며, 인지적 관점에서 더 복잡한 작업도 자동화의 도움 없이 원활하게 수행할 것이다.

기업가정신: 조직 성장의 원동력

대부분의 사람들이 (스타트업이나 자영업자를 떠올리며) 기업가정신을 하나의 직업군이라고 생각하지만, 그보다는 성장과 혁신의 촉매제 역할을 하는 일련의 행위들로 바라보는 것이 더 효율적인 개념일 것이다(자영업에 종사하거나 새로운 기업을 설립하지 않고 다른 사람이 세운 조직에서 근무할 때도 마찬가지다). 전문가들 역시 "기업가정신은 기업활동이나 성장, 혁신에 기여하는 것과 관련된 모든 활동의 집합이다"라고 칭하면서 "따라서 기업가정신이 투철한 사람은 자기 사업을 시작했건 남 밑에서 일하건 간에 단순히 이런 활동에 몰입하는 사람"을 가리킨다고 언급해 왔다.

미래에는 더 많은 회사들이 기업가정신을 재능으로 볼 것이고 기업가정신을 갖춘 인재를 끌어들이는 데 더 큰 흥미를 가질 것이다. 회사는 항상 창의적 아이디어를 낼 사람들을 필요로 한다. 그리고 그런 아이디어를 실제 혁신으로 연결할 수 있는 사람은 더 귀하다. 이런 인재들은 사내 기업가, 인트라프리너라고 불린다. 인트라프리너는 회사 내에서 발현되는 기업가정신의 징후다. 회사들이 인트라프리너를 모시려고 하는 세 가지 이유가 있다.

첫 번째 이유는 혁신이 회사의 장기적 성공과 생존에 꼭 필요하기 때문이다. 경영관리 분야에서 흔히 하는 "혁신 아니면 죽음", "파괴하거나 파괴 당하거나"란 말이 그냥 나온 게 아니다. 어떤 사업이든 안정적으로, 문제 하나 없이, 오래 유지되는 것은 불가능하다. 앞으로 더 나아가거나 내리막을 걷거나 둘 중 하나다. 그러므로 혁신은 주요한 성장동력이며 조직의 미래를 책임진다. 회사들은 혁신을 거듭하는 일, 즉 새로운 아이디어를 내고 더 나은 서비스와 제품을 제공하며 더 효율적인 내부 프로세스를 갖추는 활동들을 지속적으로 필요로 한다.

두 번째 이유는 혁신은 성장을 이끌지만, 성장은 혁신을 억제한다는 깨달음 때문이다. 다시 말해 회사가 더 커지고 성공할수록 혁신은 자신이 이뤄낸 성공의 희생양이 되고 만다. 파괴적 혁신과 위험부담, 실험정신 등의 가치보다 유지와 보존, 사내정치 등에 더 눈이 가는 것이다. 세상에서 가장 혁신적인 기업이라 불리운 몇몇 회사들도 이런 문제를 피할 수 없다. 마이크로소프트, 아마존, 구글, 페이스북, 애플 등 글로벌 대기업들은 지난 10년 동안만 수백여 개의 스타트업들을 인수했다. 혁신을 주도한 사내 인재들은 이미 이뤄놓은 성공을 관리하기에 급급하기 때문이다. 그들이 스타트업 인수를 통해 노리는 바는 혁신적이며 창의적인 제품과 아이디어를 자기 것으로 만드는 것뿐만 아니라(잠재적 경쟁자를 제거하는 효과도 있다), 새로운 인재영입을 통해 기업가정신을 조직 내에 재주입하는 것이다. 안타까운 사실은 대부분의 창업자들이 기업을 매각하고 나면 대기업 문화에 적응하지 못하고 곧 회사를 떠난다는 점이다.

세 번째 이유는 미래에 어떤 직책이 핵심적인 역할을 할지 예측하기 힘들다는 점이다. 오늘날 큰 성공을 거둔 대기업들조차 성장과 생산성을 주도하는 요직이 무엇인지 객관적으로 파악하는 데 어려움을 겪고 있다. 그러니 5년이나 10년 뒤에 어떤 직책이 더 중요할지 예측하는 것은 더 힘들 수밖에 없다. '혁신^{innovation}'이란 단어 자체가 '예측불가'라는 의미를 내포하고 있다. 아이디어, 제품, 서비스를 더 새롭고 유용하게 만드는 일은 불가능할 수도 있고, 가능하다면 아주 힘든 일이다. 혁신을 이뤄내려면 수많은 시도가 따르며 실패하고, 거절당하고, 또 그것을 반복하는 고도의 실험정신이 필요하다. 그렇기 때문에 소수의 핵심인재들이 미래에 혁신을 불러일으킬 원동력이 될 거라 믿고 기대를 걸 게 되는 것이다. 즉, 미래에는 어떤 요소들이 창의력의 형태로 발현될지 알 수 없지만 어떤 사람은 다른 사람을 대신해 더 많은 것을 이뤄낼 가능성을 가지고 있다. 그런 소질을 가진 사람, 즉 기업가정신이 투철한 사람들은 다음 네 가지 특징들을 확연히 보여준다.

219

7장: 재능의 미래

● **창의력.** 새롭고 이로운 아이디어를 도출하는 능력을 뜻함.. 널리 알려진 것과 달리 창의적인 아이디어를 도출하는 것은 뉴턴이 낮잠을 자고 있는 동안 머리에 사과가 떨어진 것과 같은 우연에 의존하지 않음. 창의적인 사람들은 수많은 아이디어들을 이미 가지고 있으며 모든 아이디어가 독창적이거나 유용하지는 않지만 양으로 승부를 결정 지음. 창의력은 높은 지능과 전문

성을 함께 보유하고 있을 때 더 강해지며, 특히 창의적인 사람들은 새로운 경험에 대한 열린 마음을 가지고 있고, 그런 태도로 인해 현재 상황에 만족하지 못함. 그들은 말도 안되는 아이디어도 숨기지 않고 남들에게 이야기 함. 이상의 것들을 종합해 보자면, 창의력이란 특수 전문지식, 일반적 관행의 부정, 기이한 행동, 새로운 아이디어를 양산해낼 수 있는 이상적 환경을 구축할 수 있는 능력들의 조합이라 할 수 있음.

● **기회포착력.** 시장에 존재하는 틈새를 발견하고 여러 사건들을 기회로 해석할 수 있는 기질을 뜻함. 올바른 시간에 올바른 장소에 있을 수 있는 능력을 뛰어넘어 성공의 가능성을 발견하고 남들보다 더 민감하게 반응할 수 있는 능력임. 일반적으로 기회주의는 높은 수준의 전문성과 어떤 문제를 남들과 다른 관점에서 인식할 수 있는 능력을 필요로 함. 실제로 기회를 포착하는 사람들은 약간의 현실 왜곡이나 낙관적 성향 때문에 고생하는 경우가 있음. 그들은 잠재적 보상에 더 집중하기 때문에 일부 잠재적 위협을 무시하기도 함. 세상을 대하는 독특한 인식으로 새로운 기회를 잘 찾아내며, 기존 시장진입자들과 경쟁하는 동안 열정을 불태우고 재미를 느낌. 이런 면에서 기회주의적 성향을 띄는 사람들은 '친변화 편향pro-change bias'을 보임. 친변화 편향이란 예전 것보다 새로운 것이 더 낫기에, 새로운 것이 오래된 것을 대체할 수 있다는 믿음을 뜻함.

● **진취적 성향.** 일단 일을 시작하면 끝을 보려는 습관. 창의적인 아이디어를 실행에 옮기기 위한 끈기와 조정능력, 조직적 사고방식, 추진력 등을 모두 아우르는 포괄적 능력이라 볼 수 있음. 오늘날 조직들이 직면한 가장 큰 문제는 아이디어 부족이 아님. 혁신적 아이디어를 실제 혁신(제품과 서비스, 솔루션 등)으로 이어갈 수 있는 사람들과 팀들을 포함한 메커니즘의 부족임. 진취적인 직원들은 일을 시작하면 끝을 보려고 노력하며,

혁신에 저항하는 관료주의적이며 위험기피적인 프로세스를 극
복하고 성공을 이뤄내고 말기에 더 가치가 있음.

- **비전.** 장기적 전략과 미션을 구상하여 다른 이들에게 제품이나
  서비스의 형태로 제공하기까지의 전체적인 그림, 즉 '빅픽처'
  를 이해하는 능력을 뜻함. 비전은 단명하는 혁신과 장기적으로
  지속가능한 성공의 결정적 차이임. 어떤 가치가 왜 중요한지 이
  해하기 위해서, 그리고 새로운 일에 다른 사람들의 노력과 지
  원을 끌어들이기 전에 그 일이 왜 중요한지 잘 설명하기 위해서
  비전이 곡 필요함. 비전은 궁극적으로 현실에 변화를 불러일으
  키며 세상을 더 발전시키고자 하는 강한 욕망, 즉 긍정적 변화
  와 인류의 진보를 이뤄내려는 의지임.

위에서 소개한 세 가지 경쟁력은 전통적 기업가뿐만 아니라 사내
기업가, 즉 인트라프리너에게서도 찾을 수 있다. 창의적인 아이디어
를 실제 혁신으로 바꿔주는 능력은 자기 사업을 시작한 사람들의 전
유물이 아니다. 다른 사람 밑에서 일해도 똑같이 발현되는 것이다. 따
라서 미래에는 기업가정신이 투철한 사람들이 스타트업을 시작하는
인물로 한정되지 않고 모든 기업이 원하는 인재로 각광 받을 것이다.
이들은 변화에 잘 적응하고, 창의적인 아이디어를 혁신적 제품과 서
비스로 전환할 것이며, 조직 내에서 성장과 진보의 주요 동인이 될 것
이다. 또한 기회를 포착하며 혁신을 주도함으로써 수요와 공급의 격
차를 줄이는 것은 물론 시장을 더 효율적으로 만들어줄 것이다(우버, 에
어비앤비, 오픈테이블 등이 그 예시다). 만약 조직들이 이런 기업가정신이 투철한
사람들을 찾아내고 기업으로 끌어들인 뒤 업무에 몰입하는 인트라프
리너로 바꿀 수 있다면 새로운 혁신과 성장의 물꼬를 틀 수 있을 것이
다. 반면, 그런 인재를 얻는 데 실패한 기업은 부진을 면치 못하고 도
산하고 말 것이다.

기업가정신만 있다면 자영업은 물론, 공유경제, 임시직 경제^{gig} ^{economy} 등 새로운 취업환경에서도 성공할 수 있다. 게임의 규칙이 정해지지 않은 상태에서는 기회 포착과 활용, 자신의 시간과 재능을 영업의 대상으로 삼는 능력이 성공의 결정적인 요인이 된다. 즉 기업가의 방식으로 움직여야 하는 것이다. 기업의 입장에서도 어떤 사업부문을 이끌어갈 인재를 선택할 때, 새로운 아이디어를 도출하고 가치를 창출하는 능력을 집중적으로 살펴야 한다.

미래인재 식별 도구

앞서 잠깐 언급했지만 가까운 미래에는 노동인구를 대표하는 대부분의 사람들(현직과 구직자 모두)이 자신의 재능과 고용자격 적합성, 업무성과 등의 정보가 포함된 공개 프로필을 가지게 될 것이다. 사람들이 인터넷을 사용하는 시간이 더 길어질수록, 그리고 이를 가능케 하는 디지털기기들이 더 많아질수록 우리는 새로운 재능의 신호들을 더 많이 감지할 수 있고 이 신호들이 축적되어 하나의 평판점수로 활용된다면 어떤 사람의 재능과 잠재력을 입증하는 근거가 될 수도 있을 것이다. 간단히 비교하자면 우버 택시 드라이버의 예를 들 수 있다. 모든 우버 드라이버들은 서비스를 이용한 고객들들로부터 점수를 받는다. 현재 평가점수는 그동안 서비스를 이용한 모든 고객들의 평균점수이며 가장 최근 고객이 준 점수에 의해 업데이트 되기 때문에 초기에는 변동이 심할 수밖에 없다. 하지만 어느 정도 시간이 지나 50~100명의 고객들이 점수를 매긴 뒤라면 한두 명이 더 이용한다고 해서 평균점수에 큰 영향을 받지 않는다. 이때 그의 평가점수는 안정적이며 신뢰할 수 있는 재능의 측정치라고 할 수 있기 때문에 드라이버의 점수에 따라 미래 잠재고객에게 제공될 서비스의 질을 예측할 수 있게 된다. 세상의 모든 근로자가 비슷한 점수를 보유하고 있다고 상상해보

인재 유성

자. 이 점수는 다른 사람들(고객, 다면평가, 추천인, 링크드인 추천)이 매긴 점수만 보여주는 것이 아니라 과거성과와 심리테스트 점수, 업무성과, 고객선호도 등 객관적 측정치도 분석 대상으로 포함된다(예를들어 넷플릭스나 스포티파이의 플레이리스트는 특정 기업문화에 대한 적합도 측정에 쓰일 수 있으며 트립어드바이저에 쓴 후기로 그 사람의 성격을 유추하는 것도 가능하다). 아직 우리는 이런 세상에 도달하지 못했지만 큰 그림을 완성할 퍼즐 몇 조각은 벌써 손에 잡힐 듯 가까이 와있다. 그리고 이 퍼즐을 완성하기 위한 동기도 충분하다. 사람들을 딱 맞는 직종이나 회사에 연결시킴으로써 채용담당자와 고용주, 직원 모두 이득을 보게 될 것이기 때문이다.

과학적으로 검증된 기존의 인재 식별 프로그램들도 많지만 지난 10년간 이 분야가 경험한 전례 없는 수준의 혁신과 새로운 프로그램 개발 규모에 비할 바 아니다. 새로운 프로그램들 가운데 상당수가 재능과 직접적으로 연결된 자질을 평가한다. 비록 당장은 인사업무나 인재관리 업무에 적용되지 않는다 하더라도 앞으로 활용될 잠재력이 높다는 데에는 의문의 여지가 없다. 새로운 프로그램들이 등장할 수 있었던 것은 디지털혁명, 특히 누구나 들고 다니는 스마트폰 덕분이다. 마케팅 전문가들은 하루에 태어난 신생아 숫자보다 아이폰 판매 대수가 더 높으며 그 격차는 점점 더 벌어지고 있다고 한다. 아이폰 판매량이 계속 오르면 출생률은 계속 떨어질까? 가끔 두 변수들 사이의 잠재적 인과관계를 연구해보고 싶은 유혹을 느낄 때도 있다(가설: 아이폰을 들여다보는 데 시간을 더 많이 쓸수록 다른 사람과 육체적 관계에 투자할 시간이 줄어든다).

<table>
<tr><td colspan="3" align="center"><표 3> 전통적 인재 식별 프로그램과 새로운 프로그램의 비교</td></tr>
</table>

평가 특성	전통적 프로그램	새로운 프로그램
성격 특성들, 태도, 가치	자가보고	웹스크래핑(웹에서 정보를 가져와 필요한 자료를 추출함), SNS 분석

지난 성과, 현재 성과	생애데이터 상사 평가	내부 빅데이터 및 이를 활용한 예측 분석 모형
지능, 업무 관련 지식, 개인 특성	IQ 테스트 상황 판단력 테스트	게임화된 평가 프로그램
전문성, 사회성, 동기부여, 지능	면접	디지털 면접(화상면접 및 음성프로필)
경험, 지난 성과, 기술적 능력, 자격	이력서 추천서	취업전문 SNS (예: 링크드인)
성과, 전문성, 평판	다면평가	크라우드소싱 평판, 동료 평가

우리는 대부분의 시간을 온라인 세상에서 보내고 있다. 아날로그 세상과 달리 디지털 세상은 우리의 모든 행동을 기록하며 전례 없는 양의 데이터를 축적하고 있다. 2013년 IBM은 현존하는 디지털 데이터의 90%가 지난 2년 안에 만들어졌다고 측정했었다(사진 데이터로만 보면 80% 가 지난 1년 안에 찍은 것이고 그 중 절대 다수가 '셀카'다). 『이코노미스트』는 유튜브를 통해 가수 싸이의 '강남스타일' 동영상을 접한 수많은 사람들의 전체 시청시간은 20채의 엠파이어스테이트 빌딩을 지을 수 있는 시간과 맞먹는다고 지적했다. 온라인에서 경험한 모든 일들은 자취, 즉 '온라인 족적' 또는 '디지털 평판'으로 남는다. 참신한 재능을 발견하는 과정도 이런 디지털 흔적bread crumbs이나 온라인 행태 추적으로 구성되어 있다.

이제 링크드인에 대해서 이야기 해보자. 링크드인의 도전은 인재 식별 산업을 자동화하기 위한 역사상 가장 노골적 시도였다고 할 수 있다(최근 마이크로소프트가 인수했다). 링크드인의 실제 기능은 현대판 이력서에 전화번호부를 합친 것과 같고 실제로 채용에 널리 사용되고 있다.

링크드인이 인재를 추론해내는 논리는 여전히 평가를 진행하는 인간의 직감에 기반하고 있지만 '추천하기'를 포함한 몇몇 기능들에 대한 수량화 및 표준화가 진행되어 있어 체계적이며 객관적인 분석 정보도 함께 제공되고 있다. 그런데 문제는 링크드인에서 어떤 사람을 추천하는 가장 큰 이유가 첫째로 내가 그 사람을 추천하면 그 사람도 나를 추천하겠지 하는 기대감 때문이고, 둘째로 누군가에게 이미 추천을 받은 사람이 고마움의 표시로 그의 프로필을 찾아 굳이 또 추천하기 때문이라는 점이다. 이런 서로 주고받기식 추천 문화에서는 완벽한 데이터가 생성되는 데 제약이 있지만 '추천'이나 다른 디지털 족적들을 한 눈에 보이는 평판의 지표로 변환하는 컴퓨터 알고리즘을 인재평가 분야에 도입한 것은 주목할 만한 혁신임은 분명하다.

웹스크래핑과 SNS 분석

누군가의 트위터, 페이스북, 링크드인 프로필을 재능의 점수로 환산하거나 프로필 외의 정보를 이용하여 업무적합성과 잠재력을 수량화할 수 있다고 상상해 보자. 이와 같은 접근법은 'SNS 분석'이라는 명칭으로 이미 널리 알려져 있으며 인재 식별 도구로서의 잠재력이 과학적으로 검증되고 있다. 미샬 코신스키^{Michal Kosinski}와 케임브리지 대학교의 동료 학자들은 페이스북 그룹이나 페이스북 페이지의 선호도를 측정하기 위해 만들어진 '좋아요' 버튼의 클릭 패턴을 분석함으로써 한 사람에 대해 더 많은 정보를 얻을 수 있다고 주장했다. '좋아요'는 어떤 사람의 성향과 관련된 가치, 태도, 선호도를 알려주는 정보이기 때문에 그 사람의 정체성과 직접 연결되어 있다는 그런 주장은 충분히 타당성이 있다.

사실 이런 연관성은 상당히 직관적이다. 예를 들어 IQ가 높은 사람들은 과학에 관심이 많으며 영화 『대부^{The Godfather}』, 작곡가 모차르트를 더 좋아하는 반면, IQ가 낮은 사람들은 할리데이비슨^{Harley-Davidson}과 세포라^{Sephora} 화장품을 선호한다고 연결 짓는 식이다. 따라서 우리의 판단은 어디로 튈지 모른다. 또 다른 예를 들어보자. IQ가 높은 사람일수록 긴 감자튀김이 나온 사진보다 동그랗게 말린 감자튀김 사진에 '좋아요' 버튼을 더 많이 클릭한다는 소문이 돌았다. 매체에 이런 이야기가 소개되자마자 사람들이 의도적으로 동그랗게 말린 감자튀김 사진을 찾아다니며 '좋아요' 버튼을 클릭하기 시작했다(실제 세상에서 그런 형태의 감자튀김을 더 많은 사람들이 좋아하게 된 것은 아닐 것이다). 안타깝게도 이제 동그랗게 말린 감자튀김을 좋아한다고 해서 IQ가 높다고 볼 수 없게 됐다. IQ가 낮은 사람들도 다 같이 '좋아요'를 눌러대기 시작했기 때문이다. 결국 더 많은 '좋아요' 데이터가 쌓일수록 높은 IQ의 징후라고 입증될 만한 증거도 점점 사라진 것이다. 이런 현상은 컴퓨터 알고리즘이 어떻게 작동하는지 떠올리게 해주는 유용한 사례이기도 하다. 즉, 정적이기보다는 다이나믹하게 기능하는 알고리즘이 좀 더 정확한 데이터를 생성하기 위해서는 어떻게 조절되고 자동수정되어야 하는지 말이다.

페이스북의 '좋아요' 기능은 성격의 특징들 가운데 호기심이나 새로운 경험에 대한 열린 마음 등을 추론하는 데 이용될 수도 있다. 예를 들어 호기심과 열린 마음의 소유자들은 플라톤과 오스카 와일드 등 지적이며 철학적인 작가들에 대한 포스팅을 보면 '좋아요'를 더 많이 누를 것이다. 반면 호기심과 열린 마음과 관련된 자질이 부족한 사람들은 나스카^{NASCAR} 자동차 경주, 오클라호마주립대(스포츠 유망주가 많은 대학교)와 관련된 게시물에 '좋아요' 버튼을 더 많이 클릭할 것이다. 혹은 책을 싫어하며 그 점을 자랑스럽게 생각하는 사람들의 모임인 '난 책을 안 읽어' 그룹과 관련된 게시물에 '좋아요'를 클릭할지도 모르겠다.

과학적으로 측정된 성격 및 지능 평가점수의 변동성 가운데 절반은 '좋아요' 버튼클릭 패턴으로 예측 가능하다('좋아요' 히트수가 어느 정도 수준까지 꾸준히 축적되어야 한다. 물론 '좋아요'를 거의 누르지 않았다는 사실도 성격을 파악하는 지표로 활용될 수 있다). 또한 전통적 성격 테스트 결과와 비교했을 때 SNS 분석 결과는 활용도도 훨씬 높을 뿐만 아니라 상관관계 정확도도 훨씬 높은데 그 이유는 물론 컴퓨터 알고리즘이 사람의 직관보다 훨씬 객관적이기 때문이다. 페이스북 기반 성격평가 프로그램에 관심이 있다면 '어플라이매직소스applymagicsauce.com'를 방문해보기 바란다. 이제껏 누른 페이스북 '좋아요' 패턴을 분석하여 당신이 어떤 성격의 소유자인지 알게 해줄 것이다.

SNS 분석은 또한 이메일이나 워드프로세서 기록물과 같이 자유로운 형식으로 적힌 문장, 즉 구조화되지 않은 데이터에서 정보를 추출하는 데도 사용될 수 있다. 서로 다른 여러 언어학적 처리 프로그램들을 사용함으로써 단어 사용에 따른 성격적 특성을 알 수 있게 되는 것은 물론 재능 있는 사람들(또는 재능 없는 사람들)이 쓰는 특정 단어들이 무엇인지 알 수 있게 된다. 예를 들어 여러 사람들의 블로그에서 가장 많이 쓴 단어들을 분석해본 결과, 신경질적인 사람은 '극혐awful', '소름horrible', '우울depressing' 등의 단어를 많이 쓰며 외향적 성격의 소유자들은 '술집bars', '마셔drinks', '마이애미Miami' 등을 많이 언급했다. 상냥한 사람들은 '포옹hugs', '아침morning', '단란함togetherness' 등을 언급했고, 유쾌하지 못한 사람들은 '포르노porn'에 대해 언급하거나 욕설을 해댔다. 어떤 일을 마무리해야 한다는 강박이 상대적으로 높은 근면한 사람들은 (일을) '끝냈다completing'는 말을 많이 한 반면, 호기심이 풍부한 사람들은 '시poetry', '예술art', '이야기narrative' 등을 많이 언급했다. 이런 단어들은 다른 사람들에게 깊은 인상을 남긴다. 비록 특정 단어 한 개와 성격 사이의 상관관계는 일반적으로 낮은 편이지만 여러 단어에 대한 분석결과를 결합하면 예측가능성이 꽤 높아진다. 심리테스트와 비교하자면 각각의 단어가 테스트에 등장하는 여러 질문들 가운데 하나로서 역할을 한다고 볼 수 있다.

이러한 접근법이 실무에 적용되거나 인재 식별 프로그램을 설계하는 데 이용된 적이 있었던가? 아니면 단순히 연구단계에 머물러 있는가? 대답은 후자에 가깝지만 IBM의 '왓슨스 퍼스낼리티 인사이트 https://www.ibm.com/watson/services/personality-insights'처럼 어떤 사람이 자유롭게 쓴 글을 이용하여 성격을 파악하는 프로그램은 이미 존재한다. 이 프로그램의 이용료는 무료이며 웹사이트에 접속해서 텍스트 한 덩이를 복사한 다음 붙여넣기만 하면 그 글을 쓴 사람의 성격에 대한 자세한 보고서를 이메일로 받을 수 있다. 이제까지 써온 이메일들을 이용하여 성격을 파악해 주는 프로그램도 있다. '크리스탈노즈crystalknows.com'는 기계학습 알고리즘을 통해 발신자가 이전에 보낸 이메일과 프로필을 분석해서 수신자가 어떤 답장을 써야할지 알려준다. 답장을 받을 사람이 참을성이 부족하거나 충동적인 사람이라면 이메일을 짧고 명쾌하며 이해하기 쉽게 써야 한다. 받을 사람이 성실한 사람이라면 맞춤법을 확인하고 자세한 정보를 모두 기입해야 한다. 미래에는 회사들이 유사한 프로그램을 이용하여 직원들의 이메일을 분석하고 특정 역할에 맞는 재능과 잠재력을 가지고 있는지 평가할 것이다. 물론 사생활과 익명성 침해의 문제를 야기시키기도 하겠지만, 이런 방법들로 더 공평하고 더 나은 의사결정을 내릴 수 있음은 물론 더 객관적으로 재능을 평가할 수 있다고 직원들을 설득할 수 있을 것이다. 사실 유사한 프로그램이 이미 광고회사의 기획 마케팅에 널리 사용되고 있다. 이들은 검색능력을 최대한 활용하여 이메일 정보를 수집한다(지메일, 야후메일, 혹은 핫메일 등 무료이메일 제공사와 협력하기도 한다). 그리고 분석결과에 따라 이메일 작성자의 구미에 맞는 타깃 광고를 정기적으로 보내고 있다.

내부 빅데이터를 활용한 재능의 예측 및 분석

인재 식별 분야가 이뤄낸 또 다른 기술적 발전은 조직 내부의 빅데이터를 활용하는 것으로 회사 내에 이미 존재하는 성과지표들 중에서 재능을 나타내는 결정적인 지표들만 추려서 차곡차곡 파일화하는 작업을 포함한다. 미래에 기업들이 핏빗^{Fitbit}이나 애플왓치 등의 디지털기기나 스마트폰 앱을 이용하여 직원의 업무몰입도, 생산성 수준에 대한 데이터를 실시간으로 추적할 수 있다고 상상해보자. 그리고 이메일 내용이나 이메일의 이동경로를 모니터링하는 알고리즘을 개발해서 어떤 이메일을 누구에게 보내는지 다 보고 있다고 가정해보자. 이런 방식은 이전에도 소개된 아주 오래된 과학적 원칙, '지난 행동이 미래 행동을 예측하는 기준이 된다'에 기반한다. 어떤 사람이 무엇을 하고 있는지 매일 추적한다면 미래에도 어떻게 행동할 것이라고 예측할 수 있을 것이다. 더 나아가 개인수준의 변수와 집단수준의 변수를 연결할 수 있다면 예측에 훨씬 더 유용하다. 예를 들어 빅데이터는 실시간으로 개인매출 성과와 고객서비스 만족도, 조직 전체매출 자료를 연동하는 데 이용될 수 있으며, 회사들은 이런 방법으로 그동안 눈에 잘 띄지 않았던 높은 잠재력을 지닌 직원들을 찾아낼 수 있다. 이들은 상사의 주관적 성과평가로는 절대 찾을 수 없는 인재들이다.

내부 빅데이터를 가장 생산적으로 이용한 것은 프로스포츠 분야다. 2011년에 개봉한 영화 『머니볼^{Moneyball}』은 메이저리그 애슬레틱스 단장인 빌리 빈^{Billy Beane}의 실화에 기반한다. 빈은 모두의 예상을 깨고 미래가 없는 야구팀을 20연승 기록을 깨는 강팀으로 만들었으며 더 놀라운 점은 그런 팀을 만드는 데 선수 영입 비용은 거의 들지 않았다는 점이다. 빈의 비장의 무기는 데이터 과학자들이었다. 그는 직감에 의존한 트레이딩을 피하고 선수성과에 관한 엄청난 양의 데이터를 수집하여 분석했다. 이제 빌리 빈뿐만 아니라 수많은 스포츠 매니저들이 빅데이터에 기반한 통찰력으로 의사결정을 내리고 있다. 그들은 어떤 선수의 수천 가지 행동들을 팀의 성과지표와 연동하여 미래성과뿐만 아니라 부상과 품행 관련 문제도 예측하는 수준에 이르렀다. 예를 들어 이탈리아 축구클럽 AC 밀란은 선수 1명당 6만여 개에 달하는 데이터 측정지표를 적용한다고 한다. 인간은 막대한 양의 데이터로부터 정보를 추론하는 것이 불가능하지만 컴퓨터 알고리즘은 성공과 실패의 치명적 방아쇠 역할을 하는 요소들을 식별할 수 있으며 높은 성과를 거두는 팀을 만들 수 있도록 관리자의 능력을 향상시킨다.

내부 빅데이터를 통해 조직성과를 이끌어낼 수 있는 숨겨진 성장동력을 찾아내는 것도 가능하다. 예를 들어 물류 및 운송 업체들은 화물 트럭의 내장 컴퓨터에 축적된 데이터를 점검하여 운전자가 안전하게 운행하는지 모니터링할 수 있다. 또한 데이터 전송과 분석을 빠른 시간에 처리할 수 있는 능력을 활용하여 개인과 조직의 업무효율성을 개선할 수 있을 뿐만 아니라 직원들에게 객관적인 성과 피드백을 실시간으로 제공할 수도 있다. 즉, 계기판이나 스마트폰 앱 등을 만들어 직원들에게 매시간마다 업데이트되는 주요 성과지표를 보여줄 수 있는 것이다(업무실수 비율, 매출, 콜센터의 통화완료 비율, 고객전환 수치 등).

회사 내에서 빅데이터를 수집하는 가장 일반적인 방법은 사회관계 측정 센서를 활용하는 것이다. 직장 내에 설치된 센서는 직원들의 움직임을 감지할 수 있다. 특히 다른 사람들과 만난 횟수와 만남의 시간 등도 집계 가능하다. 이 기술을 처음 개발한 사람들은 MIT 대학교의 연구원들이다. 이들은 조직 속에서 인간의 삶이 어떤 식으로 펼쳐지는지 보여주는 지도를 만들고자 했다. 예를 들어 충고를 구해야 하거나 수다를 떨고 싶을 때 누구를 찾아가는지, 조직 내에서 아이디어와 정보가 어떻게 퍼져 나가는지 알게 되면, 서로 다른 직원들 사이의 연계, 그리고 그 네트워크의 너비와 밀도가 밝혀지게 된다. 관리자들은 이런 '비공식informal' 팀들이 가져다 줄 운영효율성을 평가할 수 있게 되며 네트워크의 중심마디central node 역할을 하는 사람이 누구인지 알 수 있게 된다. 마디 역할을 하는 사람은 동료들과 더 강한 연결고리를 갖고 있는 사람이며 당연히 조직에 더 쓸모 있는 사람으로 평가받게 될 것이다. 지금 같은 디지털시대에는 스마트왓치나 스마트폰, 혹은 회사에서 제공된 앱들이 센서 대용으로 사용되어 직원들의 인맥 및 행동패턴을 추적 및 관찰할 수 있는 개연성이 대두되고 있다. 마치 운동 어플이 당신이 하루에 몇 걸음 걷는지 체크하고 있는 것처럼 말이다.

새롭게 떠오르는 조직 내 빅데이터 수집 방법은 공개 피드백을 활용하는 것이다. 가장 인기 있는 프로그램은 '글래스도어glassdoor.com' 다. 글래스도어는 여행관련 서비스를 제공하는 트립어드바이저의 직장찾기 버전이라고 생각하면 쉽다. 글래스도어 사이트를 방문하면 다녀온 여행지에 평점을 매기듯이 자신이 경험한 직장, 관리자, 경영진에 대한 평가를 남길 수 있다. 누구나 익명으로 평가할 수 있기 때문에 구직자와 경쟁사들은 어떤 회사의 실제 조직문화가 어떤지 알 수 있으며 서로 다른 직장들 간의 장단점도 파악할 수 있게 된다. 이런 크라우드소스 데이터는 직원들의 업무경험과 조직 효율성의 연계를 재조명해준다. 더 나아가 경영진들의 전반적인 성과를 평가하는 데 있어서 서로 다른 시간주기 동안 한 회사에서 일어난 변화나 서로 다른 회사들을 비교하는 것보다 더 쉽고 빠른 방법은 없을 것이다. 아마존을 포함한 몇몇 대기업들은 내부적으로 유사한 프로그램을 개발했다. 더 구체적으로 말하자면 아마존은 내부 사이트를 제공하여 모든 직원들과 관리자들이 익명으로 서로에 대한 피드백을 남기도록 장려하는데, 마치 제품 구매후기와 똑같이 운영된다고 보면 된다. 비록 이런 시스템으로 인해 지나친 수준의 피드백이 올라올 수도 있고 많은 시간이 소요되기도 하지만, 근무 중인 직원들의 업무성과 데이터를 수집할 수 있는 명백한 수단을 제공하여, 이제 한물간 연간 성과평가의 대안으로 제시될 수 있다.

디지털 면접과 음성 프로필

인재 식별 프로그램의 또 다른 혁신은 디지털 면접과 음성 프로필이며, 업무적합성과 재능을 평가하는 가장 일반적인 방법인 입사

면접의 역할을 가로챌 수 있는 상당한 잠재력을 지니고 있다. 매년 몇 건이 진행되는지 알 수 없을 정도로 수많은 면접이 진행되고 있고 어떤 행태로든 면접 없는 채용은 아직까지 상상하기 어렵다. 따라서 이미 시장은 어마어마하게 크다고 볼 수 있다. 그렇다면 면접을 더 저렴하고 빠르며 효율적인 동시에 정확하게 만들 방법은 없을까? 과학기술이 그렇게 만들어줄 수 있을까?

최소한 몇 가지 방면에 있어서 '그렇다'고 할 수 있다. 우리 배심원들(면접관들)의 판결은 여전히 정확하지 않지만 새로운 과학기술을 이용하면 최소한 오염된 기존 면접절차를 소독하고, 표준화하며, 그 비용을 절감할 수 있을 것이다. 디지털 면접 제공업체 '하이어뷰^{HireVue}'는 20분 동안의 비디오 면접에서 찾아낸 8천만 가지 측정 포인트들을 성과나 성격 관련 변수들과 연동시켜 그 사람에게 어떤 재능이 있는지 파악해낸다. 하이어뷰의 측정방식을 활용하면 면접관의 주관적 의견이나 직관에 의존하는 경향을 배제할 수 있다. 특히 하이어뷰의 구조화 면접은 재능과 관련된 성격적 특성들을 추론하는 정교한 방법론에 기반하여 구성되어 있기 때문에 영상녹화 면접을 통해 재능을 찾아내는 기계학습 알고리즘의 효과를 극대화시킬 수 있다. 인공두뇌학의 아버지이자 인공지능 분야의 선구자로 알려진 노버트 위너^{Norbert Wiener}는 "만약 우리가 어떤 일을 명확하고 이해할 수 있는 방식으로 처리할 수 있다면, 기계가 그 일을 대신하게 만드는 것도 가능하다"고 했다. 면접 대상자의 잠재력에 대한 기계와 인간의 추론을 결합하는 것은 불가능한 일이 아니며, 이렇게 결합된 하나의 추론력은 미래성과를 예측하는 방식에 돌이킬 수 없는 변화를 일으킬 것이다.

디지털 면접과 유사한 방법론에 기반한 또 다른 면접 대안은 음성 프로필이다. 실제 대화내용에 관계 없이 목소리의 특정 속성들을 분석하여 성격, 능력, 미래성과의 지표를 확인하는 것이다. 음성 프로필 서비스업체 '조벌린^{Jobaline}'은 사람마다 각자의 음성을 가지고 있다는 개념이 아닌, 아주 색다른 전제에 기반한 분석방법을 제시한다. 조벌린은 지원자의 성격과 지능, 기분을 이해하려고 노력하기보다 '목소리를 듣는 사람이 느끼게 될 감정'을 파악하는 것을 목표로 한다. 즉, 조벌린은 일종의 미성(美聲) 선발대회를 열어서 컴퓨터에게 심사위원을 맡기고 있는 것이다. 그런데 컴퓨터 심사위원은 단지 1차 심사만 맡는다. 컴퓨터 심사위원이 합격시켜야만 인간의 심사를 받는 다음 단계로 진출할 수 있는 것이다. 이 과정이 불공정하게 보일 수도 있지만 컴퓨터 알고리즘은 단지 사람이 어떤 판단을 내릴지에 대한 예상, 즉 단순한 '미러링'이라는 사실을 상기해 보자. 컴퓨터가 인간의 편견을 복제할 뿐이라면 그게 무슨 의미가 있냐는 성급한 비판은 그 자체로 또 다른 편견이므로 기꺼이 무시해도 좋다.

고객서비스 센터 같은 경우에는 고객과의 통화내용을 저장하여 음성 프로필 소프트웨어로 분석하면 대화내용이 아닌 목소리 분석을 통해서 고객불만 처리과정의 효율성, 서비스 담당자의 대응력, 고객반응 유형 등을 감지하는 것도 가능할 것이다.

그러나 음성 프로필은 아직까지 해답을 찾지 못한 여러 가지 개선과제가 남겨져 있는 걸음마 단계에 있다. 목소리를 분석하여 그 사람의 잠재력을 얼마나 정확하게 판단할 수 있을지 검증과정을 거치고 지원자들이 아무리 목소리를 꾸며봤자 평가점수에 영향을 미치지 못한다는 점이 확인될 때까지, 음성 프로필은 그저 흥미로운 실험 정도로만 생각해두는 것이 좋다.

게임화된 프로필 측정 도구

인재 식별 프로그램의 마지막 영역은 게임화gamification로, 비디오게임의 기능들을 심리평가와 직원채용 과정에 포함시키면 지루한 절차를 즐기며 진행할 수 있게 되고 이용자 경험을 강화할 수도 있다. 이런 프로그램은 업무 외적인 일에 동기가 부여된 지원자들의 참여를 끌어내기 위해 처음 사용되었다. 구직이 목적인 사람들은 직장을 얻는 것 외에는 관심이 없고, 마찬가지로 회사 입장에서는 구직자들이 채용과정을 즐기거나 말거나 별로 관심이 없다. 그러나 만약 인재 식별 프로그램이 재미의 공학fun-gineering으로 운영되어 구직자들에게 강하게 어필될 수 있다면 지원서가 접수되기도 전에 잠재적 지원자의 프로필을 파악하는 것도 가능하다. '프리하이어링pre-hiring', 즉 채용이 시작되기도 전에 어떤 사람이 지원할지 알 수 있게 해주는 업무는 게임화된 인재 식별 프로그램이 진입할 수 있는 주요시장이다. 설문조사 전문업체 '마켓앤마켓Markets and Markets'은 2020년이 되면 게임화된 평가 프로그램 산업의 규모가 110억 달러에 이르게 될 것이라 예상했다.

게임화된 평가 프로그램이 일반대중에게 대량판매된 첫 사례는 IQ 테스트의 전형적인 문항들을 성공적으로 게임화한 닌텐도 DS의 '두뇌트레이닝'이다. 이 게임을 하면 인지능력과 IQ 테스트 점수, 집중력이 향상된다는 주장에 대한 강한 이의가 제기되기도 했지만, 그런 의혹에도 불구하고 일본 직장인들 사이에서 바로 대박을 쳤고 전세계적으로도 큰 성공을 거뒀다. 스마트폰이 등장하면서 IQ 테스트를 게임화하려는 이런 시도는 더 잦아졌고 그 중 하나가 '루모시티lumosity.com'다. 루모시티는 게임화된 지능평가 문제를 고안하여 고객들에게 제공하는 B2C업체로 닌텐도의 '두뇌트레이닝'과 달리 지능의 식별이 아닌 개발을 목적으로 하는 게임을 개발하고 있다.이 회사의 게임에서 높은 점수를 받은 사람들은 자신의 점수를 온라인에 게시할 수 있고 새로운 인재를 찾는 기업들은 그 게시판의 점수를 확인함으로써 서로 간에 교류가 이뤄지는 것이 특징이다. 또 다른 유사 업체인 파이메트릭스Pymetrics는 기본적인 인지, 감정, 사회성 능력을 평가할 수 있는 신경심리 테스트를 게임화했다. 기계학습 알고리즘을 게임과 융합하여 개인의 성과를 측정하고 그에 맞는 직업프로필을 만들어 기업과 잠

인재 양성

재고용주들이 볼 수 있도록 게시하는 파이메트릭스는 지금까지 10만 명 이상의 지원자들을 평가했으며 피델리티^{Fidelity}와 앤호이저부시$^{Anheuser-}$ ^{Busch} 등과 같은 글로벌 기업 내에서 이용자들의 숫자를 점차 늘려가고 있다.

　　게임화된 인재 식별 프로그램은 IT업계와 같은 특수 직업군에 종사하는 사람들의 재능을 평가하는 일에도 유용하게 쓰인다. 예를 들어 해커랭크^{HackerRank}라는 업체는 소프트웨어 엔지니어들의 프로그래밍 능력을 평가하는 데 사용될 수 있는 다양한 게임들을 보유하고 있다. 예를 들어 이용자가 코드를 작성하면 사이트 알고리즘에 의해 채점이 이뤄지므로 고용주들은 추가시험을 치를 필요 없이 전문성에 기반하여 지원자들을 채용할 수 있다. 또 다른 인재 식별 평가 게임 제공업체 HR아바타$^{HR Avatar}$는 여러 지원자들이 동시에 참여할 수 있는 모의 업무 환경을 조성하여 영업이나 고객서비스 등 그 직종과 직접적으로 관련된 성격 특성들을 평가한다. 대부분의 게임화된 평가 프로그램과 마찬가지로 HR아바타가 제공하는 모의시험의 본질은 SJT의 영역에 속한다. 즉, 지원자들은 제한된 숫자의 선택지들 가운데 하나를 꼭 골라야 하는 여러 시나리오에 참여하게 된다(각각의 선택지는 서로 다른 성격 특성과 연결되어 있다). 예를 들어 어떤 시나리오는 지원자들이 호텔 관리인 역할을 맡아 어려운 상황에 처한 고객의 불만사항에 대응하게 만든다. 이런 상황에서 적절한 친절함을 보여줄 수 있다면 높은 수준의 고객지향 서비스를 위한 업무잠재력을 가진 것으로 평가받을 수 있다.

　　게임화된 평가 프로그램들 중에는 1인칭 시점으로 진행되는 인터렉티브 무비$^{interactive movies}$처럼 좀 더 정교한 방식을 이용하는 사례들도 있다. 예를 들어 글로벌 생활용품업체 레킷벤키저$^{Reckitt Benckiser}$를 위해 고안된 게임 '인세인리 드리븐$^{Insanely Driven}$'은 극심한 압박 아래서 어떤 의사결정을 해야 하는 시나리오 속으로 지원자들을 몰아넣음으로써 그들이 '다른 사람을 앞지름'과 '다른 사람과 잘 어울림' 사이에서 타협하게 만든다. 이런 지원자의 선택은 개인의 성격만 반영하는 것이 아니라 그들이 중요하다고 느끼는 가치를 반영하여 기업 업무적합도를 평가할 수 있게 해준다. 마지막으로, 현재 존재하는 평가게임들 중에서 가장 과학적이며 정교하게 고안된 것은 레드불Red Bull의 '윙파인더wingfinder.com'가 아닐까 한다. 이 게임은 이용자에게 그림에 기반한 성격 테스트와 논리적 추론을 필요로 하는 퀴즈를 풀게 만들고 그 평가결과에 따라 직업에 맞는 소질들을 식별할 수 있게 해준다. 또한 윙파인더는 RAW 요소들을 평가하여 업무잠재력과 업무강점에 대한 무료 보고서도 제공한다.

전망은 밝지만 혁신은 아직……

지금까지 제시한 새로운 인재 식별 프로그램들의 정확도와 활용도를 평가하는 것은 아직 시기상조이며 학계 연구도 이제 막 시작됐을 뿐이다. 하지만 대부분 스타트업들과 신규 진입 업체들이 고정관념을 깨부수며 개발해 낸 여러 방법론들이 미래에 어느 정도의 가치를 가지게 될지 예상해 볼 수는 있다. 지금 시점에서 고려해보아야 할 중요한 질문은 과연 이런 프로그램들이 실제로 재능의 징후를 효과적으로 파악할 수 있냐는 것이다. 만약 그렇다고 한다면 이러한 징후들이 완전히 새롭게 발견된 것인지, 아니면 이미 존재하던 징후를 단순히 새로운 방식으로 알려주는 것인지도 살펴봐야 한다. 마치 이 책의 제3장에서 RAW 요소들이 새로운 방식으로 소개된 것처럼 말이다.

이제는 어떤 프로그램이 나와 있는지 일일이 확인하기도 힘들 만큼 너무나 많은 프로그램들이 새롭게 등장했지만 결국 위에서 논의한 웹스크래핑(SNS 분석 포함), 게임화된 평가 프로그램, 내부 및 사내 빅데이터('미래예측을 위한 재능분석'으로도 알려져 있다), 디지털 면접(음성 및 비디오 프로필), 이렇게 네 가지 범주로 구분지을 수 있을 것이다. 이런 프로그램들의 정확도를 입증해줄 과학적 증거자료(특히 새로운 프로그램들이 예전에 만들어진 프로그램들보다 업무성과를 더 잘 예측할 수 있음을 검증해 줄 근거)를 기다리는 동안 생각해봐야 할 점은 조직들이 원하는 것이 꼭 정확도가 아니라는 사실이다. 사실 많은 회사들과 인재관리 컨설턴트들은 정확도를 크게 중요하게 생각하지는 않는다. '마이어스브릭스Myers-Briggs' 테스트(일명 MBTI 성격유형 검사)가 아직도 가장 널리 이용되는 재능평가 방법이라는 것만 봐도 알 수 있다.

인재관리 부서 실무자들이 평가의 정확도를 중요하게 생각한다고 주장할 때조차 효율적인 평가가 진행되기 어려운 것이 현실이며 측정 정확도의 유효성에 대한 연구결과도 좀처럼 찾기 힘들다. 대부분의 인사 및 인재관리 담당자들이 신경쓰는 부분은 유효성의 '표면적 타당성face validity'이기 때문이다. 즉, 재능평가 결과에서 재능이 있는 것으로 판단된 사람은 상식적으로 봤을 때도(실은 직관적 관점에서) 재능이 있는 사람처럼 보여야 한다는 말이다. 그러나 이런 결과도출 방식은 상식적이지도 않고 정확하지도 않게 되어버린다. 두 마리 토끼를 다 놓쳐버리는 꼴이다. 실무자들이 중요하게 생각하는 것과 과학자들이 추천하는 프로그램으로 도출한 결과 사이에 큰 격차가 생길 수밖에 없는 이유가 바로 여기에 있다.

또 주목해야 할 점은 프로그램의 정확도가 입증되었을 때조차 비용과 같은 현실적 고려요소가 존재한다는 것이다. 대개 회사들은 정확도가 떨어지더라도 비용이 비교적 저렴한 인재 식별 프로그램을 선택한다. 안타까운 점은 투자수익률을 고려했을 때 더 큰 돈을 들여 더 정확한 프로그램을 사용하면 더 적합한 상대를 찾을 수 있으므로 투자비용을 상쇄시킬 수 있겠지만 저렴한 프로그램을 사용해서 적합하지 못한 직원을 뽑으면 프로그램에 아낀 비용 이상의 손실이 발생되고 만다는 것이다. 또 다른 고려 요소는 지원자가 평가 프로그램에 얼마나 몰입할 수 있는가 하는 사용자경험의 문제다. 게임화된 평가 프로그램들은 재미있고 몰입하기 쉽기 때문에 사용자 경험의 문제를 해결하는 데 강한 경쟁력을 가지고 있지만 아직 정확도가 입증되지 않았다는 게 흠결이다. 그럼에도 점점 더 많은 회사들이 짧고, 재밌고, 다루기 쉬운 평가게임 프로그램들을 선택하는 이유는 비록 정확도가 떨어지더라도 확실한 장점이 있기 때문이다. 즉, 정확도를 희생하더라도 더 몰입하기 쉬운 프로그램을 도입하여 더 많은 지원자들이 평가절차를 거치도록 끌어들일 수 있다면 확률상, 적합도가 높은 지원자들의 숫자도 늘어나 모자란 정확도에 대한 보상을 받을 수도 있다는 계산이다. 예를 들어 어떤 회사에 1만 명의 지원자들이 몰렸으며 그 회사가 사용하는 프로그램의 평가 정확도가 60%라고 하자. 그러면 산술적으로 50명의 지원자에 정확도가 75%인 프로그램을 사용하는 것보다 적합 후보들을 더 많이 찾을 수 있을 것이다. 이렇듯 정확도와 사용자경험 사이에는 본질적인 갈등이 존재하며, 더 재미있는 사실은 정확도가 떨어지는 프로그램일수록 더 많은 응시자를 끌어들이는 경향이 있다는 점이다. 따라서 정확도를 개선하거나 유지하면서도 사용자경험까지 개선하기 위해서는 더 큰 비용을 투자해야만 한다.

마지막으로 전통적인 인재 식별 프로그램과 새로운 프로그램의 잠재적 장단점을 평가할 때 고려해야 할 법적 제약과 익명성, 윤리적 지침 등을 살펴보고자 한다. 어떤 프로그램은 꽤 정확하고 저렴하며 사용자경험 측면에서도 아주 훌륭하다. 특히 페이스북 기반 알고리즘처럼 지원자가 아무것도 하지 않아도 이미 프로필이 만들어져 있는 경우도 있다. 하지만 이런 접근법이 비윤리적이며 법적으로 문제가 있고 사생활을 침범하는 것은 아닌지 확인해야 한다. 분야를 막론하고 과학적 발전과 비윤리적 활용 사이에 갈등이 존재해왔다. 윤리적 경계가 발전의 한계를 정해버리는 경우도 있다. 우리가 알 수 있는 것과 알아도 되는 것 사이에는 분명한 간극이 존재하는데, 과학기술이 그 간극을 점점 더 넓히고 있기 때문이다.

전체 노동인구 중 상당수가 새로운 프로필 작성 프로그램에 의해 평가되는 미래가 열릴 거라는 사실은 의심할 여지가 없다. 그리고 현재 상업적 평가프로그램 시장은 점점 더 커지고 있으며 지금 표면에 드러난 규모는 그 일부에 불과하다. 매년 인사, 또는 인재관리 목적(재능확인뿐만 아니라 재능개발도 포함해서)으로 약 4천만 건의 평가가 진행되고 있다. 그러나 세상에는 40억 노동인구가 존재하므로 99%에 속한 잠재적 인재들은 아직 평가 프로그램을 경험해보지 못했다고 볼 수 있다. 즉, 99%의 사람들이 아직도 신원조회와 유사할 뿐인 검증과정과 비공식적이며 전문적이지 못한 재능 판단 메커니즘을 통해 직장에 입문하고 있는 것이다. 그 결과 많은 사람들이 자신과 맞지 않는 직장에서 일하게 될 것이며 이는 낮은 업무성과와 낮은 업무몰입도, 소외, 소속 경제집단의 생산성 손실 등으로 이어질 것이다. 세계 인구의 거의 절반이 인터넷에 접속할 수 있는 세상, 그리고 스마트폰을 통한 매출이 지속적으로 증가하며 멀리 떨어진 곳과도 실시간으로 연결될 수 있는 오늘날의 세상에서 디지털 재능평가 프로그램의 잠재적 가치를 과소평가해서는 안 된다. 하지만 잠재력이 실제 성과로 이어지며 현실화되기 위해서는 프로그램의 정확도가 개선되어야 하며 윤리와 원가 문제에 대한 해결책이 마련되어야 한다. 평가 도구가 발전한다고 해서 모든 사람이 무조건적으로 더 똑똑해지는 것은 아니다. 그러나 그런 시장이 만들어진다면 회사들은 지리학적 위치에 상관없이 더 많은 수의 잠재적 지원자들을 평가할 수 있고, 필요한 정보에 좀 더 빠르고 광범위하게 접근할 수 있게 될 것이다. 마치 인터넷과 소셜미디어가 우리 삶에 커다란 변화를 일으켰듯이 말이다.

이번 장에서 논의된 새로운 인재 식별 방법들과 참신한 재능의 신호들은 먼곳에 있는 것이 아니라 바로 지금 이곳에 있으면 금방 사라지지도 않을 것이다. 평균적인 인사실무자의 눈에는 이런 방법들과 재능의 신호를 식별하는 일들이 먼 미래의 일로 보일 수 있겠지만 지금 현재 주류를 이루는 것들이 예전에는 낯설거나 실현가능성이 없어 보였던 시절이 있었을 것이다. 1982년에 '사이버공간^{cyberspace}'이라는 단어를 처음 사용한 윌리엄 깁슨^{William Gibson}은 "미래는 벌써 코앞에 와 있지만 모두에게 균등하게 분배되어 있지는 않다"고 했다. 오늘은 공상과학 소설에나 나올 법한 이야기가 작은 한 걸음만 내딛으면 평범한 내일의 이야기가 되어있을 수 있다는 것이다.

이를테면 예전에는 물리적 환경에서 진행될 수밖에 없었던 수많은 기능들이 이제 디지털화되거나 수치화되었다. 우리는 새로운 가게, 식당, 술집 등을 방문하기 전에 스마트폰으로 후기와 평점을 확인하며 방문 후에는 직접 후기를 올리기도 한다. 그러기 위해서 필요한 것은 단지 접속하는 것뿐이며, 아마 미래에는 똑같은 방식이 사람에 대한 평가에도 적용될 것이다. 런던 옥스퍼드 스트리트나 파리 샹젤리제 거리, 뉴욕 5번가 등을 걸어 다니면서 주변에 있는 사람들에 대한 다양한 정보를 얻을 수 있다고 상상해 보자. 좋아하는 음악은 무엇인지, 어떤 일을 해왔는지, 지금 무슨 생각을 하고 있는지, 지금 어떤 감정을 느끼고 있는지 등을 말이다. 물론 이런 가정은 모든 정보가 공개되어도 사람들이 크게 개의치 않는다는 추론에 근거한다. 실제로 이미 많은 사람들이 인터넷에서 자신의 정보를 모르는 사람들과도 공유하고 있다. 모바일 데이트 산업에 투입된 과학기술과 혁신의 수준은 인사업무 및 재능관리 프로그램을 개발하는 데 투입된 것보다 훨씬 더 높은 수준이다. 모바일 데이트 앱들은 이미 웨어러블^{wearable} 기기를 통해서 처음 만난 사람들이 서로의 과거데이트 이력과 그에 대한 평점과 후기까지 실시간으로 전송 받는 단계까지 나아간 것이다. 이런 기술이 채용면접과 회사의 사교행사 등에도 적용될 수 있음은 물론이다.

우리에게 이런 기술적 진보는 궁극적으로 어떤 추가적인 평가 없이도 이미 존재하는 프로필만으로 어떤 사람의 재능을 파악할 수 있는 세상을 꿈꾸게 만든다. 우버를 통해 드라이버를 찾는 것처럼, 틴더를 통해 데이트 상대를 찾는 것처럼, 앞으로는 스마트폰으로 필요한 인재를 즉석에 찾아 쓸 수 있는 인재시장이 형성된다는 의미다. 이런 세상으로 발전하기 위해서는 인재에 대한 정확한 평가를 내릴 수 있어야 하며 신뢰할 수 있는 측정방식이 도입되어야 한다. 다시 말해, 독립적이고 조작이 불가능하며 나름대로의 신뢰와 명성을 쌓은 프로그램을 통해 채용하고자 하는 사람이 미래에 뛰어난 업무성과를 거둘 수 있다는 확신을 심어주어야 한다. 업무 난이도가 낮은 분야에서는 이미 재능의 신호를 파악하는 프로그램이 도입되어 실무에 이용되고 있다. 피버Fiverr와 업워크Upwork, AMTAmazon Mechanical Turk 등의 업체들은 필요한 사람을 즉시 구해다 쓸 수 있는 '온디맨드' 인력시장의 역할, 즉 인력시장의 이베이와 같은 역할을 하고 있다. 하지만 그런 프로그램들이 인재 스펙트럼의 최상위에 위치한 사람, 즉 리더의 역할을 해낼 인재를 뽑을 때도 사용할 수 있을지는 의문이다. 좋은 리더를 채용하는 것이 아마존에서 책을 사는 것처럼 쉬운 일이 될 수 있을까?

CHAPTER
8

결론

이제 마무리할 단계에 도착했다. 이 책의 가장 큰 메시지는 우리가 이미 재능의 시대를 살아가고 있지만 앞으로 더 나아갈 많은 길들이 열려있음을 알리는 것이다. 이번 장에서 주목할 점은 재능과 관련된 문제들 가운데 하나로 사람들이 습관적으로 자신이 재능에 대해 많은 것을 알고 있다고 과대평가한다는 것이다. 단호히 말하건대, 그건 망상일 뿐이다. 덧붙여 어떤 성과가 났을 때 사람들은 스스로의 재능이 기여한 비율을 실제보다 더 관대하게 측정하는 경향도 높다. 그렇다면 어떤 조직이든 궁극적으로 성취해야 할 목표는 명백하다. 바르셀로나 풋볼클럽이 아르헨티나 출신 축구선수 리오넬 메시를 영입한 것처럼 경쟁자들보다 더 빨리 진짜 인재를 찾아내고, 끌어들이며, 유지하는 것이다. 조직이 가져야 할 '가장 중요한' 능력은 직원을 행복하게 해주는 것이 아니라 직원들로 하여금 기대 이상의 성과를 거둘 수 있게 도와주고, 앞으로 더 큰 일을 해낼 수 있도록 지원해주는 것이다.

☆　☆　☆

재능을 향한 대중적인 관심이 커지는 것은 양날의 칼처럼 장점과 단점이 공존한다. 장점은 많은 사람들이 재능의 가치를 잘 인식하고 있다는 방증인 동시에 비즈니스 세계에서 인사전문가나 의사결정자들이 인재의 가치를 확고하게 믿게 만든다는 것이다. 예를 들어 대기업들은 조직 내에서 뽑힌 최고의 직원들이 일반 직원들보다 생산성의 측면에서 최소 50% 높은 가치를 가진다고 평가하고 있다. 반면 단점은 재능에 대한 인기가 높아짐으로써 터무니없는 의견들이 난무하게 된다는 점이다. 수많은 사람들이 재능에 대한 자신만의 철학을 이야기하지만 실제로 재능에 관해 잘 아는 사람은 거의 없다. 그들은 '재능의 과학'이라는 분야가 존재한다는 것조차 모를 가능성이 크다. 그걸 알고 있다면 자신만의 얕은 철학을 떠벌리거나 생각나는 대로 이야기하지는 않을 테니까.

최근 연구결과에 따르면 인재의 의미는 '비즈니스 리더나 경영학자가 정의하는 그대로의 의미'라고 보는 것이 합당하다(루이스 캐럴의 소설 『거울 나라의 앨리스』에 나오는 캐릭터 '험프티 덤프티'는 이렇게 말했다. "내가 어떤 단어를 쓸 때 그 단어의 의미는 내가 선택한 그 단어의 의미 그대로며 그 이상도 그 이하도 아니다"). 보잉Boeing과 체이스맨해턴Chase Manhattan, 델Dell, 엘리릴리Eli Lilly, HPHewlett Packard, 사우스웨스트 항공Southwest Airlines, 썬마이크로시스템Sun Microsystems 등 13개 글로벌 기업들이 사용하고 있는 '인재상'을 검토한 결과 서로 같은 정의를 가진 곳은 단 한 곳도 없었다. 즉, 각자의 상황에 맞는 다양한 인재상이 존재할 뿐 '인재란 이런 것이다'라고 딱 정의 내릴 수는 없고, 그러는 순간 사이비가 되어버린다.

재능은 사람에 관한 것이다. 그러다보니 수많은 사람들과 접촉하는 것이 본업인 인사전문가나 관리자들은 자신이 재능에 관한 한 전문가라고 자신하는 유혹에 빠지기 쉽다. 이것은 흡사 심리학은 인간의 행동에 대한 것이고 인간의 행동은 주변에서 늘상 보는 거니까 나 역시 심리학 전문가라고 여기는 것과 같다. 하지만 천체물리학이나 이집트

245

8장: 결론

고고학에 맞는 나름대로의 과학적 접근법이 존재하듯이 인간의 행동과 재능을 연구하는 데에도 엄연히 과학이 존재한다. 무슨 말인가 하면 비전문가가 과학자들보다 영리할 수는 있겠지만 그들의 직관이, 증거에 기반한 과학자들의 통찰만큼 정확할 수는 없다는 것이다.

안타깝게도 인재관리 산업에는 아직 돌팔이들이 많다. 아이러니한 점은 그들이 자신들의 무지에 대해 인지하지 못하는 만큼 전문성이 있노라 남들을 설득하는 데 성공하고 있다는 점이다. 검증 받지 않은 상태에서 재능에 대해 마음대로 접근하는 것을 막는 품질관리 메커니즘이나 방어벽이 존재하지 않기 때문이다. 제프리 페퍼는 "최근 리더십 개발 프로그램 산업은 과학이 등장하기 전에 널리 퍼진 의약품들을 떠오르게 한다"고 했다. 영적치유자, 무당, 동종요법 시술사 등의 이름으로 불법 의료행위가 성행하는 상황이 인재관리 분야에서도 똑같이 관찰되고 있는 것이다. 신뢰할 수 있는 학계논문 저자 1명당 수백 명의 자칭 전문가, 자칭 구루, 그리고 자칭 사상적 리더들이 등장했다. 문제는 그들의 조언이 비생산적이지만 일반대중에게는 잘 먹힌다는 점이고, 더 문제인 것은 그 대응으로 학계가 스스로를 오히려 더 복잡하고 추상적인 개념으로 포장해 아무나 접근하기 어렵게 만든다는 것이다.

이미 업계에 널리 퍼진 개념의 혼돈을 해결하기 위해서는 한 걸음 물러나 재능에 관한 가장 근본적 질문을 이해하려는 시도가 필요하다. "재능이란 무엇인가?" 나는 이 책을 통해 네 가지 단순한 정의들을 제공했다. 이런 정의들은 어떤 사람이 가진 재능의 종류를 파악하고 그 크기를 측정할 수 있는 간단한 기준으로 활용할 수 있다. 이를테면 우리는 어떤 사람이 실제로 재능이 있는지, 없는지 알고 싶을 때 다음과 같은 4가지 질문들을 던져보면 된다.

1. 그들이 회사에 상당한 기여를 하는 '소수 핵심인재'인가? 이

질문은 파레토의 법칙과 관련이 있다. "그렇다"는 대답 안에는 만약 이들이 경쟁사, 특히 현재 속한 회사보다 성과가 좋은 회사로 옮겨갔을 때도 충분히 핵심인재의 일원이 될 정도로 역량이 확실하다는 의미가 포함된다.

2. 그들이 현재 핵심인재가 아니지만 최대성과를 달성한다고 가정하면 소수 핵심인재로 거듭날 수 있는가? 이 질문은 최대성과 및 '성과-노력=재능'의 법칙과 관련되어 있다. 만약 어떤한 사람의 평균성과가 잠재력을 반영하고 있지 않다면, 그의 평균성과가 기대치보다 낮다고 보여진다면, 그리고 그가 소수 핵심인재가 되기 위해 필요한 단 한가지 조건이 동기부여라고 한다면? 그에게는 재능을 발전시킬 수 있는 여지가 있다고 봐야 한다.

3. '2'의 조건을 만족하지 못하는 사람의 경우 올바른 직책을 맡고 있는 것인가? 다시 말해 본연의 성격과 더 잘 맞는 다른 직책이나 역할을 맡으면 더 나은 성과를 거둘 수 있을 것인가? 모든 재능을 다 가진 사람은 없다. 재능은 언제나 개인의 자질이나 업무 필수요건 사이에서 적합성을 찾는 작업의 산물이다.

4. 마지막 질문이다. 사람들이 자신의 재능에 대해 얼마나 알고 있는가? 자신의 재능을 과소평가하거나 과대평가하고 있지는 않는가? 자신의 능력을 자각하는 것도 재능의 일부다. 재능을 현실적으로 자각할수록 활용할 수 있는 재능도 증가될 수 있기 때문이다.

메시를 찾아서

위 4가지 질문들이 재능을 평가하는 데 어떻게 사용되는지 알아보기 위해 리오넬 메시의 경우를 예로 들어보자. 메시는 역사상 최고의 축구선수로 널리 인정 받고 있고 펠레나 마라도나를 더 좋아하는 사람일지라도 그가 적어도 현역선수들 중에서는 최고라는 사실은 부정하기 어려울 것이다. 물론 메시의 팀 동료들인 네이마르, 이니에스타, 수아레즈 등도 세계 최고 수준의 선수들이지만 메시가 골과 어시스트로 쌓은 단독 스탯^{stats.}은 바르셀로나가 거둔 성과의 50%이상을 차지한다. 전문가들은 그의 업적이 팀에게 최고의 순간을 경험하게 해 줬던 지난 몇 년간을 '메시디펜던트^{Messidependent}' 시대라고 부른다. 메시를 최고의 선수로 인정할 수밖에 없는 또 다른 이유는 그가 피파^{FIFA}에서 매년 세계 최고의 선수에게 주는 '발롱도르^{Ballon d'or}'를 다섯 번이나 수상한 선수라는 점이다(역주: 크리스티아누 호날두가 2018년, 이 상을 수상함으로써 5:5 동률이 됐다). 그리고 챔피언스리그 한 시즌 최다 골과 최다 어시스트 기록을 보유하고 있으며 (레알마드리드와 치른) '엘 클라시코^{El Clasico}' 시합들에서도 마찬가지로 최다 골, 최다 어시스트 기록을 보유하고 있다. 최고의 골 장면을 수없이 연출한 것도 빼놓을 수 없다. 그의 최고성과는 타의 추종을 불허한다. 게다가 메시가 지속적으로 최고성과를 보여주고 있기 때문에 최대성과와 평균성과를 거의 구분할 수 없을 정도다. 메시의 탁월함은 '힘들이지 않는 우아함'에서도 드러난다. 메시의 플레이는 군더더기 없이 물 흐르듯이 이뤄지며 그의 재능은 노력하지 않는 순간에도 눈에 띈다. 하지만 아르헨티나 대표팀 소속이었을 때 거둔 성과는 상대적으로 초라했다. 바르셀로나에서는 25개의 타이틀을 획득하는 쾌거를 이뤘지만 아르헨티나 대표팀에서는 한 개의 트로피도 얻지 못했고 대표선수 자리에서 물러날 수밖에 없었다(이후 바로셀로나 커리어에 더 집중했다). 메시의 스타일과 성격, 능력이 아르헨티나보다 바르셀로나와 더 잘 맞았다는 점은 의심할 여지가 없다. 메시의 성과와 재능이 바르셀로나에서 더 확연히 드러났기 때문이다.

바르셀로나 풋볼클럽이 13살의 풋내기였던 메시를 그들의 유소년팀으로 영입했던 것처럼, 대부분의 조직들은 경쟁자들보다 더 빨리 인재를 발견하고 싶어한다. 그런 인재를 확보하는 데 있어서 기억해야 할 중요한 요소는 비록 가장 탁월한 자질을 가지고 있는 사람을 찾는다 해도 그가 가진 것은 아직 잠재력에 불과하다는 사실이다. '재능 있는 사람들은 배운 적이 없는 일도 아주 훌륭하게 해낸다'고 생각하는 사람들이 많지만 실제로 어떤 분야에서 뚜렷한 능력을 보여주는 사람들조차 잠재력을 완전히 이끌어내려면 그 능력을 더 개발해줘야 한다. 코칭과 훈련 프로그램이 재능의 촉매제가되는 이유가 바로 여기에 있다. 이 책에서 논의된 내용들을 기반으로, 조직 내에서 재능을 개발하는 데 있어 고려해야 할 중요한 결론들은 다음의 4가지다.

1. **사람들은 변할 수 있다. 그러나 기적을 기대해선 안 된다:** 사람들은 언제나 단정적인 대답을 원하지만 심리학적인 질문 자체가 그렇게 단순한 경우는 거의 없다. '사람이 변할 수 있는가?'라는 질문의 답도 단순하지 않다. 그래도 굳이 답변하자면 사람은 '변할 수 있다'. 행동은 대개 의식적 의사결정과 의도적 선택의 산물이며, 특히 중대한 순간일수록 더 그렇다. 그리고 일단 성인이 되면 일정하게 유지되는 생활방식과 행동패턴이 생기기 때문에 그에 대한 정보가 어느 정도 쌓이면 다음 행동에 대한 예측으로 이어질 수 있다. 가장 주목해야 할 점은 사람의 성격과 지능, 그리고 그들이 중요하다고 생각하는 가치다. 이 세 가지 요소들은 개인적 자질의 차이를 구분 짓는 기준이자 재능의 주요 결정요소 역할을 하며 성인 초기에서부터 놀랍도록 일관되게 이어진다. 스스로의 힘으로 타고난 기질을 정반

대 성향으로 바꾸는 것은 거의 불가능하다(예를 들어 창의적이지 못한 사람이 창의적인 사람이 되고 싶은 경우, 내향적인 사람이 외향적인 사람이 되고 싶은 경우, 똑똑하지 못한 사람이 갑자기 똑똑한 사람이 되고 싶은 경우). 만약 그런 변화가 실제로 일어났다면 코칭과 같은 극심한 환경적 압박의 결과일 것이다.

2. **사람은 혼자 힘으로 성장할 수 없다:** 기술이나 재능은 도움을 받을 때 개발된다. 그렇게 될 수밖에 없는 이유는 인간은 본질적으로 자기성찰 능력이 부족하기 때문에 도움을 받지 못하면 어떤 점을 어떻게 변화시켜야 할지 알아내기 힘들다는 것이다. 따라서 코칭 프로그램에서 효과적으로 변화를 이끌어내려면 코칭을 받는 사람의 성과와 잠재력에 대한 정확한 피드백이 제공되어야 한다. 피드백을 통해 자기 자신의 현실을 인식할 수 있게 되기 때문이다. 환경의 변화 없이도 자기성찰 능력을 향상시킬 수 있지만 자기 자신의 처한 현실을 파악하지 못한다면 긍정적 변화를 이끌어내는 것은 아예 불가능하다. 이처럼 변화를 이끌어내는 데 있어서 자기성찰 능력은 필수적이긴 하지만 그것 하나만으로는 부족하다. 변화를 이끌어내는 것보다 유지하는 것이 더 어렵기 때문이다. 개발 프로그램의 주요 도전은 '더 오래 유지할 수 있는' 변화를 이뤄내는 것이며 이로 인해 직장 내 평판이 개선되는 것은 물론 주변 사람들에게도 긍정적 영향을 미칠 수 있다. 그런데 개인의 변화가 언제나 조직의 이익으로 이어지지는 않으므로 변화 목표를 설정할 때 조직의 목표와 일치시키는 것도 중요하다.

3. **변화 프로그램은 가장 도움이 필요 없는 사람들을 돕게 되는 경향이 있다:** 코칭 효과를 결정하는 중요한 요소 가운데 하나는 코칭을 받는 사람이 실제로 변화를 원해야 한다는 점이다. 변화를 위한 동기가 부여되지 않는 사람들에게 개발 프로그램을

제공해봤자 성공확률은 낮다. 슬프게도 그런 사람들이 바로 코칭 프로그램의 혜택을 가장 크게 누릴 사람들이다. 즉, 다른 사람들에게 미칠 수 있는 영향력에 대해 전혀 알지 못하는 사람들, 자신의 능력에 대한 헛된 망상을 가지고 있거나 좋지 않은 습관과 잘못된 행동을 일삼으면서도 개선을 거부하는 사람들이야말로 코칭 프로그램이 꼭 필요한 사람들이다. 그런 사람들은 개선의 여지가 있으며 개선의 정도에 따라 많은 이득을 얻을 수 있다. 하지만 그런 사람들일수록 코칭의 효과에 대해 더 의심하며 변화에 저항하는 것은 물론 최고의 코치를 데리고 오더라도 아무런 효과를 못 보는 경우가 대부분이다. 말을 물가로 데리고 갈 수는 있지만 물을 마시게 만들 수는 없다고 했다. 반대로 열정을 가지고 훈련과 학습, 개발 프로그램에 참여하는 사람들은 코칭 피드백을 받아들일 수 있는 열린 마음과 뛰어난 자기성찰 능력은 물론 사회성까지 갖추고 있다. 이들은 아주 작은 코칭만으로도 변화를 이끌어낼 수 있기는 하지만 사실 코칭의 도움이 상대적으로 덜 필요한 사람들이기도 하다.

4. **코칭을 잘 받는 것도 재능의 핵심 요소다**: 현재의 재능에 만족하지 않고 다른 사람들보다 유난히 더 발전할 기회를 찾아다니는 사람들이 있다. 다시 말해 어떤 사람들은 남들보다 코칭을 더 잘 받아들이는 재능을 타고 났다. 이들은 자신이 어떤 실수를 저지르는지 파악하며 실수를 통해 배운다. 그리고 부정적 피드백도 능동적으로 받아들이며 실수를 남의 탓으로 돌리지 않을 가능성이 크다. 무엇보다 지나친 자신감에 취해 있거나 안주하는 대신 지속적으로 성장과 개발을 추구하는 것이 특징이다. 코칭을 잘 받아들일 수 있는 능력은 스스로를 더 발전시킬 수 있는 '자기증식적(self-replicates)' 자질이며 재능 자체의 주요 요소로 고려될 수 있다. 이런 특징은 다른 많은 영역에서처럼 빈익빈, 부익부 현상을 일으킨다. 즉, 재능을 많이 타고

난 사람일수록 더 많은 재능을 가질 수 있게 되며 재능을 적게 타고나면 점점 더 적게 가질 수밖에 없다.

한편 코칭의 주요 기능들 가운데 몇 가지는 형식적 코칭 프로그램의 개입이 없을 때 발현되기도 한다. 예를 들어 코칭을 잘 받아들일 수 없는 사람들도 비형식적인 멘토와의 대화를 통해 자신의 재능 가운데 일부를 개발하는 것이 가능할 때가 있다. 멘토링은 성과개선에 기반을 둔 프로그램은 아니지만 한 사람의 다양한 면들을 개선하는 데 도움을 준다는 점에서 코칭 프로그램과 비슷한 역할을 수행한다. 멘토링은 대개 같은 조직 안에서 일하는 경험 많은 선배직원이 좀 더 어린 동료직원을 돕는 형식으로 진행된다. 멘토와의 면담은 코칭 프로그램과 달리 구조화된 질문이나 답변으로 구성되어 있지 않고 기간도 더 오래 걸린다.

사람들 대부분은 자신이 판단하는 것보다 재능이 풍부하지는 않다

진실은 시와 같다.
그리고 사람들 대부분은 시를 싫어한다.

영화 『빅쇼트』

제2장에서 언급한 바와 같이 재능을 정의하는 방법은 80/20법칙, 최대성과의 법칙, 노력 없이 얻은 성과법칙, 적재적소에 배치된 성격법칙, 이렇게 네 가지다. 그런데 이런 법칙들을 알고 있다고 해서 자

신의 재능을 정확하게 측정할 수 있는 것은 아니다. 바로 자기고양^{self} ^{enhancement}, 또는 기만적우월감 편향$^{illusory\ superiority\ bias}$이라 불리는 특징들 때문이다. 사람들 대부분이 자기 재능을 판단할 때 지나치게 낙관적이다. 직설적으로 다시 말해, 그들은 스스로 생각하는 것보다 재능이 더 없는 사람들이다.

스스로를 특별한 재능을 가진 '아웃라이어'라고 생각하는 이들에게는 '평균 수준이다'라는 평가를 받는 것이 모욕적으로 들린다. 남들과 비교했을 때 더 특별하다고 느끼고 싶은 나르시시즘 때문에 평균, 또는 일반적인 수준으로 취급되기를 원치 않는 것이다. 그들은 평범해지느니 나쁜 쪽으로라도 특별해지는 게 더 낫다고 생각할 정도다. 이런 현상은 서구의 개인주의적 사회에서 더 두드러지게 나타났지만 최근에는 전 세계 대부분의 지역들에서 미국적 개인주의 성향(소비지상주의)이 점점 더 퍼지고 있다. 킴 카다시안은 미국에서만 유명한 것이 아니라 중국에서도 유명하다. 조만간 중국에서도 중국 버전 킴 카다시안이나 새로운 쓰레기 문화의 아이콘이 등장할 것이며 미국으로 역수출되기도 할 것이다.

사람들은 '세상 사람들은 모두 저마다의 재능이 있다'라는 말을 좋아하며 이를 자기식으로 해석함으로써 강점 접근법에 빠져든다. 그러나 이런 생각이 만연하면 재능을 평가하는 데 이용되는 신뢰할 수 있는 데이터를 부정하는 결과가 초래되며 '모든 사람들이 다 금메달을 받아야 한다'는 생각과 같은 사이비 지식인들의 포퓰리즘이 성행하게 된다. 그러나 냉정한 데이터는 일관되게 말하고 있다. 극소수의 사람들이 대부분의 성과를 책임지고 있으며, 누군가는 최선을 다해도 재능있는 사람의 성과를 따라잡을 수 없다는 것을 말이다.

여러 심리학 연구결과에 따르면 경쟁이 이뤄지는 영역에서는 어디든지 자신을 '평균이상'이라고 생각하는 사람들이 절대 다수를 차지

한다고 한다. 예를 들어 대부분이 자신의 기억력과 건강이 평균이상이라고 생각하며 자신의 연애경험이 다른 사람들의 경험보다 더 로맨틱하다고 생각한다. 관리자들 대부분은 자신이 평균이상의 자질을 갖춘 직원이자 리더라고 생각하며, 운동선수들은 자기가 동료들보다 더 나은 실력을 갖추고 있다고 생각한다. 이렇듯 자신의 재능을 평균이상이라고 평가하는 편향 현상은 심각한 수준이다. 90% 이상의 운전자들이 자신의 운전실력이 평균이상이라고 생각하고, 고등학생들 가운데 90% 이상이 자신의 사회성이 평균이상이라고 생각하며, 모든 대학교수들이 자신의 교수법이 평균이상이라 생각한다.

그러나 우리가 진행한 연구결과에 따르면 스스로의 능력을 평가한 측정치는 대개 정확하지 않은 것으로 나타났다. 특히 재능과 지능의 경우 더 심했다. 이 연구가 다른 '평균이상' 연구들과 다른 점은 사람들의 능력에 대한 객관적 측정치를 포함함으로써 자가측정치의 정확도를 수치화할 수 있었다는 것이다. 단순한 방법론을 이용했지만 그 기반은 탄탄하다. 이 연구에 참가한 피실험자들은 먼저 과학적으로 입증된 재능 검증 테스트(창의력, 수학, 언어지능 등)를 치른다. 그 다음 전체 측정치 평균과 표준편차를 포함한 여러 점수들이 정규분포를 유지하는 것을 피실험자들에게 보여주면서 자신의 점수를 예상해 보라고 요구한다. 예를 들어 지능테스트 점수를 예측해 보라고 요구하면서 전체 평균점수는 100이라고 알려주면 66%의 참가자가 자기 점수를 85~115점으로 예상했다. 평가기준에 대해 충분한 설명을 들었고 방금 전에 테스트를 마쳤음에도 불구하고 참가자들의 자가추정치와 실제 점수 사이의 일반적 상관계수는 0.20 수준에 불과했다. 이는 실제로 똑똑한 사람과 자기가 똑똑하다고 생각하는 사람들 사이의 교집합이 4%밖에 안 된다는 말이다. 자기가 재능이 있다고 생각하는 사람들과 실제로 재능이 있는 사람들의 교집합을 보여주는 벤 다이어그램이 있다고 상상해보자. 각각의 집단을 대표하는 두 원들은 서로 닿지도 않을 것이다. 메타분석 결과에 따르면 스스로 판단한 업무성과와 상사가 평가한 업무성과 사이의 상관관계는 아주 낮은 것으로 나타났다. 대부분의 직원들이 자신의 업무성과를 너무 긍정적으로 평가하기 때문이다. 특히 실제 성과가 안 좋을수록 더 부풀리는 경향이 있다. 이런 현상은 서구 문화에서 더 심하게 나타나는데, 자기 능력과 업적에 대한 자기비판과 겸손 등의 능력이 부족하기 때문이며 자랑하는 것이 종종 보상을 가져다 주었던 경험에서 비롯된 것이다.

대부분의 사람들은 '평균이상' 편향의 존재에 대해 인식하고 나서조차 그런 편향이 자신에게는 존재하지 않는다고 믿는다. 심리학자들은 이런 현상을 '사각지대blind-spot' 편향이라고 부르며 사람들이 자신의 재능을 판단할 때 "나는 남들처럼 편향되지 않을 것"이라 믿는다고 설명한다. 논리적으로 설명할 수 없는 이런 '긍정주의'가 오늘날 넓게 퍼져나가고 있다. 만약 이런 습관이 건전하다고 느낀다면 다시 한 번 생각해보기 바란다. 지나친 자신감으로 무장한 직원들은 자기성찰 능력을 발전시킬 가능성이 낮으며 부정적 피드백을 받아들이지 않을 가능성이 높다. 지나친 자신감을 가진 리더들도 코칭과 재능개발 프로그램에 부정적으로 대응할 가능성이 높다. 또한 자신이 남들보다 더 재능 있는 직원이라고 생각하며 조직에 크게 기여하고 있다는 망상에 사로잡혀 있는 사람은 동료들의 성공을 받아들이기 어려울 것이다. 같은 이유로 실제급여와 급여만족도 사이의 상관관계는 대체적으로 무척 낮은 것으로 악명높다. 명백한 성과기준이 존재함에도 불구하고 대부분의 사람들은 자신이 동료들보다 더 많은 급여를 받을 자격이 있다고 생각한다. 특히 자신의 재능과 동기부여가 다른 동료들보다 앞선다고 자부하는 사람일수록 이런 현상은 더욱 두드러진다.

사람들이 자신의 능력을 비현실적으로 높게 평가하게 된 것을 본인의 탓만으로 돌릴 수는 없다. 웨이페어Wayfair Inc.와 BCGBoston Counsulting Group 등의 대기업들은 앞으로 성과 평가서에 부정적 피드백을 반영하지 않을 계획을 세웠다. 따라서 모든 직원들이 긍정적 피드백만 받거나 아무 피드백도 받지 못하게 될지도 모른다. 인사실무에 있어 '약점'이란 단어는 정치적으로 올바르지 못한 단어가 됐다. 약점은 점점 '기회'라는 단어로 대체되고 있다.

그러나 사람의 기분을 좋게 해준다는 명목의 접근법은 이미 작아질 대로 작아진 자기성찰 능력을 오히려 더 줄어들게 만들 뿐이다. 모든 직원들이 잠재력을 가지고 있으며 잠재력 개발 기회를 얻을 자격이 있다고 가정해보자. 과연 인재관리 프로그램은 늘어난 사람의 수만큼 더 많은 성과를 가져다줄까? 대답은 '전혀 아니올시다'이다. 평범한 많은 직원들이 좀 더 나은 성과를 거두어봤자 핵심인재 몇 명이 조금 더 발전해서 거둘 수 있는 성과에 비하면 아주 미미한 수준이기 때문이다. 사람들에게 실제로 필요한 것은 재능에 대한 망상을 부추기는 것이 아니라 자신의 잠재력에 대한 진실된 피드백이다. 직원들이 자신의 한계를 알게 되면 실제와 이상 사이의 격차를 줄이려고 노력해 볼 기회를 얻게 된다. 하지만 반대로 실제 재능보다 더 큰 재능이 있다는 말을 들으면 위험을 무릅쓰고 야망에 찬 의사결정을 내리거나 능력에 맞지 않는 큰 일에 도전하게 될 것이다. 찰스 부코스키 Charles Bukowski의 소설『여인들Women』에 이런 말이 나온다.

만약 당신이 어떤 남자와 그저 함께 마주 앉아있다는 이유만으로 그의 재능에 관해 거짓말을 한다면, 그것은 가장 용서받을 수 없는 거짓말이다. 그 말인즉슨, 그에게 지금까지 해오던 짓을 계속하라고 말하는 것과 다름 없고, 그건 실제로는 재능이 없는 그가 결국 자신의 인생을 낭비하게 만드는 최악의 길이기 때문이다. 하지만 실제로 많은 사람들이 그런 말을 해준다. 그 가운데 가장 그런 말을 많이 하는 사람들이 친구와 일가친척들이다.

스스로만 설득하면 재능이 있는 사람이 되어버리는 이런 현상은 진화심리학적 관점에서 보면 지나친 자신감이 가져다주는 혜택이라고 할 수도 있겠다. 실제 능력보다 더 나은 능력을 가지고 있다고 생각하기 때문에 생기는 문제도 있지만(위협과 위험, 스스로의 경쟁력 부족에 대한 과소평가 때문에 더 열심히 일해서 성공해보겠다는 동기가 줄어들 수 있다), 부족한 점을 감출 수 있기에 득이 되기도 하는 것이다. 다시 말해 스스로의 약점에 대해 눈치채지 못하고 있다면 불안해할 필요도 없고 불안감을 남에게 전하지도 않을 것이다. 또한 그런 모습은 다른 사람들로 하여금 그 사람이 실제로 재능이 있다고 믿게 만들기 십상이다. 그러나 확실한 점은 비록 이런 지나친 자신감을 앞세워 짧은 기간 동안 경쟁력이 있는 것처럼 남을 속일 수는 있겠지만 장기적으로는 전체 조직에 반드시 해악이 된다는 것이다. 스스로를 숭배하는 자를 숭배하는 사람들이 모인 곳은 망상에 찌든 기만적인 집단일 뿐이다.

헨리 포드Henry Ford 덕분에 유명해진 말이 있다. "당신이 할 수 있다고 믿건 말건 간에 당신은 여전히 옳다." 버질은 "할 수 있다고 생각하기 때문에 그들은 할 수 있다"고 했다. 나에겐 '자신감이 능력을 낳는다'는 잘못된 원칙에 대한 집착을 보여주는 문장들로 보인다. 스스로 측정한 능력과 실제 능력 사이의 낮은 상관관계와 '평균이상' 편향의 오류를 우리는 앞서 살펴보았다. 다시 상기해보자면 이런 식이다. 아무나 두 명을 뽑았는데 그 둘 가운데 자신의 재능에 더 만족하고 있다고 말하는 사람이 있다면 사람들은 그 사람이 나머지 한 사람보다 더 재능 있는 사람이라고 생각할 것이다. 물론 남의 재능과 자신의 재능을 정확하게 평가할 수 있는 세상이 온다면 이런 일은 일어나지 않겠지만 현실은 버트런드 러셀Bertrand Russell이 지적한 그대로 돌아가고 있다. "세상의 모든 문제는 바보들과 미친 놈들의 자신감이 넘치기 때문에 발생한다."

행복은 과대평가됐다

재능에 대한 대화는 대부분 생산성과 성공적인 커리어에 대한 주제로부터 시작해서 개인의 복지와 행복에 대한 이야기로 마무리된다. 그 아래에 깔린 전제는 '조직들과 관리자들이 직원들을 행복하게 만드는 데 집중해야 한다'와 '직원들도 직장에서의 성공보다 행복해지는 데 더 높은 우선순위를 두어야 한다'일 것이다. 그렇지만 회사가 궁극적으로 직원들을 행복하게 만드는 데 더 관심을 가져야 한다는 말은 현실적이지 못하다. 비영리단체들에서조차 고용주들이 더 신경쓰는 것은 생산성, 성과, 조직효율성일 수밖에 없다. 고용주들이 업무몰입도에 신경쓰는 것도 이 세 가지 변수들을 끌어올리기 위해서지, 직원들을 행복하게 만들기 위해서가 아니다. 업무몰입도는 높은 수준의 성과나 생산성으로 전환되지만 행복은 그렇지 않기 때문이다. 사실 사람들이 약간의 불행을 느끼지 않는다면 어떤 재화나 가치도 만들어지지 않는다. 불행은 사람들이 현재 상황을 바꿔야 할 동기를 부여하며 예술, 사회, 과학문명을 대표하는 걸작들은 모두 불행한 사람들이 스스로의 불행을 치유하면서 이루어낸 성취의 산물이다. 반면 행복한 사람들은 자신의 삶에 만족하며 현실에 안주한다. 행복한 사람들은 불균형을 느끼지 못하며 현실을 모조리 바꾸겠다며 날뛰기엔 아직 덜 분노했다.

업무의 본질이 지난 100년 동안 더 좋은 방향으로 진화된 것은 사실이다. 포디즘(Fordism; 기계화된 대량생산 체제)과 F. W. 테일러[F. W. Taylor]의 과학적 기업관리 시스템[scientific management]이 도래했던 시절을 생각해 보자. 그때는 직원들의 인간성은 말살되어 기계적 시스템의 연장선이거나 부품 가운데 하나로 여겨졌으며, 경영관리 심리학이 과학의 한 분야로 처음 등장하기도 했지만 여전히 경영관리의 목적은 직원의 복지를 희생하여 생산성을 끌어올리는 것이었다. 이 시절에는 삶의 목적과 의미에 대해 논의하는 것은 생각조차 할 수 없었으며 성공적인 일꾼들은 마르크스주의자들이 주장하는 소외감에 휩싸였다. 하지만 정작 그 시절 사람들은 그렇게 생각하지 않았다. 인사 담당부서가 직원보호 담당기관으로 급부상한 1950년대도 마찬가지였다. 그때부터 직원들이 회사에서 경험하는 것들에 변화가 생기기 시작하기는 했지만 고용주와 직원들의 관계는 여전히 사무적인 틀 안에 머물렀으며 동기부여 측면에서도 크게 상관관계가 없었다. 또한 인사 담당부서는 관료주의적 인력조달 기관으로서 직원들을 기계적 샐러리맨이나 호모 이코노미쿠스Homo economicus로 전락시켜 오직 실용성을 기준으로 모든 것을 판단하게 만들었다. 그러다가 1960년대 말에 이르러서야 인도주의와 긍정적의 심리학이 일터 속에 유입되기 시작하면서 회사들은 '직원복지'라는 개념에 눈 뜨기 시작했으며 사람들이 자신의 일을 받아들이는 방식에도 일대 전환점이 마련되었다. 그런데 우리는 지금 이런 시대를 모두 지나 '영적인 워커홀릭spiritual workaholic'이라는 새로운 시대에 살고 있다.

산업화된 세상에서 살아가는 대부분의 사람들은 더 이상 자기 직장에 만족하지 않는다. 그들은 평생직장이 아닌 평생커리어를 원한다. 한때 인간이 부속품 취급을 받는 시스템이 지배하던 시절이 있었지만 이제는 일의 게임화가 진행 중인 시대다. 직원들은 직장에서 고객행세를 하길 원하고 인사팀은 '클럽메드ClubMed' 여행사처럼 기업문화를 홍보하는 홍보 마케팅 부서로 전락했다. 사람들이 일하고 싶어 하는 직장들은 스시 장인이 점심식사를 만들어 준다든가, 근무시간에 탁구를 칠 수 있다든가, 빨래를 대신 해주거나, 무제한 유급휴가를 준다며 유혹하는 곳, 혹은 획기적인 커리어 성장과 '세상을 바꿀 수 있는' 능력을 개발해주겠다고 약속하는 곳들이다. 하지만 세상의 모든 직원들이 업무몰입의 잠재력을 가지고 있다고 생각하거나, 위와 같은 이상적인 직장이 세상 모든 사람들에게 제공될 만큼 충분히 있다고 추정하는 것은 터무니없는 일이다. 사실 최상위 1% 정도의 사람이어야 그런 재미있고 쾌락적인 커리어 모험을 바랄 수 있을 뿐, 나머지는 그냥 재미없고 일상적인 일을 계속해야 한다. 이렇듯 직장에서 삶의 의미를 찾고 원하는 대로 경력도 쌓길 바라는 사람들의 기대와 현실은 아주 대조적이다. 그럼에도 요즘 노동인구의 대부분은 직장에서 행복을 찾을 권리가 있다는 믿음에 이끌리고 있으며 행복을 줄 수 없다면 기본권을 박탈 당한 것과 마찬가지라 여기며 퇴사도 불사한다.

이런 터무니없는 견해는 자아실현과 정신적 만족을 부추기는 수단이기 때문에 비범한 능력이 없는 평범한 직원들도 완벽한 일자리를 찾고자 하는 극도의 압박을 받게 만든다. 또한 현실적으로 성취할 수 있는 수준을 넘어선 커리어를 꿈꾸게 만드는 것은 오히려 개인의 삶에 역효과를 초래할 수도 있다. 도전적 목표는 동기를 부여하지만 현실적이지 못한 목표는 좌절을 낳을 뿐이다. 성공할 가능성이 0.0000000001% 이하라면 차세대 엘론 머스크나 스티브 잡스가 되려는 꿈을 꾸는 것이 무슨 의미가 있는가? 어떤 사람들은 그런 비현실적 염원 때문에 지금 당장 구할 수 있는 더 나은 직장을 포기하기도 한다. 수백 건이 넘는 사회심리학 연구결과에도 나타나듯 누군가에게 행복을 강요하는 것은 불가능하다. 엘런 왓츠Alan Watts는 "물 위에 뜨고자 하면 가라앉겠지만 가라앉고자 하면 뜰 것"이라고 했다. 즉, 행복해지기 위해 더 많은 힘을 쏟을수록 우리는 오히려 불행해질 것이다. 행복은 일의 결과물이 아니라, 일의 본질 속에서 우연히 발견되는 부수적인 현상일 뿐이다. 따라서 엄청난 일을 이루고도 전혀 행복하지 않을 수 있는 것과 마찬가지로 어떤 특별한 성과 없이도 찾아올 수 있는 것이 바로 행복의 속성이다.

역사상 가장 위대한 철학자 중 한 명인 루드비히 비트겐슈타인Ludwig Wittgenstein은 "나는 우리가 왜 여기에 있는지 모른다"며 "그러나 확실한 점은 우리가 재미있게 놀아보자고 여기 있는 것은 아니다"라고 했다. 행복론이나 자기개발 관련 저술물들의 99%가 일반적 낙관론을 옹호하고 있다는 점에서 비트겐슈타인의 발언은 거의 이단 수준이다.

하지만 비트겐슈타인의 냉소적이며 비관주의적 의견을 뒷받침하는 두 가지 근거가 있다. 첫 번째는 지난 100년간 인류가 직업과 삶에 대해 느끼는 만족도가 크게 올랐다는 객관적 지표를 찾을 수 없다는 점이다. 그래도 주관적 지표는 존재하지 않느냐고 누군가 묻는다면 나는 그건 단지 망상 속에서 작성된 희망사항일 뿐이라고 대답하겠다. 프랑스 영화 『증오 La Haine』를 보면 이런 현상을 풍자하는 장면이 나온다. 50층 빌딩에서 떨어지고 있는 한 사내가 "아직까지는 괜찮다"고 말한다. 사실이다. 떨어지는 것 자체는 아프지 않다. 착지하는 것이 아픈 것이다. 오스카 와일드 Oscar Wilde의 다음과 같은 글귀는 더 시적이기는 하지만 맹목적인 긍정론인 건 마찬가지다. "우리 모두 시궁창에 살고 있지만 우리 가운데 몇몇은 하늘의 별을 보고 있다."

　두 번째는 우리가 부하직원들을 행복하게 해줄 수 있는 권한을 부여 받는다고 해도 굳이 행복하게 해줄 뚜렷한 명분이 없다. 행복이 주는 혜택은 전체가 아닌 개인에게 한정되어 있기 때문이다. 더구나 어떤 한 사람의 행복은 업무환경과 관련된 객관적 지표들과는 단절되어 있는 경우도 많다. 학계에서 행복을 '주관적 복지 subjective well-being'라는 전문용어로 표현하는 이유도 여기에 있다. 그리고 행복한 업무환경은 너무 재미만 추구하는 분위기를 조성하여 생산성을 떨어뜨릴 수도 있고 '다른 사람과 어울림'의 가치를 너무 강조한 나머지 '다른 사람을 앞지름'의 가치를 완전히 말살하여 건전한 경쟁마저 사라지게 만들 수도 있다. 행복과 생산성 사이에는 이런 갈등이 존재한다. 회사는 높은 성과를 거두는 직원들로 인해 큰 혜택을 누린다. 그리고 특정 수준의 불만족과 행복하지 못한 상태는 생산성을 향상시키는 촉매제로도 작용할 수 있다. 실제로 아무도 CHO(Chief Happiness Officers; 최고 행복 담당자)를 필요로 하지 않고 있다.

재능의 시대

　우리는 재능이라는 개념에 사로잡힌 시대에 살고 있다. 조직심리학자들은 이렇게 말한다.

> 　오늘날 기업이 경쟁우위에 설 수 있는 유일무이한 방법은 사람, 즉 인적자원이라는 점에 동의하는 목소리가 점점 더 커지고 있다 (…) 우리는 인적자본human capital의 시대를 살아가고 있다. 따라서 회사가 성공하려면 직원들이 가진 재능을 촉발시켜야 한다.

　20년 전에 시작된 인재쟁탈전보다 더 많이 논의된 전쟁은 아마도 '마약과의 전쟁'과 '테러와의 전쟁' 정도뿐일 것이다. 어떤 전쟁이든 오랜 시간이 지나도록 포성이 잦아들지 않는다는 건 전술을 바꿔야 할 필요성을 의미한다. 인재쟁탈전war for talent이 인재관리전war on talent으로 바뀌어야 하는 이유가 여기에 있다.

　이 책에서 논의된 것처럼, 우리가 마주한 몇몇 중대한 문제들은 우리가 재능의 진짜 의미를 잘못 이해하고 있으며 스스로의 재능관리 능력을 과대평가하고 있기 때문에 비롯된 것이다. 즉, 만악의 근원은 '인재망상'에 있다. 비록 '인재', '재능'이라는 단어가 업계에서 일반적으로 사용되고 있으며 전 세계 대중매체와 비즈니스 서적 등을 통해 범람하고 있지만 『이코노미스트』가 지적했듯이 "회사들은 인재를 관리하기는커녕 어떻게 정의해야 할지도 모르고 있다". 직원이 생각하는 스스로의 재능과 회사가 생각하는 그 직원의 재능이 일치하지 않는다는 사실은 그다지 놀랍지 않다. 지능테스트처럼 재능이 좁은 의미로 정의될 수 있을 때조차 직원들 스스로 내린 평가와 실제 재능 사이의 상관관계는 아주 낮은 것으로 나타났기 때문이다. 왜 우리는 자신이 어떤 능력을 가지고 있는지도 모르는 사람들이 올바른 직업을 선택하기를 기대할까? 재능을 이해하기는커녕 바로 옆에 있어도 눈치 채지 못하는 리더들과 의사결정자들이 어떻게 다른 사람의 재능을 키우고 더 개발할 수 있단 말인가?

이런 재능에 대한 인지부조화는 회사와 직원 모두에게 문제를 일으키는 원인이 된다. 직원들은 비현실적 기대와 특권의식을 갖게 되고, 회사들은 더 나은 대안을 간과한 채 능력 없는 직원들을 무턱대고 채용하며 승진시키는 것이다. 그럼에도 불구하고 인사전문가들조차 '인재관리'를 원래하던 '인재분석' 업무의 새로운 이름 정도로 치부하거나 학계의 최신 연구결과들에 미온적인 태도를 보이는 것은 안타까운 일이다. 그런데 더 큰 문제는 이들이 다른 분야의 '전문가들'을 모방하면서 직관과 경험만으로도 충분히 어떤 사람을 판단할 수 있다고 생각하는 것이다. 이는 심리학계의 주요 문제이기도 한데, 많은 사람들이 심리학에 대한 흥미만으로 스스로를 심리학 전문가라고 생각하는 경향이 있다. 물론 심리학이 양자물리학이나 유기화학보다는 직관적이기는 하다. 그리고 심리학은 결국 인간에 관한 내용이며 사회생활을 하는 사람이라면 누구나 다른 사람들을 상대하는 데 오랜 시간을 보내기 때문에 스스로를 전문가라고 생각하기 십상이다. 하지만 인간의 행동을 이해하며 예측하기 위해서는 나름대로의 과학이 필요하다. 심리학에 대한 직관적 판단은 양자물리학과 유기화학에 대한 직관적 판단이 틀릴 수밖에 없는 것과 마찬가지로 여러 가지 오류들을 발생시킨다. 또 다른 문제는 재능이 지닌 광범위한 매력이 일반대중의 흥미를 끌 수 있다는 점, 그리고 재능이 자기관리와 경력개발의 주요 테마가운데 하나라는 점이다. 이런 문제들은 이 분야의 연구논문에도 혼선을 일으키고 있으며 리더십 개발과 인재관리 산업은 자칭 전문가들이 제공하는 확실치 않은 조언 때문에 오염된 상태다. 특히 재능을 둘러싼 여러 논의들은 자기개발 유행에 납치되었다고도 볼 수 있다. 누구나 재능을 가지고 있으며 개발할 수 있다고 말하는 포퓰리즘 지지자들은 점점 더 늘어나고 있으며, 과학에 근거하지 않은 잘못된 조언들이 인사 실무자들과 의사결정자들조차 잘못된 길로 인도하고 있다.

이 책에서 살펴보았던 업무이탈(or 불성실함)의 유행, 수동적 구직자의 증가, 자영업의 유혹, 기업가정신이라는 '포르노' 중독, 이 4가지 현상은 인재쟁탈전이란 개념이 처음 소개되고 거의 20년이 지났지만 우리가 눈에 보이는 어떤 진전도 이뤄내지 못했다는 것을 명백히 보여주는 증거들이다. 더 심각한 점은 마약과의 전쟁이나 테러와의 전쟁에 드는 만큼 엄청난 돈과 자원이 이 전쟁에 쓰였으나 아무런 성과도 얻어내지 못했다는 것이다.

그러나 우리는 아직 완전히 지지는 않았다. 재능에 대해 이미 알고 있는 점들을 충분히 이용하고, 근거 없는 충고를 무시할 수 있다면 이 터널의 끝에서 빛을 발견할 수 있을 것이다. 이 책을 통해 소개된, 과학적 증거에 기반한 원칙들을 적용할 수 있다면 큰 도움이 되겠지만 그보다 더 중요한 것은 비생산적인 관행들을 폐지하는 것이다. 또한 직관적이며 상식적으로 보이는 기존 접근방식은 잘못되었을 뿐만 아니라 파괴적으로 작용할 수 있다는 사실을 깨닫는 것이 앞으로 나아가기 위한 중대한 첫걸음이다. 마크 트웨인Mark Twain은 이렇게 말했다. "모르기 때문에 곤경에 처하는 게 아니다. 모르면서도 알 거라 확신하기 때문에 곤경에 처하는 것이다."

감사의 글

집필을 도와준 모든 이들에 대해 거론하는 것은 너무나 어려운 일이다. 그럼에도 불구하고 모두에게 감사의 마음을 전하고자 한다.

특히 나를 흥미진진한 (그렇지만 혼란스럽기 그지 없는) '재능'의 세계로 인도했을 뿐만 아니라 다른 분야의 연구에 있어서도 나만의 철학을 형성할 수 있게 도와준 내 멘토, 에이드리언 펀햄과 로버트 호건에게 감사한다. 어떤 이는 "재능 있는 자는 따라하지만, 천재는 훔친다"고 했다. 나는 천재는 아니지만 두 분의 마에스트로가 가진 지식을 게걸스럽게 훔칠 정도의 재능은 있었다. 그리고 지금도 계속 훔치고 있다. 너무나 감사하면서도 죄송스럽게 생각한다.

『하버드비즈니스리뷰』의 '인크레더블' 사라 그린 카마이클과 『패스트컴퍼니』의 '인조인간' 리치 벨리스,『매니지먼트투데이』의 '까도녀' 케이트 바셋,『가디언』의 '원더풀' 애덤 데이비디 등 매체 편집자들에게도 감사의 마음을 전하고 싶다. 그들이 도와준 수많은 투고 기사, 함께 짜낸 아이디어, 기획과 검열의 과정 등이 진화해서 이렇게 책 한 권으로 엮이게 되었다. 이들이 함께 했기에 힘들이지 않고 술술 써내려 갈 수 있었다.

'코퍼릿리서치포럼'의 마이크 해펀던과 질리언 필런스, '레드불'의 애덤 이어슬리, '에드먼즈'의 피터 스타인러프, '호건X'의 데이브 윈스보로 등 바쁜 일상 가운데 (그리고 급 통보에도 불구하고) 초고를 읽고 친절하게 의견을 나눠 준 친구들과 동료들에게도 감사의 말을 전하고 싶다. 언제까지나 변치 않고 신속하고 건설적이며 박학다식함을 유지하기를 기원한다.

이 책의 연구범위를 함께 고민해줬고 훌륭한 출판사를 찾는 데 도움을 준 에이전트 자일스 앤더슨, 조와 질리언을 포함한 출판사 '리틀브라운앤컴퍼니'의 우수한 직원들에게도 감사의 말을 전한다. 내가 만난 사람들 가운데 가장 똑똑하지만 가장 까칠한 편집자 메리 펜티쾨이넌에게도 감사의 뜻을 전한다. 꼭 다시 한번 함께 일하고 싶다.

이런 말을 꺼내는 일은 흔치 않지만, 마지막으로 싱가포르 에어라인 항공사에게 감사의 마음을 전하고 싶다. 다른 항공사는 몰라도 싱가포르 에어라인 직원들은 이 책을 굳이 읽을 필요가 없다. 그래도 꼭 읽고 싶다면 한 권 정도는 보내줄 수 있다. 3만 피트 상공에서 싱가포르 에어라인의 좌석보다 더 나은 사무실을 제공할 수는 없다고 확신한다.

출처

서문

1. Schofield, TM. On my way to being a scientist. *Nature* 2013;497(7448):277–8, doi:10.1038/nj7448-277a.

267

출처

1장

1. Chambers E, Foulon, M, Handfield-Jones, H, Hankin, S and Michael III, E. The war for talent. *McKinsey Q.* 1998;3:44–57, doi:10.4018/jskd.2010070103.
2. http://www.economist.com/news/britain/21601032-new-student-loans-system-proving-more-expensive-expected-fees-fi-fo-fum?zid=316&ah=2f6fb672faf113fdd3b11cd1b1bf8a77.
3. http://www.economist.com/node/21534792?zid=316&ah=2f6fb-672faf113fdd3b11cd1b1 bf8a77.
4. http://www.wsj.com/articles/total-u-s-auto-lending-surpasses-1-trillion-for-first-time-1439478198.
5. http://www.trainingindustry.com/blog/blog-entries/how-big-is-the-training-market.aspx.
6. Kaiser, RB and Curphy, G. Leadership – a development: The failure of an industry and the opportunity for consulting psychologists. *Consult. Psychol. J. Pract. Res.* 2013;65(4):294–302, doi:10.1037/a0035460.

7. Cappelli, P and Keller, J. Talent management: Conceptual approaches and practical challenges. *Annu. Rev. Organ. Psychol. Organ. Behav.* 2014;1(1):305–31, doi:10.1146/annurev-orgpsych-031413-091314.

8. Tansley, C. What do we mean by the term 'talent' in talent management? *Ind. Commer. Train.* 2011;43(5):266–74, doi:10.1108/00197851111145853.

9. Ibid.

10. Florida, R. The economic geography of talent. *Ann. Assoc. Am. Geogr.* 2002;92(4):743–55, doi:10.1111/1467-8306.00314.

11. Ng, TWH and Feldman, DC. How broadly does education contribute to job performance? *Pers. Psychol.* 2009;62:89–134.

12. Scullion, H, Collings, DG and Caligiuri, P. Global talent management. *J. World Bus.* 2010;45(2):105–8, doi:10.1016/j.jwb.2009.09.011.

13. https://hbr.org/2013/05/talent-management-boards-give/.

14. Harter, JK, Schmidt, FL and Hayes TL. Business-unit-level relationship between employee satisfaction, employee engagement, and business outcomes: A meta-analysis. *J. Appl. Psychol.* 2002;87(2):268–279, doi:10.1037/0021-9010.87.2.268.

15. Davenport, TH, Harris, J, and Shapiro, J. Competing on talent analytics. *Harv. Bus. Rev.* 2010;88:52–8, doi:Article.

16. Pfeffer, J. *Leadership BS: Fixing Workplaces and Careers One Truth at a Time.* New York: Harper Business (2015).

17. http://qz.com/375353/half-of-us-workers-have-left-a-job-because-they-hated-their-boss/

18. Jones, JR and Harter, JK. Race effects on the employee engagement– turnover intention relationship. *J. Leadersh. and Organ. Stud.* 2005;11:78–88, doi:10.1177/107179190501100208.

19. Wahyu Ariani, D. The relationship between employee engagement, organizational citizenship behavior, and counterproductive work behavior. *Int. J. Bus. Adm.* 2013;4:46–57, doi:10.5430/ijba.v4n2p46.

20. Appelbaum, SH, Iaconi, GD and Matousek, A. Positive and negative deviant workplace behaviors: Causes, impacts, and solutions. *Corp. Gov.* 2007;7(5):586–98, doi:10.1108/14720700710827176.

21. https://hbr.org/2014/05/managing-the-immoral-employee/.

22. O'Connell, M and Kung, M-C. The cost of employee turnover. *Ind. Manag.* 2007;49(1):14–19.

옥자의 미래

23. https://www.americanprogress.org/ issues/labor/report/2012/11/16/44464/ there-are-significant-business-costs-to-replacing-employees/.

24. Cappelli, P and Keller, J. Talent management: Conceptual approaches and practical challenges. *Annu. Rev. Organ. Psychol. Organ. Behav.* 2014;1(1):305–31, doi:10.1146/ annurev-orgpsych-031413-091314.

25. Incidentally, in the same time period marriages have become more ephemeral, too.

26. Hogan, R and Chamorro-Premuzic, T. Personality and career success. *APA Handb. Personal. Soc. Psychol. Vol. 4. Personal. Process. Individ. Differ.* 2015;4:619–38, doi:10.1037/14343-028.

27. Ashford, SJ, Lee, C and Bobko, P. Content, cause, and consequences of job insecurity: A theory-based measure and substantive test. *Acad. Manag. J.* 1989;32(4):803–29, doi:10.2307/256569.

28. http://careerbuildercommunications.com/candidatebehaviour/.

29. http://www.economist.com/news/business/21612191-social-network-has-already-shaken-up-way-professionals-are-hired-its-ambitions-go-far.

30. Scullion, H, Collings, DG and Caligiuri, P. Global talent management. *J. World Bus.* 2010;45(2):105–8, doi:10.1016/j. jwb.2009.09.011.

31. Bidwell, M. Paying more to get less: The effects of external hiring versus internal mobility. *Adm. Sci. Q.* 2011;56(3):369–407, doi:10.1177/0001839211433562.

32. Ng, TWH and Feldman, DC. Organizational tenure and job performance. *J. Manage.* 2010;36(5):1220–50, doi:10.1177/0149206309359809.

33. Cappelli, P and Hamori, M. Understanding executive job search. *Organ. Sci.* 2014;25(5):1511–29, doi:10.1287/orsc.2013.0871.

34. https://www.bluesteps.com/blog/ record-breaking-executive-search-industry.

35. Although this quote is difficult to attribute, it would be incorrect to pretend it's mine (and it is attributed more to Warren Buffett than to anyone else).

36. Cappelli, P and Keller, J. Talent management: Conceptual approaches and practical challenges. *Annu. Rev. Organ. Psychol. Organ. Behav.* 2014;1(1):305–31, doi:10.1146/ annurev-orgpsych-031413-091314.

37. Kwon, K and Rupp, DE. High-performer turnover and firm performance: The moderating role of human capital investment and firm reputation. *J. Organ. Behav.* 2013;34:129–50, doi:10.1002/job.

38. Lidsky, D. It's not just who you know. *Fast Co.* 2007;(115):56.

39. Boswell, WR, Zimmerman, RD and Swider, BW. Employee job search: Toward an understanding of search context and search objectives. *J. Manage.* 2012;38(1):129–63, doi:10.1177/0149206311421829.

40. Bates, T. Self-employment entry across industry groups. *J. Bus. Ventur.* 1995;10(2):143–56, doi:10.1016/0883-9026(94)00018-P.

41. http://www.economicmodeling.com/2014/02/06/americas-self-employment-landscape/.

42. Oyelere, RU and Belton, W. Coming to America: Does having a developed home country matter for self-employment in the United States? *Am. Econ. Rev.* 2012;102(3):538–42, doi:10.1257/aer.102.3.538.

43. Blanchflower, DG. Self-employment in OECD countries. *Labour Econ.* 2000;7(5):471–505, doi:10.1016/S0927-5371(00)00011-7.

44. Thurik, AR, Carree, MA, van Stel, A and Audretsch, DB. Does self-employment reduce unemployment? *J. Bus. Ventur.* 2008;23(6):673–86, doi:10.1016/j.jbusvent.2008.01.007.

45. Bender, KA and Roche, K. Educational mismatch and self-employment. *Econ. Educ. Rev.* 2013;34:85–95, doi:10.1016/j.econedurev.2013.01.010.

46. http://www.economist.com/news/britain/21676792-why-more-britons-are-working-themselves-uber-conundrum.

47. http://www.economist.com/news/economic-and-financial-indicators/21660991-self-employment.

48. http://www.theatlantic.com/business/archive/2011/09/the-freelance-surge-is-the-industrial-revolution-of-our-time/244229/.

49. http://www.economist.com/blogs/freeexchange/2015/10/gig-economy?zid=297&ah=3ae0fe266c7447d8a0c7ade5547d62ca.

50. Startienė, G, Remeikienė, R and Dumčiuvienė, D. Concept of self-employment. *Econ. Manag.* 2010;15:262–75.

51. Griffeth, RW. A meta-analysis of antecedents and correlates of employee turnover: Update, Moderator tests, and research implications for the next millennium. *J. Manage.* 2000;26(3):463–88, doi:10.1177/014920630002600305.

52. http://www.economist.com/blogs/buttonwood/2013/07/work-and-growth?zid=297&ah=3ae0fe266c7447d8a0c7ade5547d62ca.

53. Zwan, P van der, Hessels, J and Rietveld, CA. The pleasures and pains of self-employment: A panel data analysis of satisfaction with life, work, and leisure. 2015. Tinbergen Discussion Paper, 15-099/VII.

54. Blanchflower, DG. Self-employment in OECD countries. *Labour Econ.* 2000;7(5):471–505, doi:10.1016/S0927-5371(00)00011-7.

55. Blanchflower, DG. Self-employment: More may not be better. *Swedish Econ. Policy Rev.* 2004;11:15–74, doi:http://www.nber.org/papers/w10286.pdf.

56. http://www.forbes.com/sites/scotthartley/2012/03/25/conspicuous_creation/.

57. http://www.forbes.com/sites/dinagachman/2013/01/10/are-entrepreneurs-the-rock-stars-of-today/.

58. http://www.entrepreneur.com/article/245574.

59. https://hbr.org/2014/01/the-dangerous-rise-of-entrepreneurship-porn.

60. Frese, M and Gielnik, MM. The psychology of entrepreneurship. *Annu. Rev. Organ. Psychol. Organ. Behav.* 2014;1(1):413–38, doi:10.1146/annurev-orgpsych-031413-091326.

61. Thurik, AR, Carree, MA, van Stel, A and Audretsch, DB. Does self-employment reduce unemployment? *J. Bus. Ventur.* 2008;23(6):673–86, doi:10.1016/j.jbusvent.2008.01.007.

62. Frese, M and Gielnik, MM. The psychology of entrepreneurship. *Annu. Rev. Organ. Psychol. Organ. Behav.* 2014;1(1):413–38, doi:10.1146/annurev-orgpsych-031413-091326.

63. Shane, SA. *The Illusions of Entrepreneurship.* New Haven, CT: Yale UP (2008).

64. Kuratko, DF. The emergence of entrepreneurship education: Development, trends, and challenges. *Entrep. Theory Pract.* 2005;29(5):577–98, doi:10.1111/j.1540-6520.2005.00099.x.

65. http://www.forbes.com/sites/jasonnazar/2013/09/09/16-surprising-statistics-about-small-businesses/#2af0e44a3078.

66. Cromie, S and Hayes, J. Business ownership as a means of overcoming job dissatisfaction. *Pers. Rev.* 1991;20(1):19–24, doi:10.1108/00483489110006853.

67. *The Economist, Managing Talent: Recruiting, Retaining and Getting the Most from Talented People,* eds. M Devine and M

참조

Syrett. London: Profile Books (2006), p.45.

68. https://hbr.org/2012/10/the-danger-of-celebritizing-en.

69. Frese, M and Gielnik, MM. The psychology of entrepreneurship. *Annu. Rev. Organ. Psychol. Organ. Behav.* 2014;1(1):413–38, doi:10.1146/annurev-orgpsych-031413-091326.

70. http://www.huffingtonpost.com/2012/01/20/global-entrepreneurship-is-on-the-rise_n_1216921.html.

71. Twenge, JM. A review of the empirical evidence on generational differences in work attitudes. *J. Bus. Psychol.* 2010;25(2):201–10, doi:10.1007/s10869-010-9165-6.

72. Twenge, JM, Miller, JD and Campbell, WK. The narcissism epidemic: Commentary on modernity and narcissistic personality disorder. *Personal. Disord. Theory, Res. Treat.* 2014;5(2):227–29, doi:10.1037/per0000008.

2장

1. http://99u.com/articles/20490/talent-is-persistence-what-it-takes-to-be-an-independent-creative.

2. http://www.self-esteem-enhances-life.com/talents-T3.html.

3. http://www.gallup.com/businessjournal/412/exactly-what-talent-anyway.aspx.

4. McDaniel, MA. Gerrymandering in personnel selection: A review of practice. *Hum. Resour. Manag. Rev.* 2009;19(3):263–70, doi:10.1016/j.hrmr.2009.03.004.

5. Borkenau, P, Mauer, N, Riemann, R, Spinath, FM and Angleitner, A. Thin slices of behavior as cues of personality and intelligence. *J. Pers. Soc. Psychol.* 2004;86(4):599–614, doi:10.1037/0022-3514.86.4.599.

6. Rule, NO and Ambady, N. Face and fortune: Inferences of personality from managing partners' faces predict their law firms' financial success. *Leadersh. Q.* 2011;22(4):690–96, doi:10.1016/j.leaqua.2011.05.009.

7. http://pubsonline.informs.org/doi/abs/10.1287/orsc.1090.0481?journalCode=orsc.

8. Lipovetsky, S. Pareto 80/20 law: Derivation via random partitioning. *Int. J. Math. Educ. Sci. Technol.* 2009;40(2):271–7, doi:10.1080/00207390802213609.

9. Andriani, P and McKelvey, B. Managing in a Pareto world calls

for new thinking. *Management* 2011;14(2):90–118.

10. Grosfeld-Nir, A, Ronen, B and Kozlovsky, N. The Pareto managerial principle: When does it apply? *Int. J. Prod. Res.* 2007;45(10):2317–25, doi:10.1080/00207540600818203.

11. http://www.economist.com/node/9988840.

12. http://www.economist.com/node/17848429.

13. Cappelli, P and Keller, J. Talent management: Conceptual approaches and practical challenges. *Annu. Rev. Organ. Psychol. Organ. Behav.* 2014;1(1):305–31, doi:10.1146/annurev-orgpsych-031413-091314.

14. http://www.economist.com/node/17848429.

15. Sackett, PR. Revisiting the origins of the typical–maximum performance distinction. *Hum. Perform.* 2007;20(3):179–85, doi:10.1080/08959280701332968.

16. Cronbach, LJ and Meehl, PE. Construct validity in psychological tests. *Psychol. Bull.* 1955;52:281–302, doi:10.1037/h0040957.

17. DuBois, CL, Sackett, PR, Zedeck, S and Fogli, L. Further exploration of typical and maximum performance criteria: Definitional issues, prediction, and White–Black differences. *J. Appl. Psychol.* 1993;78(2):205–11, doi:10.1037/0021-9010.78.2.205.

18. Klehe, U-C and Anderson, N. Working hard and working smart: Motivation and ability during typical and maximum performance. *J. Appl. Psychol.* 2007;92(4):978–92, doi:10.1037/0021-9010.92.4.978.

19. Ones, DS and Viswesvaran, C. A research note on the incremental validity of job knowledge and integrity tests for predicting maximal performance. *Hum. Perform.* 2007;20(3):293–303, doi:10.1080/08959280701333461.

20. Klehe, U-C and Anderson, N. Working hard and working smart: Motivation and ability during typical and maximum performance. *J. Appl. Psychol.* 2007;92(4):978–92, doi:10.1037/0021-9010.92.4.978.

21. Ployhart, RE, Lim, B-C and Chan, K-Y. Exploring relations between typical and maximum performance ratings and the five factor model of personality. *Pers. Psychol.* 2001;54:809–43, doi:10.1111/j.1744-6570.2001.tb00233.x.

22. Karau, S and Williams, KD. Interpersonal relations and group social loafing: A meta-analytic review and theoretical integration. *J. Pers. Soc. Psychol.* 1993;65(4):681–706,

273
찾아보기

doi:10.1037/0022-3514.65.4.681.

23. Klehe, U-C and Latham, G. What would you do—really or ideally? Constructs underlying the behavior description interview and the situational interview in predicting typical versus maximum performance. *Hum. Perform.* 2006;19(4):357–82, doi:10.1207/s15327043hup1904_3.

24. Chamorro-Premuzic, T, Ahmetoglu, G and Furnham, A. Little more than personality: Dispositional determinants of test anxiety (the big five, core self-evaluations, and self-assessed intelligence). *Learn. Individ. Differ.* 2008;18(2):258–63, doi:10.1016/j.lindif.2007.09.002.

25. Beus, JM and Whitman, DS. The relationship between typical and maximum performance: A meta-analytic examination. *Hum. Perform.* 2012;25(5):355–76, doi:10.1080/08959285.2012.721831.

26. Sackett, PR, Zedeck, S and Fogli, L. Relations between measures of typical and maximum job performance. *J. Appl. Psychol.* 1988;73(3):482–6, doi:10.1037/0021-9010.73.3.482.

27. Sackett, PR. Revisiting the origins of the typical–maximum performance distinction. *Hum. Perform.* 2007;20(3):179–85, doi:10.1080/08959280701332968.

28. Ployhart, RE, Lim, B-C and Chan K-Y. Exploring relations between typical and maximum performance ratings and the five factor model of personality. *Pers. Psychol.* 2001;54:809–43, doi:10.1111/j.1744-6570.2001.tb00233.x.

29. Klehe, U-C and Anderson, N. Working hard and working smart: Motivation and ability during typical and maximum performance. *J. Appl. Psychol.* 2007;92(4):978–92, doi:10.1037/0021-9010.92.4.978.

30. Saatchi, C. *Question.* London: Phaidon Press (2010), p.29.

31. Ackerman, PL. Nonsense, common sense, and science of expert performance: Talent and individual differences. *Intelligence* 2014;45(1):6–17, doi:10.1016/j.intell.2013.04.009.

32. Ruthsatz, J, Ruthsatz, K and Stephens, KR. Putting practice into perspective: Child prodigies as evidence of innate talent. *Intelligence* 2014;45(1):60–65, doi:10.1016/j.intell.2013.08.003.

33. Roberts, BW. Back to the future: Personality and assessment and personality development. *J. Res. Pers.* 2009;43(2):137–45, doi:10.1016/j.jrp.2008.12.015.

34. Almlund, M, Duckworth, AL, Heckman, J and Kautz, T. *Personality Psychology and Economics.* 2011. NBER Working Paper No. 16822, doi:10.1016/B978-0-444-53444-6.00001-8.

35. Hogan, J and Holland, B. Using theory to evaluate personality and job-performance relations: A socioanalytic perspective. *J. Appl. Psychol.* 2003;88(1):100–12, doi:10.1037/0021-9010.88.1.100.

36. http://www.theguardian.com/technology/2014/feb/20/facebook-turned-down-whatsapp-co-founder-brian-acton-job-2009.

37. http://www.businessinsider.com/successful-people-who-failed-at-first-2015-7.

38. Ibid.

39. Davenport, TH, Harris, J and Shapiro, J. Competing on talent analytics. *Harv. Bus. Rev.* 2010;88:52–8, doi:Article.

40. Kristof-Brown, A and Guay, RP, Person–environment fit. In: *APA Handbook of Industrial and Organizational Psychology, Vol. 3: Maintaining, Expanding, and Contracting the Organization.* 2011:3–50, doi:10.1037/12171-001.

41. Oh, I-S, Guay, RP, Kim, K, et al. Fit happens globally: A meta-analytic comparison of the relationships of person–environment fit dimensions with work attitudes and performance across East Asia, Europe, and North America. *Pers. Psychol.* 2014;67(1):99–152, doi:10.1111/peps.12026.

42. Wanous, JP, Poland, TD, Premack, SL and Davis, KS. The effects of met expectations on newcomer attitudes and behaviors: A review and meta-analysis. *J. Appl. Psychol.* 1992;77(3):288–97, doi:10.1037/0021-9010.77.3.288.

43. Hogan, J and Holland, B. Using theory to evaluate personality and job-performance relations: A socioanalytic perspective. *J. Appl. Psychol.* 2003;88(1):100–112, doi:10.1037/0021-9010.88.1.100.

44. Almlund, M, Duckworth, AL, Heckman, J and Kautz, T. *Personality Psychology and Economics.* 2011. NBER Working Paper No. 16822, doi:10.1016/B978-0-444-53444-6.00001-8.

3장

1. Beus, JM and Whitman, DS. The relationship between typical and maximum performance: A meta-analytic examination. *Hum. Perform.* 2012;25(5):355–76, doi:10.1080/08959285.2012.721831.

2. Campbell, JP and Wiernik, BM. The modeling and assessment of work performance. *Annu. Rev. Organ. Pyschol. Organ. Behav.* 2015;2:47–74, doi:10.1146/annurev-orgpsych-032414-111427.

3. Kuncel, NR, Ones, DS and Sackett, PR. Individual differences as predictors of work, educational, and broad life outcomes. *Pers. Individ. Dif.* 2010;49(4):331–6, doi:10.1016/j.paid.2010.03.042.

4. Viswesvaran, C, Ones, DS and Schmidt, FL. Comparative analysis of the reliability of job performance ratings. *J. Appl. Psychol.* 1996;81(5):557–74, doi:10.1037/0021-9010.81.5.557.

5. Campbell, JP and Wiernik, BM. The modeling and assessment of work performance. *Annu. Rev. Organ. Pyschol. Organ. Behav.* 2015;2:47–74, doi:10.1146/annurev-orgpsych-032414-111427.

6. Ryan, AM and Ployhart, RE. A century of selection. *Annu. Rev. Psychol.* 2014;65:693–717, doi:10.1146/annurev-psych-010213-115134.

7. Sturman, MC, Cheramie, R and Cashen, LH. The impact of job complexity and performance measurement on the temporal consistency, stability, and test–retest reliability of employee job performance ratings. *J. Appl. Psychol.* 2005;90(2):269–83, doi:10.1037/0021-9010.90.2.269.

8. Silzer, ROB and Church, AH. The pearls and perils of identifying potential. *Ind. Organ. Psychol.* 2009;2:377–412, doi:10.1111/j.1754-9434.2009.01163.x.

9. Ryan, AM and Ployhart, RE. A century of selection. *Annu. Rev. Psychol.* 2014;65:693–717, doi:10.1146/annurev-psych-010213-115134.

10. Armstrong, PI, Day, SX, McVay, JP and Rounds, J. Holland's RIASEC model as an integrative framework for individual differences. *J. Couns. Psychol.* 2008;55(1):1–18, doi:10.1037/0022-0167.55.1.1.

11. Fruyt, F and Mervielde, I. RIASEC types and big five traits as predictors of employment status and nature of employment. *Pers. Psychol.* 1999;52(3):701–27, doi:10.1111/j.1744-6570.1999.tb00177.x.

12. Hogan, R, Chamorro-Premuzic, T and Kaiser, RB. Employability and career success: Bridging the gap between theory and reality. *Ind. Organ. Psychol.* 2013;6(1):3–16, doi:10.1111/iops.12001.

13. Campbell, JP and Wiernik, BM. The modeling and assessment of work performance. *Annu. Rev. Organ. Pyschol. Organ. Behav.*

이직의 심리

2015;2:47–74, doi:10.1146/annurev-orgpsych-032414-111427.

14. Schmidt, FL. The role of general cognitive ability and job performance: Why there cannot be a debate. *Hum. Perform.* 2002;15(1-2):187–210, doi:10.1080/08959285.2002.9668091.

15. Earp, BD and Trafimow, D. Replication, falsification, and the crisis of confidence in social psychology. *Front. Psychol.* 2015;6:621, doi:10.3389/fpsyg.2015.00621.

16. Lyons, BD, Hoffman, BJ and Michel, JW. Not much more than G? An examination of the impact of intelligence on NFL performance. *Hum. Perform.* 2009;22(3):225–45, doi:10.1080/08959280902970401.

17. Judge, T and Kammeyer-Mueller, JD. On the value of aiming high: The causes and consequences of ambition. *J. Appl. Psychol.* 2012;97(4):758–75, doi:10.1037/a0028084.

18. Simonton, DK. Talent and its development: An emergenic and epigenetic model. *Psych. Rev.* 1999;106:435–57, doi:10.1037/0033-295X. 103.3.435.

19. Bell, ST, Villado, AJ, Lukasik, MA, Belau, L and Briggs, AL. Getting specific about demographic diversity variable and team performance relationships: A meta-analysis. *J. Manage.* 2011;37(3):709–43, doi:10.1177/0149206310365001.

20. Meyer, GJ, Finn, SE, Eyde, LD et al. Psychological testing and psychological assessment. A review of evidence and issues. *Am. Psychol.* 2001;56:128–65, doi:10.1037/0003-066X.56.2.128.

21. Levashina, J, Hartwell, CJ, Morgeson, FP and Campion, MA. The structured employment interview: Narrative and quantitative review of the research literature. *Pers. Psychol.* 2014;67(1):241–93, doi:10.1111/peps.12052.

22. Schmidt, FL and Hunter, JE. The validity and utility of selection methods in personnel psychology: Practical and theoretical implications of 85 years of research findings. *Psychol. Bull.* 1998;124(2):262–74, doi:10.1037/0033-2909.124.2.262.

23. Stewart, GL, Dustin, SL, Barrick, MR and Darnold, TC. Exploring the handshake in employment interviews. *J. Appl. Psychol.* 2008;93(5):1139–46, doi:10.1037/0021-9010.93.5.1139.

24. Roth, PL and Huffcutt, AI. A meta-analysis of interviews and cognitive ability: Back to the future? *J. Pers. Psychol.* 2013;12(4):157–69, doi:10.1027/1866-5888/a000091.

25. Huffcutt, AI, van Iddekinge, CH and Roth, PL. Understanding

applicant behavior in employment interviews: A theoretical model of interviewee performance. *Hum. Resour. Manag. Rev.* 2011;21(4):353–67, doi:10.1016/j.hrmr.2011.05.003.

26. Hamdani, MR, Valcea, S and Buckley, MR. The relentless pursuit of construct validity in the design of employment interviews. *Hum. Resour. Manag. Rev.* 2014;24(2):160–76, doi:10.1016/j.hrmr.2013.07.002.

27. Ibid.

28. Thornton, GC and Gibbons, AM. Validity of assessment centers for personnel selection. *Hum. Resour. Manag. Rev.* 2009;19(3):169–87, doi:10.1016/j.hrmr.2009.02.002.

29. Schmidt, FL and Hunter, JE. The validity and utility of selection methods in personnel psychology: Practical and theoretical implications of 85 years of research findings. *Psychol. Bull.* 1998;124(2):262–74, doi:10.1037/0033-2909.124.2.262.

30. Schmitt, N. Personality and cognitive ability as predictors of effective performance at work. *Annu. Rev. Organ. Psychol. Organ. Behav.* 2013;1(1):45–65, doi:10.1146/annurev-orgpsych-031413-091255.

31. Kuncel, NR, Ones, DS and Sackett, PR. Individual differences as predictors of work, educational, and broad life outcomes. *Pers. Individ. Dif.* 2010;49(4):331–6, doi:10.1016/j.paid.2010.03.042.

32. Schmitt, N. Personality and cognitive ability as predictors of effective performance at work. *Annu. Rev. Organ. Psychol. Organ. Behav.* 2013;1(1):45–65. doi:10.1146/annurev-orgpsych-031413-091255.

33. Salgado, JF, Anderson, N, Moscoso, S, Bertua, C and de Fruyt, F. International validity generalization of GMA and cognitive abilities: A European Community meta-analysis. *Pers. Psychol.* 2003;56(3):573–605, doi:10.1111/j.1744-6570.2003.tb00751.x.

34. Kuncel, NR, Ones, DS and Sackett, PR. Individual differences as predictors of work, educational, and broad life outcomes. *Pers. Individ. Dif.* 2010;49(4):331–6, doi:10.1016/j.paid.2010.03.042.

35. Schmidt, FL and Hunter, JE. The validity and utility of selection methods in personnel psychology: Practical and theoretical implications of 85 years of research findings. *Psychol. Bull.* 1998;124(2):262–74, doi:10.1037/0033-2909.124.2.262.

36. Gladwell, M. *Outliers.* New York: Little, Brown (2008), doi:10.3200/SRCH.20.2.48-57.

37. Kuncel, NR, Ones, DS and Sackett, PR. Individual differences as predictors of work, educational, and broad life outcomes. *Pers. Individ. Dif.* 2010;49(4):331–6, doi:10.1016/j.paid.2010.03.042.
38. Devine, DJ and Philips, JL. Do smarter teams do better? A meta-analysis of cognitive ability and team performance. *Small Gr. Res.* 2001;32(5):507–32, doi:10.1177/104649640103200501.
39. Mead, AD and Drasgow, F. Equivalence of computerized and paper-and-pencil cognitive ability tests: A meta-analysis. *Psychol. Bull.* 1993;114(3):449–58, doi:10.1037/0033-2909.114.3.449.
40. Hunter, JE and Hunter, RF. Validity and utility of alternative predictors of job performance. *Psychol. Bull.* 1984;96(1):72–98, doi:10.1037/0033-2909.96.1.72.
41. Chamorro-Premuzic, T and Arteche, A. Intellectual competence and academic performance: Preliminary validation of a model. *Intelligence* 2008;36(6):564–73, doi:10.1016/j.intell.2008.01.001.
42. Elliot, AJ, Maier, MA, Moller, AC, Friedman, R and Meinhardt, J. Color and psychological functioning: The effect of red on performance attainment. *J. Exp. Psychol. Gen.* 2007;136(1):154–68, doi:10.1037/0096-3445.136.1.154.
43. Hausknecht, JP, Halpert, JA, Di Paolo, NT and Moriarty Gerrard, MO. Retesting in selection: A meta-analysis of coaching and practice effects for tests of cognitive ability. *J. Appl. Psychol.* 2007;92(2):373–85, doi:10.1037/0021-9010.92.2.373.
44. Kuncel, NR, Ones, DS and Sackett, PR. Individual differences as predictors of work, educational, and broad life outcomes. *Pers. Individ. Dif.* 2010;49(4):331–6, doi:10.1016/j.paid.2010.03.042.
45. von Stumm, S and Plomin, R. Intelligence, socioeconomic status and the growth of intelligence from infancy through adolescence. *Intelligence* 2015;48:30–36, doi:10.1016/j.intell.2014.10.002.
46. Hyde, JS and Linn, MC. Gender differences in verbal ability: A meta-analysis. *Psychol. Bull.* 1988;104(1):53–69, doi:10.1037/0033-2909.104.1.53.
47. Kuncel, NR, Ones, DS and Sackett, PR. Individual differences as predictors of work, educational, and broad life outcomes. *Pers. Individ. Dif.* 2010;49(4):331–6, doi:10.1016/j.paid.2010.03.042.
48. Hogan, J and Holland, B. Using theory to evaluate personality and job-performance relations: A socioanalytic perspective. *J. Appl. Psychol.* 2003;88(1):100–112, doi:10.1037/0021-9010.88.1.100.
49. Judge, TA, Bono, JE, Ilies, R and Gerhardt, MW. Personality and

leadership: A qualitative and quantitative review. *J. Appl. Psychol.* 2002;87(4):765–80, doi:10.1037//0021-9010.87.4.765.

50. Freund, PA and Kasten, N. How smart do you think you are? A meta-analysis on the validity of self-estimates of cognitive ability. *Psychol. Bull.* 2012;138(2):296–321, doi:10.1037/a0026556.

51. Sedikides, C and Gregg, AP. Self-enhancement: Food for thought. *Perspect. Psychol. Sci.* 2008;3(2):102–16, doi:10.1111/j.1745-6916.2008.00068.x.

52. Allen, TJ, Sherman, JW, Conrey, FR and Stroessner, SJ. Stereotype strength and attentional bias: Preference for confirming versus disconfirming information depends on processing capacity. *J. Exp. Soc. Psychol.* 2009;45(5):1081–7, doi:10.1016/j.jesp.2009.06.002.

53. Morgeson, FP, Campion, MA, Dipboye, RL, Hollenbeck, JR, Murphy, K and Schmitt, N. Reconsidering the use of personality tests in personnel selection contexts. *Pers. Psychol.* 2007;60(3):683–729, doi:10.1111/j.1744-6570.2007.00089.x.

54. Uziel, L. Rethinking social desirability scales: From impression management to interpersonally oriented self-control. *Perspect. Psychol. Sci.* 2010;5(3):243–62, doi:10.1177/1745691610369465.

55. Schlenker, B. Interpersonal processes involving impression regulation and management. *Annu. Rev. Psychol.* 1992;43:133–68, doi:10.1146/annurev.psych.43.1.133.

56. Kleinmann, M. Selling oneself: Construct and criterion-related validity of impression management in structured interviews. *Hum. Perform.* 2011;24(1):29–46, doi:10.1080/08959285.2010.530634.

57. Levashina, J, Hartwell, CJ, Morgeson, FP and Campion, MA. The structured employment interview: Narrative and quantitative review of the research literature. *Pers. Psychol.* 2014;67(1):241–93, doi:10.1111/peps.12052.

58. Hogan, J, Barrett, P and Hogan, R. Personality measurement, faking, and employment selection. *J. Appl. Psychol.* 2007;92(5):1270–85, doi:10.1037/0021-9010.92.5.1270.

59. Hausdorf, PA and Leblanc, MM. Cognitive ability testing and employment selection: Does test content relate to adverse impact? *Appl. HRM Res.* 2003;7(2):41–8.

60. Schmidt, FL and Hunter, JE. The validity and utility of selection methods in personnel psychology: Practical and theoretical implications of 85 years of research findings. *Psychol. Bull.*

심리학 이야기

1998;124(2):262–74, doi:10.1037/0033-2909.124.2.262.

61. Breaugh, JA. The use of biodata for employee selection: Past research and future directions. *Hum. Resour. Manag. Rev.* 2009;19(3):219–31, doi:10.1016/j.hrmr.2009.02.003.

62. Cole, M, Field, H and Stafford, J. Validity of resumé reviewers' inferences concerning applicant personality based on resumé evaluation. *Int. J. Sel. Assess.* 2005;13(4):321–4, doi:10.1111/j.1468-2389.2005.00329.x.

63. Ng, TWH and Feldman, DC. How broadly does education contribute to job performance? *Pers. Psychol.* 2009;62:89–134.

64. Becker, GS. Investment in human capital: A theoretical analysis. *J. Polit. Econ.* 1962;70(5):9, doi:10.1086/258724.

65. Borman, WC. 360° ratings: An analysis of assumptions and a research agenda for evaluating their validity. *Hum. Resour. Manag. Rev.* 1997;7(3):299–315, doi:10.1016/S1053-4822(97)90010-3.

66. Day, DV, Fleenor, JW, Atwater, LE, Sturm, RE and McKee, RA. Advances in leader and leadership development: A review of 25 years of research and theory. *Leadersh. Q.* 2014;25(1):63–82, doi:10.1016/j.leaqua.2013.11.004.

67. Reissig, S. 360-degree feedback. *Manager* 2011;Summer:30–31, doi:10.2139/ssrn.2288194.

68. DeNisi, AS and Kluger, AN. Feedback effectiveness: Can 360-degree appraisals be improved? *Acad. Manag. Exec.* 2000;14(1):129–39, doi:10.5465/AME.2000.2909845.

69. Borman, WC. 360° ratings: An analysis of assumptions and a research agenda for evaluating their validity. *Hum. Resour. Manag. Rev.* 1997;7(3):299–315, doi:10.1016/S1053-4822(97)90010-3.

70. Day, DV, Fleenor, JW, Atwater, LE, Sturm, RE and McKee, RA. Advances in leader and leadership development: A review of 25 years of research and theory. *Leadersh. Q.* 2014;25(1):63–82, doi:10.1016/j.leaqua.2013.11.004.

71. Christian, MS, Edwards, BD and Bradley, JC. Situational judgment tests: Constructs assessed and a meta-analysis of their criterion-related validities. *Pers. Psychol.* 2010;63(1):83–117, doi:10.1111/j.1744-6570.2009.01163.x.

72. Chamorro-Premuzic, T. Ace the assessment. *Harv. Bus. Rev.* 2015;93(7):118–21.

4장

1. Kahn, WA. Psychological conditions of personal engagement and disengagement at work. *Acad. Manag. J.* 1990;33(4):692–724, doi:10.2307/256287.

2. Van Iddekinge, CH, Roth, PL, Putka, DJ and Lanivich, SE. Are you interested? A meta-analysis of relations between vocational interests and employee performance and turnover. *J. Appl. Psychol.* 2011;96(6):1167–94, doi:10.1037/a0024343.

3. Petty, MM, McGee, GW and Cavender, JW. A meta-analysis of the relationships between individual job satisfaction and individual performance. *Acad. Manag. Rev.* 1984;9(4):712–21, doi:10.5465/AMR.1984.4277608.

4. Rich, BL, Lepine, JA and Crawford, ER. Job engagement: Antecedents and effects on job performance. *Acad. Manag. J.* 2010;53(3):617–35, doi:10.5465/AMJ.2010.51468988.

5. O'Boyle, EH, Forsyth, DR, Banks, GC and McDaniel, MA. A meta-analysis of the dark triad and work behavior: A social exchange perspective. *J. Appl. Psychol.* 2012;97(3):557–79. doi:10.1037/a0025679.

6. Christian, MS, Garza, AS and Slaughter, JE. Work engagement: A quantitative review and test of its relations with task and contextual performance. 2011;68(3):89–136. doi/10.1111/j.1744-6570.2010 .01203.x/abstract

7. Ng, TWH, Sorensen, KL and Yim, FHK. Does the job satisfaction–job performance relationship vary across cultures? *J. Cross. Cult. Psychol.* 2009;40(5):761–96, doi:10.1177/0022022109339208.

8. Hogan, R and Chamorro-Premuzic, T. Personality and career success. In: *APA Handbook of Personality and Social Psychology, Vol. 4: Personality Processes and Individual Differences.* Washington, DC: APA (2015), pp.619–38, doi:10.1037/14343-028.

9. Hogan, R and Blickle, G. Socioanalytic theory. In: *Handbook of Personality at Work*, eds. N Christiansen and R Tett. New York: Routledge (2013), pp.53–70.

10. Freud, S. On narcissism: An introduction [1914]. In: *Standard Edition of the Complete Psychological Works of Sigmund Freud*, Vol. XIV. London: Hogarth Press (1957), pp.73–102.

11. Hogan, R and Chamorro-Premuzic, T. Personality and the laws of history. *Wiley-Blackwell Handb. Individ. Differ.*

2013;(2007):491–511, doi:10.1002/9781444343120.ch18.

12. Stone, B. *The Everything Store: Jeff Bezos and the Age of Amazon.* New York: Little, Brown (2013), doi:10.1007/s13398-014-0173-7.2.

13. Finkle, TA. Richard Branson and Virgin, Inc. *J. Int. Acad. Case Stud.* 2011;17(5):109–22.

14. Isaacson, W. The real leadership lessons of Steve Jobs. *Harv. Bus. Rev.* 2012;90(4).

15. Schneider, B, Ehrhart, MG and Macey, WH. Organizational climate and culture. *Annu. Rev. Psychol.* 2013;64:361–88, doi:10.1146/annurev-psych-113011-143809.

16. Parsons, F. *Choosing a Vocation.* Boston, MA: Houghton Mifflin (1909).

17. Schein, EH. Coming to a new awareness of organizational culture. *Sloan Manage. Rev.* 1984;25(2):3.

18. Schein, EH. *Organizational Culture and Leadership.* San Francisco: John Wiley & Sons (2010), doi:10.1016/j.sbspro.2011.12.156.

19. Van Iddekinge, CH, Roth, PL, Raymark, PH and Odle-Dusseau, HN. The criterion-related validity of integrity tests: An updated meta-analysis. *J. Appl. Psychol.* 2012;97(3):499–530, doi:10.1037/a0021196.

20. Schneider, B, Ehrhart, MG and Macey, WH. Organizational climate and culture. *Annu. Rev. Psychol.* 2013;64:361–88, doi:10.1146/annurev-psych-113011-143809.

21. Hogan, R, Kaiser, RB and Chamorro-Premuzic, T. An evolutionary view of organizational culture. *Oxford Handb. Organ. Clim. Cult.* 2013:1–27.

22. Hogan, R and Chamorro-Premuzic, T. Personality and the laws of history. *Wiley-Blackwell Handb. Individ. Differ.* 2013;(2007):491–511, doi:10.1002/9781444343120.ch18.

23. Kahn, WA. Psychological conditions of personal engagement and disengagement at work. *Acad. Manag. J.* 1990;33(4):692–724, doi:10.2307/256287.

24. Dreyfus, HL and Wrathall, MA. *A Companion to Heidegger.* Oxford: Blackwell Publishing (2007), doi:10.1002/9780470996492.

25. Csikszentmihalyi, M. The flow experience and its significance for human psychology. In: *Optimal Experience: Psychological Studies of Flow in Consciousness*, eds. M Csikszentmihalyi and IS Csikszentmihalyi. Cambridge: Cambridge UP (1988), pp.15–35,

doi:10.1017/CBO9780511621956.002.

26. Xanthopoulou, D, Bakker, AB, Demerouti, E and Schaufeli, WB. Reciprocal relationships between job resources, personal resources, and work engagement. *J. Vocat. Behav.* 2009;74(3):235–44, doi:10.1016/j.jvb.2008.11.003.

27. Akhtar, R, Boustani, L, Tsivrikos, D and Chamorro-Premuzic, T. The engageable personality: Personality and trait EI as predictors of work engagement. *Pers. Individ. Dif.* 2015;73:44–9, doi:10.1016/j.paid.2014.08.040.

28. Inceoglu, I and Warr, P. Personality and job engagement. *J. Pers. Psychol.* 2011;10(4):177–81, doi:10.1027/1866-5888/a000045.

29. Kaiser, RB. The accountability crisis: An overlooked cause of disengagement. Presented in the Dark Side of Engagement Symposium at the 30th Annual Conference of the Society for Industrial–Organizational Psychology (R. Hogan, Chair), April 2015, Philadelphia, PA.

5장

1. Olson, JM, Vernon, PA, Harris, J and Jang, KL. The heritability of attitudes: A study of twins. *J. Pers. Soc. Psychol.* 2001;80(6):845–60, doi:10.1037/0022-3514.80.6.845.

2. Ackerman, PL. Nonsense, common sense, and science of expert performance: Talent and individual differences. *Intelligence* 2014;45(1):6–17, doi:10.1016/j.intell.2013.04.009.

3. Cahan, S and Cohen, N. Age versus schooling effects on intelligence development. *Child Dev.* 1989;60(5):1239–49, doi:10.2307/1130797.

4. Deary, IJ, Yang, J, Davies, G et al. Genetic contributions to stability and change in intelligence from childhood to old age. *Nature* 2012;482(7384):212–15, doi:10.1038/nature10781.

5. Canivez, GL and Watkins, MW. Long-term stability of the Wechsler Intelligence Scale for Children – Third Edition. *Psychol. Assess.* 1998;10(3):285–91, doi:10.1037/1040-3590.10.3.285.

6. Sameroff, AJ, Seifer, R, Baldwin, A and Baldwin, C. Stability of intelligence from preschool to adolescence: The influence of social and family risk factors. *Child Dev.* 1993;64(1):80–97, doi:10.1111/j.1467-8624.1993.tb02896.x.

7. Salthouse, TA. When does age-related cognitive decline

이기적 유전자

begin? *Neurobiol. Aging* 2009;30(4):507–14, doi:10.1016/j.neurobiolaging.2008.09.023.

8. Hausknecht, JP, Halpert, JA, Di Paolo, NT and Moriarty Gerrard, MO. Retesting in selection: A meta-analysis of coaching and practice effects for tests of cognitive ability. *J. Appl. Psychol.* 2007;92(2):373–85, doi:10.1037/0021-9010.92.2.373.

9. http://money.cnn.com/2016/01/05/technology/lumosity-brain-train-app-ftc-settlement/

10. Ackerman, PL and Rolfhus, EL. The locus of adult intelligence: Knowledge, abilities, and nonability traits. *Psychol. Aging* 1999;14(2):314–30, doi:10.1037/0882-7974.14.2.314.

11. Ackerman, PL, Beier, ME and Boyle, MO. Working memory and intelligence: The same or different constructs? *Psychol. Bull.* 2005;131(1):30–60, doi:10.1037/0033-2909.131.1.30.

12. Hudson, NW and Roberts, BW. Goals to change personality traits: Concurrent links between personality traits, daily behavior, and goals to change oneself. *J. Res. Pers.* 2014;53:68–83, doi:10.1016/j.jrp.2014.08.008.

13. Guttman, L. Review of *Quiet: The power of introverts in a world that can't stop talking. J. Am. Acad. Child Adolesc. Psychiatry* 2014;53(6):705–7, doi:10.1016/j.jaac.2014.04.007.

14. Srivastava, S, John, OP, Gosling, SD and Potter, J. Development of personality in early and middle adulthood: Set like plaster or persistent change? *J. Pers. Soc. Psychol.* 2003;84(5):1041–53, doi:10.1037/0022-3514.84.5.1041.

15. Roberts, BW, Walton, KE and Viechtbauer, W. Patterns of mean-level change in personality traits across the life course: A meta-analysis of longitudinal studies. *Psychol. Bull.* 2006;132(1):1–25, doi:10.1037/0033-2909.132.1.1.

16. Allemand, M, Zimprich, D and Hendriks, AAJ. Age differences in five personality domains across the life span. *Dev. Psychol.* 2008;44(3):758–70, doi:10.1037/0012-1649.44.3.758.

17. Roberts, BW and Del Vecchio, WF. The rank-order consistency of personality traits from childhood to old age: A quantitative review of longitudinal studies. *Psychol. Bull.* 2000;126(1):3–25, doi:10.1037/0033-2909.126.1.3.

18. Brickman, P, Coates, D and Janoff-Bulman, R. Lottery winners and accident victims: Is happiness relative? *J. Pers. Soc. Psychol.* 1978;36(8):917–27, doi:10.1037/0022-3514.36.8.917.

19. Diener, E, Suh, EM, Lucas, RE and Smith, HL. Subjective well-being: Three decades of progress. *Psychol. Bull.* 1999;125:276–302, doi:10.1037/0033-2909.125.2.276.

20. Kern, ML, Friedman, HS, Martin, LR, Reynolds, CA and Luong, G. Conscientiousness, career success, and longevity: A lifespan analysis. *Ann. Behav. Med.* 2009;37(2):154–63, doi:10.1007/s12160-009-9095-6.

21. Soldz, S and Vaillant, GE. The big five personality traits and the life course: A 45-year longitudinal study. *J. Res. Pers.* 1999;33(2):208–32, doi:10.1006/jrpe.1999.2243.

22. Caspi, A, Moffitt, TE, Newman, DL and Silva, PA. Behavioral observations at age 3 years predict adult psychiatric disorders: Longitudinal evidence from a birth cohort. *Arch. Gen. Psychiatry* 1996;53(11):1033–9, doi:10.1001/archpsyc.1996.01830110071009.

23. Friedman, HS, Kern, ML and Reynolds, CA. Personality and health, subjective well-being, and longevity. *J. Pers.* 2010;78(1):179–216, doi:10.1111/j.1467-6494.2009.00613.x.

24. DeNeve, KM and Cooper, H. The happy personality: A meta-analysis of 137 personality traits and subjective well-being. *Psychol. Bull.* 1998;124(2):197–229, doi:10.1037/0033-2909.124.2.197.

25. Weiss, A, Bates, TC and Luciano, M. Happiness is a personal(ity) thing: The genetics of personality and well-being in a representative sample: Research report. *Psychol. Sci.* 2008;19(3):205–10, doi:10.1111/j.1467-9280.2008.02068.x.

26. Diener, E and Oishi, S. Money and happiness: Income and subjective well-being across nations. In: *Culture and Subjective Well-Being*, eds. E Diener and EM Suh. Cambridge, MA: MIT Press, pp.185–218, doi:10.1.1.208.4409.

27. Ariely, D. *Predictably Irrational*. New York: HarperCollins (2008), p.294, doi:10.2501/S1470785309200992.

28. Hudson, NW and Fraley, RC. Volitional personality trait change: Can people choose to change their personality traits? *J. Pers. Soc. Psychol.* 2015;108(4):1–18, doi:10.1037/pspp0000021.

29. Dickens, WT and Flynn, JR. Heritability estimates versus large environmental effects: The IQ paradox resolved. *Psychol. Rev.* 2001;108(2):346–69, doi:10.1037/0033-295X.108.2.346.

30. Hall, DT, Otazo, KL and Hollenbeck, GP. Behind closed doors: What really happens in executive coaching. *Organ. Dyn.*

인간 요소

1999;27(3):39–53, doi:10.1016/S0090-2616(99)90020-7.

31. Sherman, SA. The Wild West of executive coaching. *Harv. Bus. Rev.* 2004;82(11):82–90.

32. Theeboom, T, Beersma, B and van Vianen, AEM. Does coaching work? A meta-analysis on the effects of coaching on individual level outcomes in an organizational context. *J. Posit. Psychol.* 2014;9(1):1–18, doi:10.1080/17439760.2013.837499.

33. Grant, AM. The impact of life coaching on goal attainment, metacognition and mental health. *Soc. Behav. Personal. Int. J.* 2003;31(3):253–63, doi:10.2224/sbp.2003.31.3.253.

34. Ely, K, Boyce, LA, Nelson, JK, Zaccaro, SJ, Hernez-Broome, G and Whyman, W. Evaluating leadership coaching: A review and integrated framework. *Leadersh. Q.* 2010;21(4):585–99, doi:10.1016/j.leaqua.2010.06.003.

35. Peterson, DB. Measuring change: A psychometric approach to evaluating individual coaching outcomes. Presented at the annual conference of the Society for Industrial and Organizational Psychology, April 1993, San Francsico, CA.

36. Theeboom, T, Beersma, B and van Vianen AEM. Does coaching work? A meta-analysis on the effects of coaching on individual level outcomes in an organizational context. *J. Posit. Psychol.* 2014;9(1):1–18, doi:10.1080/17439760.2013.837499.

37. Luthans, F and Peterson, SJ. 360-degree feedback with systematic coaching: Empirical analysis suggests a winning combination. *Hum. Resour. Manage.* 2003;42(3):243–56, doi:10.1002/hrm.10083.

38. Richardson, KM and Rothstein, HR. Effects of occupational stress management intervention programs: A meta-analysis. *J. Occup. Health Psychol.* 2008;13(1):69–93, doi:10.1037/1076-8998.13.1.69.

39. Kotsou, I, Nelis, D, Grégoire, J and Mikolajczak, M. Emotional plasticity: Conditions and effects of improving emotional competence in adulthood. *J. Appl. Psychol.* 2011;96(4):827–39, doi:10.1037/a0023047.

40. Andrews, G and Harvey, R. Does psychotherapy benefit neurotic patients? A reanalysis of Smith, Glass, and Miller data. *Arch. Gen. Psychiatry* 1981;38(11):1203–8.

41. Aguinis, H, Culpepper, SA and Pierce, CA, Differential prediction generalization in college admissions testing. *J. Edu. Psychol.*

2016;108(7):1045–59.

42. Butler, A, Chapman, J, Forman, E and Beck, A. The empirical status of cognitive-behavioral therapy: A review of meta-analyses. *Clin. Psychol. Rev.* 2006;26(1):17–31, doi:10.1016/j.cpr.2005.07.003.

43. Bond, FW, Hayes, SC, Baer, RA et al. Preliminary psychometric properties of the Acceptance and Action Questionnaire-II: A revised measure of psychological inflexibility and experiential avoidance. *Behav. Ther.* 2011;42(4):676–88, doi:10.1016/j. beth.2011.03.007.

44. Baumeister, RF, Campbell, JD, Krueger, JI and Vohs, KD. Does high self-esteem cause better performance, interpersonal success, happiness, or healthier lifestyles? *Psychol. Sci. Public Interes.* 2003;4(1):1–44, doi:10.1111/1529-1006.01431.

45. De Haan, E, Culpin, V and Curd, J. Executive coaching in practice: What determines helpfulness for clients of coaching? *Pers. Rev.* 2011;40(1):24–44, doi:10.1108/00483481111095500.

46. Gaddis, BH and Foster, JL. Meta-analysis of dark side personality characteristics and critical work behaviors among leaders across the globe: Findings and implications for leadership development and executive coaching. *Appl. Psychol.* 2013;64(1):25–54, doi:10.1111/apps.12017.

47. Elliott, R, Bohart, AC, Watson, JC and Greenberg, LS. Empathy. *Psychotherapy (Chic.)* 2011;48(1):43–9, doi:10.1037/a0022187.

48. Anseel, F, Beatty, AS, Shen, W, Lievens, F and Sackett, PR. How are we doing after 30 years? A meta-analytic review of the antecedents and outcomes of feedback-seeking behavior. *J. Manag.* 2015;41:318–48, doi:10.1177/0149206313484521.

49. Theeboom, T, Beersma, B and van Vianen, AEM. Does coaching work? A meta-analysis on the effects of coaching on individual level outcomes in an organizational context. *J. Posit. Psychol.* 2014;9(1):1–18, doi:10.1080/17439760.2013.837499.

50. http://www.ibisworld.com/industry/default.aspx?indid=1533.

51. Joo, B-K. Executive coaching: A conceptual framework from an integrative review of practice and research. *Hum. Resour. Dev. Rev.* 2005;4(4):462–88, doi:10.1177/1534484305280866.

52. McCauley, CD and Hezlett, SA. Individual development in the workplace. In: *APA Handbook of Industrial, Work and Organizational Psychology, Vol. 1: Personnel Psychology.* Washington, DC: APA (2001), pp.313–35.

53. Bozer, G, Sarros, C and Santora, J. Academic background and credibility in executive coaching effectiveness. *Pers. Rev.* 2014;43(6):881–97, doi:10.1108/PR-10-2013-0171.

54. Witherspoon, R. Double-loop coaching for leadership development. *J. Appl. Behav. Sci.* 2014;50(3):261–83, doi:10.1177/0021886313510032.

55. Bozer, G, Sarros, C and Santora, J. Academic background and credibility in executive coaching effectiveness. *Pers. Rev.* 2014;43(6):881–97, doi:10.1108/PR-10-2013-0171.

56. Joo, B-K. Executive coaching: A conceptual framework from an integrative review of practice and research. *Hum. Resour. Dev. Rev.* 2005;4(4):462–88, doi:10.1177/1534484305280866.

57. Ibid.

58. Collins, DB and Ui, EFH. The effectiveness of managerial leadership development programs: A meta-anaysis of studies from 1982 to 2001. *Hum. Resour. Dev. Q.* 2004;15(2):217–48, doi:10.1002/hrdq.1099.

59. Arthur Jr, W, Bennett Jr, W, Edens, PS and Bell, ST. Effectiveness of training in organizations: A meta-analysis of design and evaluation features. *J. Appl. Psychol.* 2003;88(2):234–45, doi:10.1037/0021-9010.88.2.234.

60. Day, DV, Fleenor, JW, Atwater, LE, Sturm, RE and McKee, RA. Advances in leader and leadership development: A review of 25 years of research and theory. *Leadersh. Q.* 2014;25(1):63–82, doi:10.1016/j.leaqua.2013.11.004.

61. de Kets, MFR. Leadership group coaching in action: The Zen of creating high performance teams. *Acad. Manag. Perspect.* 2005;19(1):61–76, doi:10.5465/AME.2005.15841953.

62. Kluger, AN and DeNisi, A. The effects of feedback interventions on performance: A historical review, a meta-analysis, and a preliminary feedback intervention theory. *Psychol. Bull.* 1996;119(2):254–84, doi:10.1037/0033-2909.119.2.254.

63. Wood, AM, Linley, PA, Maltby, J, Kashdan, TB and Hurling, R. Using personal and psychological strengths leads to increases in well-being over time: A longitudinal study and the development of the strengths use questionnaire. *Pers. Individ. Dif.* 2011;50(1):15–19, doi:10.1016/j.paid.2010.08.004.

64. Felin, T and Hesterly, WS. The knowledge-based view, nested heterogeneity, and new value creation: Philosophical considerations on

the locus of knowledge. *Acad. Manag. Rev.* 2007;32(1):195–218, doi:10.5465/AMR.2007.23464020.

65. Grant, AM and Schwartz, B. Too much of a good thing: The challenge and opportunity of the inverted U. *Perspect. Psychol. Sci.* 2011;6(1):61–76, doi:10.1177/1745691610393523.

66. Pfeffer, J. *Leadership BS: Fixing Workplaces and Careers One Truth at a Time.* New York: Harper Business (2015).

67. Andersen, SM and Chen, S. The relational self: An interpersonal social-cognitive theory. *Psychol. Rev.* 2002;109(4):619–45, doi:10.1037/0033-295X.109.4.619.

68. Atwater, LE and Yammarino, FJ. Does self–other agreement on leadership perceptions moderate the validity of leadership and performance predictions? *Pers. Psychol.* 1992;45(1):141–64, doi:10.1111/j.1744-6570.1992.tb00848.x.

69. Freund, PA and Kasten, N. How smart do you think you are? A meta-analysis on the validity of self-estimates of cognitive ability. *Psychol. Bull.* 2012;138(2):296–321, doi:10.1037/a0026556.

70. Heidemeier, H and Moser, K. Self–other agreement in job performance ratings: A meta-analytic test of a process model. *J. Appl. Psychol.* 2009;94(2):353–70, doi:10.1037/0021-9010.94.2.353.

71. Harms, PD and Crede, M. Emotional intelligence and transformational and transactional leadership: A meta-analysis. *J. Leadersh. Organ. Stud.* 2010;17(1):5–17, doi:10.1177/1548051809350894.

72. Kampa-Kokesch, S and Anderson, MZ. Executive coaching: A comprehensive review of the literature. *Consult. Psychol. J. Pract. Res.* 2001;53(4):205–28, doi:10.1037//1061-4087.53.4.205.

73. Seifert, CF and Yukl, GA. Effects of repeated multi-source feedback on the influence behavior and effectiveness of managers: A field experiment. *Leadersh. Q.* 2010;21(5):856–66, doi:10.1016/j.leaqua.2010.07.012.

74. Kluger, AN and DeNisi, A. The effects of feedback interventions on performance: A historical review, a meta-analysis, and a preliminary feedback intervention theory. *Psychol. Bull.* 1996;119(2):254–84, doi:10.1037/0033-2909.119.2.254.

75. Anseel, F, Beatty, AS, Shen, W, Lievens, F and Sackett, PR. How are we doing after 30 years? A meta-analytic review of the antecedents and outcomes of feedback-seeking behavior. *J. Manag.* 2015;41:318–48. doi:10.1177/0149206313484521.

76. Smither, JW, London, M, Flautt, R, Vargas, Y and Kucine, I. Can

의자 여미

working with an executive coach improve multisource feedback ratings over time? A quasi-experimental field study. *Pers. Psychol.* 2003;56:23–44, doi:10.1111/j.1744-6570.2003.tb00142.x.

77. Day, DV, Fleenor, JW, Atwater, LE, Sturm, RE and McKee RA. Advances in leader and leadership development: A review of 25 years of research and theory. *Leadersh. Q.* 2014;25(1):63–82, doi:10.1016/j.leaqua.2013.11.004.

78. Warech, MA, Smither, JW, Reilly, RR, Millsap, RE and Reilly, SP. Self-monitoring and 360-degree ratings. *Leadersh. Q.* 1998;9(4):449–73, doi:10.1016/S1048-9843(98)90011-X.

79. Luthans, F and Peterson, SJ. 360-degree feedback with systematic coaching: Empirical analysis suggests a winning combination. *Hum. Resour. Manage.* 2003;42(3):243–56, doi:10.1002/hrm.10083.

80. Witherspoon, R and White, RP. Executive coaching: A continuum of roles. *Consult. Psychol. J. Pract. Res.* 1996;48(2):124–33, doi:10.1037//1061-4087.48.2.124.

81. Polivy, J and Herman, CP. The false-hope syndrome: Unfulfilled expectations of self-change. *Curr. Dir. Psychol. Sci.* 2000;9(4):128–31, doi:10.1111/1467-8721.00076.

82. Oh, I-S, Wang, G and Mount, MK. Validity of observer ratings of the five-factor model of personality traits: A meta-analysis. *J. Appl. Psychol.* 2011;96(4):762–73, doi:10.1037/a0021832.

83. Connelly, BS and Ones, DS. Another perspective on personality: Meta-analytic integration of observers' accuracy and predictive validity. *Psychol. Bull.* 2010;136(6):1092–122, doi:10.1037/a0021212.

6장

1. Wille, B and de Fruyt, F. Fifty shades of personality: Integrating five-factor model bright and dark sides of personality at work. *Ind. Organ. Psychol.* 2014;7(1):121–6, doi:10.1111/iops.12119.

2. Mazar, N and Ariely, D. Dishonesty in everyday life and its policy implications. *J. Pub. Pol. Market.* 2006:25(1):117–26, doi:10.1509/jppm.25.1.117.

3. http://www.nytimes.com/2014/01/22/business/economy/the-cost-of-the-financial-crisis-is-still-being-tallied.html.

4. Dalal, DK and Nolan, KP. Using dark side personality traits to

참조

identify potential failure. *Ind. Organ. Psychol.* 2009;2(2009):434–6, doi:10.1111/j.1754-9434.2009.01169.x.

5. O'Boyle, EH, Forsyth, DR, Banks, GC and McDaniel, MA. A meta-analysis of the dark triad and work behavior: A social exchange perspective. *J. Appl. Psychol.* 2012;97(3):557–79, doi:10.1037/a0025679.

6. Spector, PE and Fox, S. The stressor-emotion model of counterproductive work behavior. In *Counterproductive Work Behavior. Investigations of Actors and Targets.* Washingon, DC: APA (2005), pp.151–74, doi:10.1037/10893-007.

7. Ng, TWH and Feldman, DC. How broadly does education contribute to job performance? *Pers. Psychol.* 2009;62:89–134, doi:10.1111/j.1744-6570.2008.01130.x.

8. Campbell, JP and Wiernik, BM. The modeling and assessment of work performance. *Annu. Rev. Organ. Pyschol. Organ. Behav.* 2015;2:47–74, doi:10.1146/annurev-orgpsych-032414-111427.

9. Spector, PE. The relationship of personality to counterproductive work behavior (CWB): An integration of perspectives. *Hum. Resour. Manag. Rev.* 2010;21(4):342–52, doi:10.1016/j.hrmr.2010.10.002.

10. Sackett, PR and DeVore, CJ. Counterproductive behaviors at work. In: *APA Handbook of Industrial, Work and Organizational Psychology, Vol. 1: Personnel Psychology.* Washington, DC: APA (2001), pp.145–64, doi:10.4135/9781848608320.n9.

11. Hogan, R and Hogan, J. Assessing leadership : A view from the dark side. *Int. J. Sel. Assess.* 2001;9(1/2):40–51, doi:10.1111/1468-2389.00162.

12. O'Boyle, EH, Forsyth, DR, Banks, GC and McDaniel, MA. A meta-analysis of the dark triad and work behavior: A social exchange perspective. *J. Appl. Psychol.* 2012;97(3):557–79, doi:10.1037/a0025679.

13. Panek, ET, Nardis, Y and Konrath, S. Mirror or megaphone? How relationships between narcissism and social networking site use differ on Facebook and Twitter. *Comput. Human Behav.* 2013;29(5):2004–12, doi:http://dx.doi.org/10.1016/j.chb.2013.04.012.

14. Yarkoni, T. Personality in 100,000 words: A large-scale analysis of personality and word use among bloggers. *J. Res. Pers.* 2010;44(3):363–73, doi:10.1016/j.jrp.2010.04.001.

인간 욕심

15. Paulhus, D and Williams, K. The dark triad of personality: Narcissism, Machiavellianism, and psychopathy. *J. Res. Pers.* 2002;36:556–63, doi: 10.1016/S0092-6566(02)00505-6

16. Jonason, PK and Kavanagh, P. The dark side of love: Love styles and the Dark Triad. *Pers. Individ. Dif.* 2010;49(6):606–10, doi:10.1016/j.paid.2010.05.030.

17. Isaacson, W. *Steve Jobs.* New York: Simon & Schuster (2011), p.112.

18. http://www.economist.com/news/briefing/21689539-primary-contest-about-get-serious-it-has-rarely-been-so-ugly-uncertain-or.

19. Jonason, PK and Kavanagh, P. The dark side of love: Love styles and the dark triad. *Pers. Individ. Dif.* 2010;49(6):606–10, doi:10.1016/j.paid.2010.05.030.

20. Grijalva, E and Harms, P. Narcissism: An integrative synthesis and dominance complementarity model. *Acad. Manag. Perspect.* 2013;28(2):1–56, doi:10.5465/amp.2012.0048.

21. O'Boyle, EH, Forsyth, DR, Banks, GC and McDaniel, MA. A meta-analysis of the dark triad and work behavior: A social exchange perspective. *J. Appl. Psychol.* 2012;97(3):557–79, doi:10.1037/a0025679.

22. Bruk-Lee, V, Khoury, HA, Nixon, AE, Goh, A and Spector, PE. Replicating and extending past personality/job satisfaction meta-analyses. *Hum. Perform.* 2009;22(2):156–89, doi:10.1080/08959280902743709.

23. Judge, TA, LePine, JA and Rich, BL. Loving yourself abundantly: Relationship of the narcissistic personality to self- and other perceptions of workplace deviance, leadership, and task and contextual performance. *J. Appl. Psychol.* 2006;91(4):762–76, doi:10.1037/0021-9010.91.4.762.

24. Grijalva, E and Harms, P. Narcissism: An integrative synthesis and dominance complementarity model. *Acad. Manag. Perspect.* 2013;28(2):1–56, doi:10.5465/amp.2012.0048.

25. Brunell, AB, Gentry, WA, Campbell, WK, Hoffman, BJ, Kuhnert, KW and Demarree, KG. Leader emergence: The case of the narcissistic leader. *Pers. Soc. Psychol. Bull.* 2008;34(12):1663–76, doi:10.1177/0146167208324101.

26. Chatterjee, A and Hambrick, DC. Executive officers and their effects on company strategy and performance. *Adm. Sci. Q.* 2007;52:351–86.

27. Campbell, WK, Hoffman, BJ, Campbell, SM and Marchisio, G. Narcissism in organizational contexts. *Hum. Resour. Manag. Rev.* 2010;21(4):268–84, doi:10.1016/j.hrmr.2010.10.007.

28. O'Boyle, EH, Forsyth, DR, Banks, GC and McDaniel MA. A meta-analysis of the dark triad and work behavior: A social exchange perspective. *J. Appl. Psychol.* 2012;97(3):557–79, doi:10.1037/a0025679.

29. Grijalva, E and Harms, P. Narcissism: An integrative synthesis and dominance complementarity model. *Acad. Manag. Perspect.* 2013;28(2):1–56, doi:10.5465/amp.2012.0048.

30. Paulhus, D. Interpersonal and intrapsychic adaptiveness of trait self-enhancement: A mixed blessing? *J. Pers. Soc. Psychol.* 1998;74(5):1197–208, doi:10.1037/0022-3514.74.5.1197.

31. Bushman, BJ and Baumeister, RF. Threatened egotism, narcissism, self-esteem, and direct and displaced aggression: Does self-love or self-hate lead to violence? *J. Pers. Soc. Psychol.* 1998;75(1):219–29, doi:10.1037/0022-3514.75.1.219.

32. Grijalva, E and Harms, P. Narcissism: An integrative synthesis and dominance complementarity model. *Acad. Manag. Perspect.* 2013;28(2):1–56, doi:10.5465/amp.2012.0048.

33. https://www.washingtonpost.com/news/morning-mix/wp/2015/12/02/mark-zuckerberg-bill-gates-warren-buffett-and-triumph-of-competitive-philanthropy/

34. O'Boyle, EH, Forsyth, DR, Banks, GC and McDaniel, MA. A meta-analysis of the dark triad and work behavior: A social exchange perspective. *J. Appl. Psychol.* 2012;97(3):557–79, doi:10.1037/a0025679.

35. Smith, SF and Lilienfeld, SO. Psychopathy in the workplace: The knowns and unknowns. *Aggress. Violent Behav.* 2013;18(2):204–18, doi:10.1016/j.avb.2012.11.007.

36. Babiak, P, Neumann, CS and Hare, RD. Corporate psychology: Talking the walk. *Behav. Sci. Law* 2010;28:174–93, doi:10.1002/bsl.925.

37. Smith, SF and Lilienfeld, SO. Psychopathy in the workplace: The knowns and unknowns. *Aggress. Violent Behav.* 2013;18(2):204–18, doi:10.1016/j.avb.2012.11.007.

38. Mathieu, C, Hare, RD, Jones, DN, Babiak, P and Neumann, CS. Factor structure of the B-Scan 360: A measure of corporate

psychopathy. *Psychol. Assess.* 2012;25(1):288–93, doi:10.1037/a0029262.

39. Caponecchia, C, Sun, AYZ and Wyatt, A. 'Psychopaths' at work? Implications of lay persons' use of labels and behavioural criteria for psychopathy. *J. Bus. Ethics* 2012;107(4):399–408, doi:10.1007/s10551-011-1049-9.

40. Scherer, KT, Baysinger, M, Zolynsky, D and LeBreton, JM. Predicting counterproductive work behaviors with sub-clinical psychopathy: Beyond the five factor model of personality. *Pers. Individ. Dif.* 2013;55(3):300–305, doi:10.1016/j.paid.2013.03.007.

41. Babiak, P, Neumann, CS and Hare, RD. Corporate psychopathy: Talking the walk. *Behav. Sci. Law* 2010;28(2):174–93, doi:10.1002/bsl.925.

42. Akhtar, R, Ahmetoglu, G and Chamorro-Premuzic, T. Greed is good? Assessing the relationship between entrepreneurship and subclinical psychopathy. *Pers. Individ. Dif.* 2013;54(3):420–25, doi:10.1016/j.paid.2012.10.013.

43. Ali, F, Amorim, IS and Chamorro-Premuzic, T. Empathy deficits and trait emotional intelligence in psychopathy and Machiavellianism. *Pers. Individ. Dif.* 2009;47(7):758–62, doi:10.1016/j.paid.2009.06.016.

44. Osumi, T and Ohira, H. The positive side of psychopathy: Emotional detachment in psychopathy and rational decision-making in the ultimatum game. *Pers. Individ. Dif.* 2010;49(5):451–6, doi:10.1016/j.paid.2010.04.016.

45. Chiaburu DS, Muñoz, GJ and Gardner, RG. How to spot a careerist early on: Psychopathy and exchange ideology as predictors of careerism. *J. Bus. Ethics* 2013;118(3):473–86, doi:10.1007/s10551-012-1599-5.

46. Mathieu, C, Neumann, C, Babiak, P and Hare, RD. Corporate psychopathy and the full-range leadership model. *Assessment* 2015;22(3):267–78, doi:10.1177/1073191114545490.

47. Mathieu, C, Neumann, CS, Hare, RD and Babiak, P. A dark side of leadership: Corporate psychopathy and its influence on employee well-being and job satisfaction. *Pers. Individ. Dif.* 2014;59:83–8, doi:10.1016/j.paid.2013.11.010.

48. Viding, E, McCrory, E and Seara-Cardoso, A. Psychopathy. *Curr. Biol.* 2014;24(18):R871–4, doi:10.1016/j.cub.2014.06.055.

49. Machiavelli, N. *The Prince*. Oxford: Oxford UP (2005; orig. pub. 1532).

50. Ali, F, Amorim, IS and Chamorro-Premuzic, T. Empathy deficits and trait emotional intelligence in psychopathy and Machiavellianism. *Pers. Individ. Dif.* 2009;47(7):758–62, doi:10.1016/j.paid.2009.06.016.

51. Witt, LA and Ferris, GR. Social skill as moderator of the conscientiousness-performance relationship: Convergent results across four studies. *J. Appl. Psychol.* 2003;88(5):809–21, doi:10.1037/0021-9010.88.5.809.

52. O'Boyle, EH, Forsyth, DR, Banks, GC and McDaniel, MA. A meta-analysis of the dark triad and work behavior: A social exchange perspective. *J. Appl. Psychol.* 2012;97(3):557–79, doi:10.1037/a0025679.

53. Kish-Gephart, JJ, Harrison, DA and Treviño, LK. Bad apples, bad cases, and bad barrels: Meta-analytic evidence about sources of unethical decisions at work. *J. Appl. Psychol.* 2010;95(1):1–31, doi:10.1037/a0017103.

54. Furnham, A, Trickey, G and Hyde, G. Bright aspects to dark side traits: Dark side traits associated with work success. *Pers. Individ. Dif.* 2012;52(8):908–13, doi:10.1016/j.paid.2012.01.025.

55. Khoo, HS and Burch, GSJ. The 'dark side' of leadership personality and transformational leadership: An exploratory study. *Pers. Individ. Dif.* 2008;44(1):86–97, doi:10.1016/j.paid.2007.07.018.

56. Horney, K. Neurosis and human growth. *Am. Scholar* 1950;19(4):409–21.

57. Nelson, E and Hogan, R. Coaching on the dark side. *Int. Coach. Psychol. Rev.* 2009;4(1):7–19.

58. Harms, PD, Spain, SM and Hannah, ST. Leader development and the dark side of personality. *Leadersh. Q.* 2011;22(3):495–509, doi:10.1016/j.leaqua.2011.04.007.

59. Robins, RW and John, OP. Effects of visual perspective and narcissism on self-perception: Is seeing believing? *Psychol. Sci.* 1997;8(1):37–42, doi:10.1111/j.1467-9280.1997.tb00541.x.

60. Chatterjee, A and Hambrick, DC. Executive officers and their effects on company strategy and performance. *Adm. Sci. Q.* 2007;52:351–86.

61. Padilla, A, Hogan, R and Kaiser, RB. The toxic triangle: Destructive leaders, susceptible followers, and conducive

어둠의 속성

environments. *Leadersh. Q.* 2007;18(3):176–94, doi:10.1016/j. leaqua. 2007.03.001.

62. Blair, CA, Hoffman, BJ and Helland, KR. Narcissism in organizations: A multisource appraisal reflects different perspectives. *Hum. Perform.* 2008;21(3):254–76, doi:10.1080/08959280802137705.

63. Judge, TA, LePine, JA and Rich, BL. Loving yourself abundantly: Relationship of the narcissistic personality to self- and other perceptions of workplace deviance, leadership, and task and contextual performance. *J. Appl. Psychol.* 2006;91(4):762–76, doi:10.1037/0021-9010.91.4.762.

64. Baumeister, RF, Campbell, JD, Krueger, JI and Vohs, KD. Does high self-esteem cause better performance, interpersonal success, happiness, or healthier lifestyles? *Psychol. Sci. Public Interes.* 2003;4(1):1–44, doi:10.1111/1529-1006.01431.

65. Hayward, M and Hambrick, D. Explaining the premiums paid for large acquisitions: Evidence of CEO hubris. *Adm. Sci. Q.* 1997;42(1):103–27, doi:10.2307/2393810.

66. Almlund, M, Duckworth, AL, Heckman, J and Kautz, T. *Personality Psychology and Economics.* 2011. NBER Working Paper No. 16822, doi:10.1016/B978-0-444-53444-6.00001-8.

67. Judge, TA, Bono, JE, Ilies, R and Gerhardt, MW. Personality and leadership: A qualitative and quantitative review. *J. Appl. Psychol.* 2002;87(4):765–80, doi:10.1037//0021-9010.87.4.765.

68. Hogan, R, Curphy, GJ and Hogan, J. What we know about leadership: Effectiveness and personality. *Am. Psychol.* 1994;49(6):493–504, doi:10.1037/0003-066X.49.6.493.

69. Van Velsor, E and Leslie, JB. Why executives derail: Perspectives across time and cultures. *Acad. Manag. Perspect.* 1995;9(4):62–72, doi:10.5465/AME.1995.9512032194.

70. Khoo, HS and Burch, GSJ. The 'dark side' of leadership personality and transformational leadership: An exploratory study. *Pers. Individ. Dif.* 2008;44(1):86–97, doi:10.1016/j.paid.2007.07.018.

71. Judge, TA, Piccolo, RF and Kosalka, T. The bright and dark sides of leader traits: A review and theoretical extension of the leader trait paradigm. *Leadersh. Q.* 2009;20(6):855–75, doi:10.1016/j. leaqua.2009.09.004.

72. Furnham, A, Trickey, G and Hyde, G. Bright aspects to dark side traits: Dark side traits associated with work success. *Pers. Individ. Dif.* 2012;52(8):908–13, doi:10.1016/j.paid.2012.01.025.

73. Raskin, R, Novacek, J and Hogan, R. Narcissism, self-esteem, and defensive self-enhancement. *J. Pers.* 1991;59:19–38, doi:10.1111/j.1467-6494.1991.tb00766.x.

74. Paulhus, DL, Westlake, BG, Calvez, SS and Harms, PD. Self-presentation style in job interviews: The role of personality and culture. *J. Appl. Soc. Psychol.* 2013;43(10):2042–59, doi:10.1111/jasp.12157.

75. Goncalo, JA, Flynn, FJ and Kim, SH. Are two narcissists better than one? The link between narcissism, perceived creativity, and creative performance. *Pers. Soc. Psychol. Bull.* 2010;36(11):1484–95, doi:10.1177/0146167210385109.

76. Grijalva, E and Harms, P. Narcissism: An integrative synthesis and dominance complementarity model. *Acad. Manag. Perspect.* 2013;28(2):1–56, doi:10.5465/amp.2012.0048.

77. Hurley, S. Social heuristics that make us smarter. *Philos. Psychol.* 2005;18(5):585–612, doi:10.1080/09515080500264214.

78. Gunnthorsdottir, A, McCabe, K and Smith, V. Using the Machiavellianism instrument to predict trustworthiness in a bargaining game. *J. Econ. Psychol.* 2002;23(1):49–66, doi:10.1016/S0167-4870(01)00067-8.

79. Binning, JF, LeBreton, JM and Adorno, AJ. Subclinical psychopaths. In: *Comprehensive Handbook of Personality and Psychopathology, Vol. 1: Personality and Everyday Functioning*, eds. JC Thomas and DL Segal. San Francisco, CA: Wiley & Sons (2006), pp.345–63.

80. O'Boyle, EH, Forsyth, DR, Banks, GC and McDaniel, MA. A meta-analysis of the dark triad and work behavior: A social exchange perspective. *J. Appl. Psychol.* 2012;97(3):557–79, doi:10.1037/a0025679.

81. De Fruyt, F, Wille, B and Furnham, A. Assessing aberrant personality in managerial coaching: Measurement issues and prevalence rates across employment sectors. *Eur. J. Pers.* 2013;27(6):555–64, doi:10.1002/per.1911.

82. Judge, TA, Piccolo, RF and Kosalka, T. The bright and dark sides of leader traits: A review and theoretical extension of the leader trait paradigm. *Leadersh. Q.* 2009;20(6):855–75, doi:10.1016/j.leaqua.2009.09.004.

7장

1. Kurzweil, R. *The Singularity Is Near: When Humans Transcend Biology.* New York: Viking Penguin (2005), doi:10.1016/j.techfore.2005.12.002.

2. https://www.psychologytoday.com/blog/the-narcissism-epidemic/201308/how-dare-you-say-narcissism-is-increasing.

3. Waugaman, RM. *The Narcissism Epidemic*, by JW Twenge and WK Campbell (review). *Psychiatry Interpers. Biol. Process.* 2011;74(2):166–9, doi:10.1521/psyc.2011.74.2.166.

4. Reynolds, EK and Lejuez, CW. Narcissism in the DSM. In: *The Handbook of Narcissism and Narcissistic Personality Disorder: Theoretical Approaches, Empirical Findings, and Treatments,* eds. WK Campbell and JD Miller. Hoboken, NJ. John Wiley & Sons (2011), pp.14–21, doi:10.1002/9781118093108.ch2.

5. Foster, JD, Campbell, WK and Twenge JM. Individual differences in narcissism: Inflated self-views across the lifespan and around the world. *J. Res. Pers.* 2003;37(6):469–86, doi:10.1016/S0092-6566(03)00026-6.

6. Stewart, KD and Bernhardt, PC. Comparing millennials to pre-1987 students and with one another. *N. Am. J. Psychol.* 2010;12(3):579–602.

7. Twenge, JM and Foster, JD. Birth cohort increases in narcissistic personality traits among American college students, 1982–2009. *Soc. Psychol. Personal. Sci.* 2010;1(1):99–106, doi:10.1177/1948550609355719.

8. Freud, S. Group psychology and the analysis of the ego. *Psychoanal. Q.* 1921;47(1):1–23, doi:10.1097/00005053-192410000-00117.

9. Church, AH, Rotolo, CT, Margulies, A et al. The role of personality in organization development: A multi-level framework for applying personality to individual, team, and organizational change. *Res. Org. Change Develop.* 2015;23:91–166, doi:10.1108/S0897-301620150000023003.

10. Kluger, AN and DeNisi, A. The effects of feedback interventions on performance: A historical review, a meta-analysis, and a preliminary feedback intervention theory. *Psychol. Bull.* 1996;119(2):254–84, doi:10.1037/0033-2909.119.2.254.

11. Grijalva, E and Zhang, L. Narcissism and self-insight: A review and meta-analysis of narcissists' self-enhancement

tendencies. *Personal. Soc. Psychol. Bull.* 2016;42(1):3–24, doi:10.1177/0146167215611636.

12. Atwater, LE and Yammarino, FJ. Does self–other agreement on leadership perceptions moderate the validity of leadership and performance predictions? *Pers. Psychol.* 1992;45(1):141–64, doi:10.1111/j.1744-6570.1992.tb00848.x.

13. Van Velsor, E, Taylor, S and Leslie, JB. An examination of the relationships among self-perception accuracy, self-awareness, gender, and leader effectiveness. *Hum. Resour. Manage.* 1993;32(1992):249–63, doi:10.1002/hrm.3930320205.

14. Harms, PD, Spain, SM and Hannah, ST. Leader development and the dark side of personality. *Leadersh. Q.* 2011;22(3):495–509, doi:10.1016/j.leaqua.2011.04.007.

15. Heidemeier, H and Moser, K. Self–other agreement in job performance ratings: A meta-analytic test of a process model. *J. Appl. Psychol.* 2009;94(2):353–70, doi:10.1037/0021-9010.94.2.353.

16. http://qz.com/670841/the-no-1-thing-ceos-want-from-executive-coaching-self-awareness/.

17. Mussel, P. Epistemic curiosity and related constructs: Lacking evidence of discriminant validity. *Pers. Individ. Dif.* 2010;49(5):506–10.

18. Kashdan, TB, Gallagher, MW, Silvia, PJ et al. The curiosity and exploration inventory-II: Development, factor structure, and psychometrics. *J. Res. Pers.* 2009;43(6):987–98.

19. http://fortune.com/2016/03/03/best-companies-to-work-for-job-openings/

20. Jepma, M, Verdonschot, RG, van Steenbergen, H, Rombouts, SARB and Nieuwenhuis, S. Neural mechanisms underlying the induction and relief of perceptual curiosity. *Front. Behav. Neurosci.* 2012:6.

21. Bacon, ES. Curiosity in the American black bear. *Ursus.* 1980;4:153–7.

22. Berlyne, DE. A theory of human curiosity. *Br. J. Psychol.* 1954;45(3):180–91.

23. Collins, RP, Litman, JA and Spielberger, CD. The measurement of perceptual curiosity. *Pers. Individ. Dif.* 2004;36(5):1127–41.

24. Kang, MJ, Hsu, M, Krajbich, IM et al. The wick in the candle of learning: Epistemic curiosity activates reward circuitry and enhances memory. *Psychol. Sci.* 2009;20(8):963–73.

25. Engel, S. Is curiosity vanishing? *J. Am. Acad. Child Adolesc. Psychiatry* 2009;48(8):777–9.

26. von Stumm, S, Hell, B and Chamorro-Premuzic, T. The hungry mind: Intellectual curiosity is the third pillar of academic performance. *Perspect. Psychol. Sci.* 2011;6(6):574–88.

27. Harrison, SH, Sluss, DM and Ashforth BE. Curiosity adapted the cat: The role of trait curiosity in newcomer adaptation. *J. Appl. Psychol.* 2011;96(1):211–20.

28. Mussel, P. Introducing the construct curiosity for predicting job performance. *J. Organ. Behav.* 2013;34(4):453–72.

29. Gallagher, MW and Lopez, SJ. Curiosity and well-being. *J. Posit. Psychol.* 2007;2(4):236–48.

30. Perlovsky, LI, Bonniot-Cabanac, MC and Cabanac, M. Curiosity and pleasure. Presented at the International Joint Conference on Neural Networks, July 2010, Barcelona, doi:10.1109/IJCNN.2010.5596867.

31. Berlyne, DE. Curiosity and exploration. *Science* 1966;153(731):25–33.

32. Shane, SA. *The Illusions of Entrepreneurship.* New Haven, CT: Yale UP (2008).

33. Parker, SC. Intrapreneurship or entrepreneurship? *J. Bus. Ventur.* 2011;26(1):19–34, doi:10.1016/j.jbusvent.2009.07.003.

34. Schmidt, GM and Druehl, CT. When is a disruptive innovation disruptive? *J. Prod. Innov. Manag.* 2008;25(4):347–69, doi:10.1111 /j.1540-5885.2008.00306.x.

35. Leunter, F, Ahmetoglu, G and Chamorro-Premuzic, T. Assessing individual differences in entrepreneurial potential and success. *Pers. Individ. Dif.* 2014;60(2014):S26–S27, doi:10.1016/j.paid.2013.07.035.

36. Simonton, DK. *Creativity in Science: Chance, Logic, Genius, and Zeitgeist.* Cambridge: Cambridge UP (2004).

37. Chamorro-Premuzic, T. *Personality and Individual Differences*, 3rd Edition. Chichester: John Wiley & Sons (2014).

38. Talke, K and Heidenreich, S. How to overcome pro-change bias: Incorporating passive and active innovation resistance in innovation decision models. *J. Prod. Innov. Manag.* 2014;31(5):894–907, doi:10.1111/jpim.12130.

39. Cukier, K, and Mayer-Schönberger V. *Big Data: A Revolution That Will Transform How We Live, Work, and Think.* London:

John Murray (2013).

40. http://www.economist.com/blogs/graphicdetail/2014/06/daily-chart-1.

41. Youyou, W, Kosinski, M and Stillwell, D. Computer-based personality judgments are more accurate than those made by humans. *Proc. Natl. Acad. Sci. USA* 2015;112(4):1036–40, doi:10.1073/pnas.1418680112.

42. Yarkoni, T. Personality in 100,000 words: A large-scale analysis of personality and word use among bloggers. *J. Res. Pers.* 2010;44(3):363–73, doi:10.1016/j.jrp.2010.04.001.

43. http://www.ibm.com/smarterplanet/us/en/ibmwatson/developer-cloud/personality-insights.html

44. Davenport, TH, Harris, J and Shapiro, J. Competing on talent analytics. *Harv. Bus. Rev.* 2010;88:52–8.

45. Campbell, JP and Wiernik, BM. The modeling and assessment of work performance. *Annu. Rev. Organ. Pyschol. Organ. Behav.* 2015;2:47–74, doi:10.1146/annurev-orgpsych-032414-111427.

46. Levashina, J, Hartwell, CJ, Morgeson, FP and Campion, MA. The structured employment interview: Narrative and quantitative review of the research literature. *Pers. Psychol.* 2014;67(1):241–93, doi:10.1111/peps.12052.

47. http://www.nytimes.com/2013/05/21/science/mit-scholars-1949-essay-on-machine-age-is-found.html.

48. https://hbr.org/2015/04/should-your-voice-determine-whether-you-get-hired.

49. Werbach, K. (Re)defining gamification: A process approach. *Proceedings of the 9th International Conference on Persuasive Technology* 2014;8462:266–72, doi:10.1007/978-3-319-07127-5_23.

50. http://www.marketsandmarkets.com.PressReleases/gamification.asp

51. http://insanelydriven.archive.lessrain.co.uk/

8장

1. Cappelli, P and Keller, J. Talent management: Conceptual approaches and practical challenges. *Annu. Rev. Organ. Psychol. Organ. Behav.* 2014;1(1):305–31, doi:10.1146/annurev-orgpsych-031413-091314.

2. Gallardo-Gallardo, E, Dries, N and González-Cruz, TF. What is the meaning of 'talent' in the world of work? *Hum. Resour. Manag. Rev.* 2013;23(4):290–300, doi:10.1016/j.hrmr.2013.05.002.

3. Silzer, ROB and Church, AH. The pearls and perils of identifying potential. *Ind. Organ. Psychol.* 2009;2:377–412, doi:10.1111/j.1754-9434.2009.01163.x.

4. Meyers, MC, van Woerkom, M and Dries, N. Talent: Innate or acquired? Theoretical considerations and their implications for talent management. *Hum. Resour. Manag. Rev.* 2013;23(4):305–21, doi:10.1016/j.hrmr.2013.05.003.

5. Schmidt, IW, Berg, IJ and Deelman, BG. Prospective memory training in older adults. *Educ. Gerontol.* 2001;27:455–78, doi:10.1080/036012701316894162.

6. Hoorens, V and Harris, PR. Distortions in reports of health behaviors: The time span effect and illusory supefuority. *Psychol. Health* 1998;13(3):451–66, doi:10.1080/08870449808407303.

7. Endo, Y, Heine, SJ and Lehman, DR. Culture and positive illusions in close relationships: How my relationships are better than yours. *Personal. Soc. Psychol. Bull.* 2000;26:1571–86, doi:10.1177/01461672002612011.

8. Larwood, L and Whittaker, W. Managerial myopia: Self-serving biases in organizational planning. *J. Appl. Psychol.* 1977;62(2):194–8, doi:10.1037/0021-9010.62.2.194.

9. Felson, RB. Ambiguity and bias in the self-concept. *Soc. Psychol. Q.* 1981;44(1):64, doi:10.2307/3033866.

10. Svenson, O. Are we all less risky and more skillful than our fellow drivers? *Acta Psychol. (Amst).* 1981;47(2):143–8, doi:10.1016/0001-6918(81)90005-6.

11. Cross, KP. Not can, but will college teaching be improved? *New Dir. High. Educ.* 1977;17:1–15, doi:10.1002/he.36919771703.

12. Chamorro-Premuzic, T and Furnham, A. *Personality and Intellectual Competence.* Mahwah, NJ: Lawrence Erlbaum (2005), doi:10.4324/9781410612649.

13. Heidemeier, H and Moser, K. Self–other agreement in job performance ratings: A meta-analytic test of a process model. *J. Appl. Psychol.* 2009;94(2):353–70, doi:10.1037/0021-9010.94.2.353.

14. Friedrich, J. On seeing oneself as less self-serving than others: The ultimate self-serving bias? *Teach. Psychol.* 1996;23(2):107–9,

doi:10.1207/s15328023top2302_9.

15. Judge, TA, Piccolo, RF, Podsakoff, NP, Shaw, JC and Rich, BL. The relationship between pay and job satisfaction: A meta-analysis of the literature. *J. Vocat. Behav.* 2010;77(2):157–67, doi:10.1016/j.jvb.2010.04.002.

16. http://www.wsj.com/articles/everything-is-awesome-why-you-cant-tell-employees-theyre-doing-a-bad-job-1423613936.

17. Bukowski, C. *Women*. New York: HarperCollins (2014), p.279.

18. Condrey, SE, Selden, SC, Tools, HC, Burke, RJ and Cooper, CL. The human capital phenomenon: Putting people first. *Public Adm. Rev.* 2010;70(2):319–21, doi:10.1111/j.1540-6210.2010.02140.X..

19. *The Economist. Managing Talent: Recruiting, Retaining and Getting the Most from Talented People*, eds. M Devine and M Syrett. London: Profile Books (2006), p.4.

20. Sonnenberg, M, van Zijderveld, V and Brinks, M. The role of talent-perception incongruence in effective talent management. *J. World Bus.* 2014;49(2):272–80, doi:10.1016/j.jwb.2013.11.011.

21. Ross, S. How definitions of talent suppress talent management. *Ind. Commer. Train.* 2013;45:166–70, doi:10.1108/00197851311320586.

22. Cappelli, P and Keller, J. Talent management: Conceptual approaches and practical challenges. *Annu. Rev. Organ. Psychol. Organ. Behav.* 2014;1(1):305–31, doi:10.1146/annurev-orgpsych-031413-091314.

23. Lewis, R and Heckman, R. Talent management: A critical review. *Hum. Resour. Manag. Rev.* 2006;16(2):139–54, doi:10.1016/j.hrmr.2006.03.001.

24. Cappelli, P and Keller, J. Talent management: Conceptual approaches and practical challenges. *Annu. Rev. Organ. Psychol. Organ. Behav.* 2014;1(1):305–31, doi:10.1146/annurev-orgpsych-031413-091314.

25. Terpstra, D and Rozell, E. Human resource executives' perceptions of academic research. *J. Bus. Psychol.* 1998;13(1):19–29.